Charles J. Lumsden / Edward O. Wilson · Das Feuer des Prometheus

Charles J. Lumsden / Edward O. Wilson

Das Feuer des Prometheus

Wie das menschliche Denken entstand

Vorwort von Wolfgang Wickler

Piper
München Zürich

Übersetzung aus dem Amerikanischen von
Hans Jürgen Baron von Koskull.
Die Originalausgabe erschien 1983 unter dem Titel »Promethean Fire.
Reflections on the Origin of Mind« bei Harvard University Press,
Cambridge, Mass., und London.
Illustrationen von Whitney Powell

© der Originalausgabe:
The President and Fellows of Harvard College, 1983
© der Illustrationen:
Whitney Powell, 1983
© der deutschen Ausgabe:
R. Piper GmbH & Co. KG,
München 1984
Gesetzt aus der Times-Antiqua
Gesamtherstellung: Mühlberger, Augsburg
Printed in Germany

Inhaltsverzeichnis

Vorwort von Wolfgang Wickler 7
Einleitung 11
1. Der vierte Schritt der Evolution 15
2. Der Streit um die Soziobiologie 45
3. Die Gesetze der geistigen Entwicklung 85
4. Die sozialen Lebensräume des *Homo* 129
5. Das Feuer des Prometheus 167
6. Auf dem Weg zu einer neuen Anthropologie 233
Anmerkungen 259
Personenregister 285
Sachregister 289

Vorwort
von Wolfgang Wickler

Ist es nicht schade, daß der Mensch das einzige mit Geist begabte Lebewesen auf der Erde ist? Er gibt sich zwar alle Mühe zu verstehen, was dieser »Geist« ist, der ihn vor den anderen Lebewesen auszeichnet, aber dazu muß man eben diese anderen Lebewesen und ihre Fähigkeiten ziemlich gut kennen. Bislang war der Mensch vor allem von sich selbst überzeugt, schrieb sich einzigartige Eigenschaften zu, die ihm sympathisch waren, und redete sich ein, schon in solchen Bereichen wie Werkzeuggebrauch, Tradition, Kultur, Sprache seien Vergleiche mit anderen Lebewesen überflüssig, weil aussichtslos. Wenn Krone, so hieß es, wurde sie der Schöpfung ja wohl von oben aufgesetzt, sie wuchs ihr nicht aus dem Kopf. Wenn Forscher die angeblich aussichtslosen Vergleiche schließlich doch anstellten, hatte das, generell gesehen, zwei verschiedene Folgen: Manche der Einzigartigkeiten, die der Mensch für sich wünschte, waren real nicht vorhanden; im Werkzeuggebrauch etwa unterscheidet sich der Mensch graduell, aber nicht prinzipiell von anderen hochentwickelten Lebewesen. Auf anderen Gebieten indes, vor allem im Bereich der Sprache, kommen durch das Vergleichen die wirklich menschlichen Besonderheiten klarer heraus. Dazu muß man freilich das vielen Lebewesen Gemeinsame in Kommunikation, Bedeutungszuordnung, Grammatik der Nachrichtenstruktur usw. erst einmal analysiert haben, und das geht nur, wenn solchermaßen Vergleichbares außerhalb des Menschen überhaupt vorkommt, also mehrmals unabhängig entstand. Dann zeigen die trotzdem vorhandenen Gemeinsamkeiten an, welche prinzipiellen Zwangsläufigkeiten es gibt, die von der Funktion des Systems her vorgezeichnet sind und die man dann als Funktions- oder Bauplan trennen kann von den wechselnden jeweiligen Baumaterialien. Kurz: Vergleichen hilft, das Wesentliche vom Unwesentlichen zu unterscheiden.

Darum hat Unvergleichlichkeit ihren Preis: Man kann sich nicht an anderen orientieren und bleibt auf sich gestellt, auch wenn man hilfreiche Anhaltspunkte anderswo sucht. Hilfe sucht man immer, wenn man krank ist. So setzte denn zuerst die Medizin die Unvergleichlichkeit auf einen höheren Podest, damit sie nicht länger im Wege stand, verglich Bau und Funktionen anderer Körper und Organe mit denen des Menschen, fand durchaus vergleichbare Ursachen für Fehlfunktionen und entwickelte eine auf Tierversuchen aufbauende Humanmedizin, ohne die wir uns unser Leben gar nicht mehr vorstellen können. Nun scheint es aber auch geistige Fehlfunktionen zu geben. Und so räumten auch die Psychologen die Unvergleichlichkeit beiseite und verglichen Einsicht, Gedächtnis, Lernvermögen; auch sie fanden vergleichbare Gesetzmäßigkeiten – ebenfalls zum Wohle der Menschen, wie man hoffen darf. Aus medizinisch-psychologischem Erkenntnisdrang startete Konrad Lorenz die vergleichende Verhaltensforschung. Die Aussicht, menschliches Verhalten könnte biologisch determiniert sein, ruft heute noch oft heftigen Widerwillen hervor. Die Hypothese gar, unser Erkenntnisapparat sei ein biologisch erklärbares Gebilde, entstanden als Anpassung zum besseren Überleben und nicht primär dazu, uns Wahrheiten zu erschließen – diese Hypothese wird von vielen Geisteswissenschaftlern als Ketzerei oder Scharlatanerie abgestempelt. Nicht klar ist dabei, ob sie sich damit selbst oder den anderen eine Enttäuschung zu ersparen suchen.

Die evolutionär orientierte Verhaltensforschung hat inzwischen außerdem die sogenannte Soziobiologie geboren, die nach allgemein gültigen Gesetzmäßigkeiten des Sozialverhaltens und der Sozietätenstrukturen forscht. Wieder sind Humansoziologen weithin bemüht, das menschliche Sozialverhalten aus diesem biologischen Forschungsansatz herauszuhalten. Meist mit dem Hinweis, menschliches Verhalten sei weithin kulturell gesteuert. Aber gerade dann muß es ja wohl eine Gen-Kultur-Evolution gegeben haben. Der biologische Mensch hat die Kultur geschaffen, nicht umgekehrt. Warum also Angst vor dem Versuch haben, mit biologischen Methoden die Gen-Kultur-Evolution zu rekonstruieren?

Speziell gegen Herrn Wilson wird vorwurfsvoll ins Feld geführt, er vertrete in seinem Theoriengebäude einen Anspruch auf Totalerklärung. Was sonst sollte er denn tun? Wenn selbst Vertreter der Logik und Wissenschaftstheorie jetzt fragen, wieso es im naturwissenschaftlich-biologischen Bereich diese mindestens unterschwellig vorhandene Tendenz zu Globalerklärungen gibt, so zeigt sich darin wohl ein erkenntnistheoretischer Nachhilfebedarf, der sich vielleicht bei Karl Popper decken ließe: Naturwissenschaftliche Erklärungen sind Hypothesen, also Erklärungsversuche. Ein Erkenntnisfortschritt wird eingeleitet, wenn die vorhandenen Erklärungsversuche vor einem angebotenen Phänomen versagen, aber nicht dadurch, daß man bestimmte Phänomene vor diesen Erklärungsversuchen schützt. Allerdings hat Hannah Arendt behauptet, eine auf Hypothesen beruhende Theorie sei keine Wissenschaft, zumal dann nicht, wenn sie zu Resultaten führt, die aus humanistischer Perspektive unerwünscht scheinen. Vielleicht kann man darüber nicht streiten; es sollte sich aber wenigstens herumgesprochen haben, daß Natur-Wissenschaft anders vorgeht. Die Grenzen der Forschung festzulegen, ohne sie jeweils auszutasten, ist jedenfalls noch nie gelungen.

Es mag noch etwas hinzukommen: Im riesigen englischen Sprachraum können sich Forscher in ihren Büchern einen wesentlich weniger zwanghaften Umgang mit dem Publikum leisten als im kleineren deutschen. Ein größerer Markt trägt mehr Parallelprodukte und erlaubt baldige Neufassungen, wenn neue Erkenntnisse gelungen sind. Die Öffentlichkeit wird dadurch sehr prompt und aus erster Hand gerade über diejenigen Wissenschaftsbereiche unterrichtet, in denen besonders rasche Fortschritte gemacht werden, und sie liest diese Bücher als Berichte von der Forschungsfront und nicht als testamentarische Verfügungen von Lehrsatzgründern. Charles J. Lumsden und Edward O. Wilson sagen ausdrücklich, daß sie hier von ihren ersten Bemühungen berichten, die Evolution des kulturell-genetischen Gefüges, das den Menschen auszeichnet, zu analysieren. Es gibt weitere Ansätze in diese Richtung, so z. B. den hochmathematischen von L. L. Cavalli-Sforza und M. W. Feldman. Weitere Fortschritte werden durch Korrektur dieser Ansätze zustande kommen. Es ist ein brisantes wissenschaftliches Entwicklungsgebiet, in das der Leser sich hier einführen lassen kann.

Seewiesen, im Juli 1984   Wolfgang Wickler

Einleitung

Wo liegen die Ursprünge des Geistes, des Wesensmerkmals des Menschen? Wir meinen, daß eine ganz besondere Form der Evolution, das Zusammenwirken genetischer Veränderungen mit der Kulturgeschichte, den Geist geschaffen und das Wachstum des Gehirns und des menschlichen Intellekts in einem Ausmaß vorangetrieben hat, wie dies in der Geschichte des Lebens an keinem anderen Organ festzustellen ist.

Die sachgerechte Entwicklung einer Theorie über die Gen-Kultur-Koevolution, die gleichzeitige Evolution der genetischen Erbanlagen und der Kultur, die sich auf die Tatsachen, die Grundsätze und die Mathematik der Biologie und der Sozialwissenschaften gründet, war das Thema unseres 1981 erschienenen Werks *Genes, Mind, and Culture*, einer für Spezialwissenschaftler geschriebenen Monographie. Während wir und andere Wissenschaftler das Wesen der Gen-Kultur-Koevolution von verschiedenen Gesichtspunkten aus untersucht haben, sind wir zu einem besseren Verständnis seiner potentiellen Bedeutung für ein weites Problemgebiet gekommen, welches das menschliche Verhalten und die Sozialstruktur betrifft. Wir glauben, eine genaue Erläuterung dieses von uns postulierten evolutionären Mechanismus wird einen größeren Kreis von Menschen interessieren, die sich als Laien intensiv mit der menschlichen Natur beschäftigen wollen. Hier geht es um das fundamental Menschliche, wie es mit Hilfe wissenschaftlicher Untersuchungen interpretiert werden könnte.

Zum ersten Mal verknüpfen wir auch die Erforschung der Gen-Kultur-Koevolution mit anderen, in erster Linie anatomischen, Studien über die Evolution des Menschen und verwenden die dabei gewonnenen Erkenntnisse dazu, die einzelnen Stufen der geistigen Evolution zu rekonstruieren. Wir erforschen dabei die Bedeutung dieser und verwandter Ideen für die Entwicklung einer überzeugenderen Wissenschaft vom Menschen, welche einem vernünftigen sozialen Verhalten und neuen Beurteilungsweisen moralischer Probleme als Grundlage dienen kann.

Zu unserer Methode ist zu sagen, daß wir den Verlauf unserer Arbeit im einzelnen darzustellen suchen, und zwar von den Hoffnungen und Enttäuschungen, die uns dazu geführt haben, das Problem in der für unsere Arbeit bezeichnenden Weise zu sehen, bis zu den von uns erdachten Lösungsschritten. Der hier vorliegende Bericht wurde eingebettet in die mit praktischen Beispielen angezeichnete Erläuterung der Theorie, denn wir glauben, daß Ideen interessanter werden, wenn man sie mit ganz bestimmten Personen in Verbindung bringt. Zur Anwendung dieser Methode ermutigte uns ferner die Tatsache, daß persönliche Berichte über theoretische Forschungen, anders als solche über praktische Versuche auf wissenschaftlichen Fachgebieten, relativ selten sind und über das rein Bekenntnishafte hinaus interessant sein können.

Schließlich noch eine Anmerkung zur Perspektive unserer Arbeit: Wir sind uns der Schwierigkeiten durchaus bewußt, auf die wir bei jedem Versuch einer Erforschung des Ursprungs und der Bedeutung des menschlichen Geistes stoßen, besonders wenn wir uns dabei an die Regeln der wissenschaftlichen Beweisführung und Argumentation halten. Wir müssen daher besonders darauf hinweisen, daß die wissenschaftliche Erforschung der Gen-Kultur-Koevolution eben erst begonnen hat. Außerdem weiß man noch sehr wenig über das physische Fundament des Geistes und noch weniger über den Bewußtseinszustand und das Verhalten des primitiven Menschen. Wir haben uns gewissenhaft darum bemüht, Tatsachen und theoretische Erkenntnisse von bloßen Spekulationen zu unterscheiden, haben jedoch nicht gezögert, diese drei Faktoren miteinander zu verbinden, um unseren gegenwärtigen Wissensstand darzustellen und, was noch wichtiger ist, neue Möglichkeiten für die Behandlung dieses Themas aufzuweisen. Wir verstehen die Sorge vieler Wissenschaftler und anderer, daß solche Forschungen, wenn sie erfolgreich durchgeführt werden, unheilvolle Wirkungen haben können, weil sich durch sie neue Möglichkeiten auf dem Gebiet der sozialen Kontrollmechanismen ergeben, Mechanismen, die es einer Gruppe erlauben, eine andere zu beherrschen. Im letzten Kapitel werden wir die These vertreten, daß die Erforschung des biologischen Fundaments des menschlichen Verhaltens den Freiheitsraum des Individuums erweitert und es der Wissenschaft erschwert, Menschen zu tyrannisieren. Der Biologe, Naturphilosoph und Darwinist Thomas H. Huxley hat etwas ganz Entscheidendes gesagt, als er erklärte, wir sollten die Wahrheit erforschen, um das Rechte tun zu können.

Am Schluß möchten wir unseren Freunden und Kollegen danken, die unsere Arbeit an diesem Buch unterstützt haben: Elso S. Barghoorn, Napoleon Chagnon, Robert M. Fagen, Bert Hölldobler, Kathleen M. Horten, Peter Marler, David Pilbeam, Charles Wagley, Arthur Wang und J. J. Yunis. Die Illustrationen fertigte Whitney Powell, Spezialistin für ethnographische Zeichnungen. Bei der Arbeit für dieses Buch hat sich Frau Powell besonders auf ihre jahrelangen Erfahrungen am Peabody Museum der Harvard University stützen können.

1. Der vierte Schritt der Evolution

In der Evolution des Menschen gibt es ein *missing link,* über das man nur wenig weiß und das bisher in der wissenschaftlichen Literatur kaum behandelt worden ist. Es handelt sich dabei nicht um eine der Zwischenformen, die den modernen Menschen mit seinen primitiven, affenähnlichen Vorfahren verbinden. Über die Körperformen und Lebensgewohnheiten dieser Lebewesen wissen wir schon eine ganze Menge. In den bis zu vier Millionen Jahre alten Ablagerungen hat man die wichtigsten fossilen Knochen entdeckt und mit ihrer Hilfe die entwicklungsgeschichtlichen Stammbäume zusammengestellt. Viel schwieriger wird es sein, das fehlende Glied zu finden, das wir hier meinen: die geistige Entwicklungsstufe des Frühmenschen. Wie ist der menschliche Geist entstanden – und was waren die Ursachen für sein Entstehen?

Der Denkvorgang im Gehirn des heutigen Menschen ist der komplexeste Prozeß auf dieser Erde, ein letztes Ziel der Forschung und ein Thema, an dem Geisteswissenschaften und Naturwissenschaft gemeinsam arbeiten. Zahlreiche Disziplinen treffen sich auf diesem Gebiet: die Neurobiologie, die Biochemie, die Endokrinologie, die Genetik, die Entwicklungsbiologie, die Psychologie der Erkenntnis, die Sprachwissenschaften, die Computerwissenschaft und die Kulturanthropologie. Man hat das Gehirn, den Motor des menschlichen Geistes, bis in die einzelnen Nervenzellen und die molekularen Antriebskräfte zerlegt, die sie aktivieren. Die Vorgänge der Wahrnehmung und des Denkens werden von Augen, Ohren und anderen Sinnesorganen nach innen bis zu den Assoziationsfeldern der Großhirnrinde und von dort hinaus zu den Muskeln und Organen verfolgt. Anhand der aus neuen und komplizierten Experimenten gewonnenen Erkenntnisse sprechen die Wissenschaftler heute schon vorsichtig von einer Biologie der Sprache, der Kreativität und anderer Erkenntnisprozesse des Menschen.

Was bei allen diesen Bemühungen bis heute seltsamerweise fehlt, ist die organisierte Suche nach dem Ursprung und der Evolution des menschlichen Geistes. Die moderne Synthese der Evolutionstheorie, in der sich während des halben Jahrhunderts von 1930 bis 1980 die Genetik mit den anderen Gebieten der modernen Biologie vereinigt hat, ist nicht auf die Psychologie oder wesentliche Teile der Sozialwissenschaften ausgedehnt worden. Vielen der klügsten zeitgenössischen Gelehrten erscheinen Geist und Kultur so schwer erfaßbar, daß sie meinen, man könne ihnen mit der Evolutionstheorie nicht beikommen, und auch die Biologie könne zu ihrer Erforschung keinen Beitrag leisten. Diese pessimistische Haltung ist zwar verständlich, aber, wie wir glauben, nicht mehr gerechtfertigt. Der menschliche Geist und die menschliche Kultur sind lebendige Phänomene wie alle anderen entwicklungsgeschichtlichen Formen und Erscheinungen, und ihre Phylogenese läßt sich bis zu ihren Ursprüngen verfolgen. Diese Entwicklungsgeschichte ist im wahrsten Sinne des Wortes etwas Wunderbares.

Was ist das menschliche Bewußtsein? Der Denkprozeß, der unsere Existenz bestimmt, läßt sich noch nicht präzise definieren. Wissenschaftler, die die größten Anstrengungen unternommen haben, das Problem zu lösen, können nur auf eine Reihe von wichtigen Operationen verweisen, durch welche sich die geistige Aktivität von allen anderen biologischen Vorgängen im modernen Menschen unterscheidet. Da wir so weit gelangt sind, können wir versuchen, ähnliche Vorgänge an Menschenaffen und anderen Tieren zu erforschen, und davon ableiten, in welcher Form sie in unseren frühen menschlichen

Vorfahren abgelaufen sein könnten. Das bewußte Denken des Menschen setzt zunächst voraus, daß eine große Menge von Informationen aus dem Langzeitgedächtnis abgerufen werden. Irgendwie werden diese Informationen miteinander in Verbindung gebracht, weitgehend in Form von Symbolen und Worten, und erzeugen so eine Abbildung jener Welt, wie sie außerhalb des menschlichen Gehirns existiert. Wir filtern und ordnen die in jedem Augenblick an uns herandrängenden Reize, und alles, was wir endlich aufnehmen, formt sich in unserem Bewußtsein zu dem Bild der realen Welt dieses Zeitpunkts. Doch der menschliche Geist bemüht sich ständig, sehr viel mehr zu leisten. Das Bewußtsein vermag vergangene Ereignisse in die Gegenwart zurückzurufen. Und es entwirft Szenarien der Zukunft. Diese wechselnden zeitlichen Rahmen sind Schattenbilder unserer inneren Repräsentation der je gegenwärtigen Welt, und sind mit ihr in Sequenzen so verbunden, daß ein Zeitsinn entsteht. Das Bewußtsein bündelt Bilder zu Kategorien und bezeichnet diese mit einfachen Symbolen, was das Abbildungsverfahren wesentlich beschleunigt. Außerdem arbeitet der Denkprozeß intentional: Er erzeugt bestimmte Vorstellungen, die emotional wünschenswert sind und die er daher gern ansteuert, und er braut sich verschiedenste Szenarien der Zukunft zusammen und zeigt, wie anvisierte Ergebnisse, ausgehend von der Gegenwart, zu erreichen wären. Überdies ist der menschliche Geist seiner selbst bewußt. Die innere Repräsentation umfaßt die physische Existenz des sie erzeugenden Gehirns und Körpers. Die Intentionalität richtet sich weitgehend auf Gedanken, deren Ziel es ist, das Wohlbefinden des Gehirns und des Körpers zu steigern. Im Mittelpunkt des neurophysiologischen Erinnerungsvermögens und der Fähigkeit, Vorstellungen neu zu ordnen, steht das bewußte Denken als im höchsten Grade intensive und zusammenhängende Tätigkeit. Hinter den bewußten Denkvorgängen bilden weniger präzis wahrnehmbare spontane Reaktionen der Zellen unterbewußte Bilder und Gefühle –

Bruchstücke im menschlichen Geist, die das bewußte Denken zwar beeinflussen, aber zumindest im Augenblick nicht in den Hauptstrom des Denkens einfließen. Sollten wir einmal in die Lage kommen, die Organisation dieser verschiedenen Vorgänge zu durchschauen und ihre physische Basis leidlich genau zu orten, dann wird es möglich sein, das für uns so entscheidend wichtige, aber bisher noch nicht durchschaubare Phänomen des menschlichen Geistes, des menschlichen Selbst und des Bewußtseins klar und eindeutig zu definieren.

Die Evolution des Geistes sollte in diesem Sinne so weit wie möglich rekonstruiert werden. Also wollen wir uns jetzt an diese Aufgabe wagen und dazu an den Ausgangspunkt dieser Entwicklung zurückgehen.

Vor mehr als vier Millionen Jahren begann in Afrika ein kleines affenartiges Lebewesen, das bisher auf den Bäumen des tropischen Urwalds gelebt hatte, ein neues Dasein in Waldlichtungen und auf der Savanne zu suchen. Im Verlauf dieser ökologischen Anpassung entwickelten sich die Primaten, von denen wir abstammen, zu aufrecht gehenden Lebewesen, die fähig waren, Lasten über weite Strecken in Händen und Armen zu transportieren. An drei bis vier Millionen Jahre alten Fossilien läßt sich der tierische Ursprung des Menschen recht deutlich erkennen. Wenigstens ein Vorläufer und wahrscheinlicher Urahn des modernen Menschen, *Australopithecus afarensis,* hat während dieser langen Zwischenperiode die Savannen und Wälder durchstreift. Das erwachsene Individuum war nicht größer als 1,20 Meter, und sein Gehirnvolumen betrug etwa 400 Kubikzentimeter; es entsprach damit dem des Schimpansen. Fußabdrücke eines primitiven Hominiden, wahrscheinlich des *Australopithecus afarensis,* sind in fest gewordener vulkanischer Asche bei Laetoli in Tansania entdeckt worden. Das Lebewesen, das sie hinterlassen hat, bewegte sich, ganz ähnlich wie der moderne Mensch, aufrecht und auf den Fußsohlen gehend vorwärts.

Vor etwa zwei Millionen Jahren hatten sich die frühen Hominidenpopulationen in wenigstens drei deutlich voneinander zu unterscheidende Spezies aufgespalten. Zwei von ihnen waren Affenmenschen mit der wissenschaftlichen Bezeichnung *Australopithecus boisei* und *Australopithecus robustus*. Beide waren etwa 1,50 Meter groß und glichen in ihrer äußeren Gestalt dem *Australopithecus afarensis,* waren jedoch plumper gebaut, besaßen kräftigere Kieferknochen (wie der Gorilla) und einen Knochenwulst längs über dem Schädel, an dem die sehr kräftigen Kaumuskeln befestigt waren, sowie einen Zoll breite Molare. Aus diesen anatomischen Merkmalen läßt sich schließen, daß die robusten Affenmenschen Vegetarier waren und mit ihrem Gebiß harte Samenkörner und Pflanzenstengel zerkleinern konnten, wie es der Gorilla noch heute tut. Die dritte hominide Spezies war ein »echter« Mensch. Sie gehörte zum Genus *Homo,* und dieser *Homo* ist wahrscheinlich der direkte Vorfahre des modernen Menschen.

Stellen wir uns vor, wir könnten uns um zwei Millionen Jahre zurückversetzen und im heutigen Tansania am Fuß der Vulkane Lemagrut und Ngorongoro durch die afrikanische Savanne wandern. Ohne große Mühe – vielleicht müßten wir in einem oder zwei Tagen 16 Kilometer zurücklegen – würden wir dort auf unsere entfernten Vorfahren stoßen. Sie leben hier über ein weites Gebiet zerstreut in kleinen Gruppen als Jäger und Sammler unter den Antilopen, Baum-Boden-Affen, Säbelzahntigern, Pavianen und anderen Säugetieren, welche die afrikanische Savanne bevölkerten. Wir gehören zur Spezies *Homo sapiens*. Unsere Vorfahren aus jener Zeit müssen auf Grund anatomischer Unterschiede einer anderen Spezies, der des *Homo habilis,* zugeordnet werden. Diese lateinischen Namen bedeuten »intelligenter Mensch« beziehungsweise »geschickter Mensch«. Wie wir sehen werden, sind das sehr treffende Bezeichnungen.

Ein typischer erwachsener *Homo habilis* wäre sofort als menschliches Wesen zu erkennen. Er wäre nach heutigen Begriffen ausgesprochen kleinwüchsig, etwa 1,50 Meter groß und etwa 40 kg schwer. Im Vergleich mit dem Menschenaffen wären die Mundpartie kurz und die Eckzähne ebenso wie die Schneidezähne relativ klein. Sie stünden senkrecht im Kieferknochen, der Unterkiefer wäre wohlgeformt, und der Augenbrauenwulst wäre deutlich erkennbar, träte aber weniger stark hervor als beim Menschenaffen. Der *Homo habilis* hätte einen aufrechten Gang, gerade Beine, eine flache Brust, ein gewölbtes Becken, um die nach unten drückenden Eingeweide zu halten, und nach vorn gedrehte Gelenkhöcker am Hinterhaupt zur Unterstützung des ovalen Schädels. Die Daumen wären auch für einen Primaten übermäßig lang, die Hände sehr flexibel, die Füße schmal und lang und die Zehen zu kurzen Hebeln zurückgebildet. So bewegt sich der *Homo habilis* aufrecht durch die mit Gras bewachsene Parklandschaft, den Blick nach vorn gerichtet und die schlanken Arme frei neben der Hüfte vor- und zurückschwenkend. In den zur Faust geballten Händen hält er behauene Steine und ein von ihm erlegtes Tier.

Bei näherer Betrachtung würden wir eine kognitive Dissonanz erleben, wie die Psychologen den Konflikt nennen, der bei Wahrnehmungen entsteht, die in uns ein gewisses geistiges Unbehagen auslösen. Der moderne Mensch ist bestrebt, seine Grunderfahrungen in ein System der Gegensätze einzuordnen: männlich/weiblich, Außenseiter/Eingeweihter, sakral/profan, menschlich/tierisch usw. durch den ganzen Katalog grundlegender Begriffe. Wir lassen uns diese Gegensätze nicht gern durch unklare Beispiele verwirren. Aber die Dissonanz ist in diesem Fall unvermeidbar, weil der *Homo habilis* einen unerwartet kleinen und vorn abgeflachten Schädel besitzt. Sein Hirnvolumen liegt zwischen 600 und 800 Kubikzentimetern. Es ist also halb so groß wie das des durchschnittlichen modernen *Homo sapiens,* aber doppelt so groß wie das des Schimpansen. Möglicherweise spricht er eine sehr primitive Sprache, etwa so komplex wie die eines heutigen zweijährigen Kindes. Sie reicht aus, um die Art und Fundstelle der von ihm benötigten Nahrungsmittel zu bezeichnen und Hilfe herbeizurufen. Es ist aber nicht einmal sicher, ob er diese intellektuelle Kapazität besitzt. Wichtig ist die Tatsache, daß dieses früheste echte menschliche Wesen ein evolutionäres Mosaik darstellt. Wir können mit einiger Sicherheit sagen, daß der *Homo habilis* ein Lebewesen ist, bei dem der Kopf eines intelligenten Menschenaffen auf dem Körper eines Menschen sitzt.

Wenn wir uns den *Homo habilis* so vorstellen, wie ihn die Anthropologen in mühseliger Kleinarbeit aus fossilen Knochenfragmenten und den wenigen Spuren, die man an seinen Lagerplätzen gefunden hat, rekonstruiert haben, dann dürfen wir sagen, daß unsere Vorfahren zu jener Zeit an einem entscheidenden Wendepunkt angekommen waren. Zwar lassen sie sich nach den diagnostischen Maßstäben der Anatomen als Menschen klassifizieren, sie hatten aber eben erst den ungeheuer komplexen, aus mehreren Schritten bestehenden Weg angetreten, der zur Entwicklung eines echten menschlichen Gehirns und Bewußtseins geführt hat. Was die Merkmale betrifft, die wir für die wichtigsten halten, war der *Homo habilis* im Begriff, die Linie zu überschreiten, die das Tier – oder genauer gesagt den Vormenschen – von dem echten Menschen trennt. Erst nachdem diese Linie überschritten war, begann das Gehirn zunächst langsam und dann immer schneller zu wachsen. Im Verlauf dieser Entwicklung verwandelte sich der *Homo habilis* allmählich in die nächste Zwischenstufe, die Spezies *Homo erectus* (vor etwa 1,5 Millionen Jahren), und dann wurde aus dem *Homo erectus* der moderne Mensch. Der *Homo habilis* gehört der Spezies an, bei der das Gehirnvolumen erstmals eindeutig größer war als bei allen anderen Primaten. Aber das Gehirnvolumen ist nur ein sehr ungenauer Indikator für die tatsächlichen Veränderungen, zu denen es im Verlauf dieser Entwicklung gekommen ist. Die verschiedenen Teile des Gehirns haben unterschiedlich rasch zugenommen. Beim modernen Menschen ist der Neokortex, der Sitz der Sprache und anderer höherer kognitiver Funktionen, 3,2mal größer als bei einem Baum- oder Menschenaffen von der Größe des Menschen. Die vielleicht wichtigste Erkenntnis liegt darin, daß sich wesentliche, aber bis heute noch kaum erforschte Veränderungen in den besonderen Teilen des Neokortex vollzogen, die mit dem Sprechen zu tun haben.

Der Wendepunkt, an dem ein solcher nunmehr völlig menschlicher Schädel mit menschlichem Bewußtsein auf dem bereits menschlichen Körper entstand, darf als letzter der vier großen Schritte in der Geschichte des Lebens auf dieser Erde angesehen werden. Diese Ereignisse, die jeweils etwa eine Milliarde Jahre auseinander liegen, waren erstens die Entstehung von Leben überhaupt in der Form primitivster, vermehrungsfähiger Mikroorganismen; zweitens das Entstehen der komplexen (eukaryotischen) Zelle durch die Vereinigung eines Zellkerns mit Mitochondrien und anderen Organellen zu einer straff organisierten Einheit, die das Fundament allen höheren Lebens bildet; drittens folgte die Evolution großer, aus vielen Zellen bestehender Organismen (Flachwürmer, Krustazeen), die bereits komplexe Organe wie Augen und Gehirne entwickeln konnten, und viertens der Beginn der Entwicklung des menschlichen Geistes.

Wie dieser letzte Schritt der Megaevolution zustande kam, ist ein Geheimnis von außerordentlicher Bedeutung. Schon wenn wir uns darüber Gedanken zu machen beginnen, stoßen wir auf die Grundfragen von Biologie und Philosophie. Mit wissenschaftlichen Einsichten ausgestattet, können wir mit steigender Zuversicht neuerlich die Frage stellen: Was ist die Menschheit, was hat uns geschaffen, und welchen Sinn hat unsere Existenz in dieser Welt? Die Suche nach dem Ursprung des Geistes ist mehr als nur eine weitere philosophische Übung. Sie geht an den Kern aller für uns geltenden ethischen, politischen und sozialen Maßstäbe.

Logik und Selbstprüfung geben uns keine befriedigende Antwort; sie sagen uns etwas über die Arbeitsweise unseres Denkapparats, aber nichts über seinen Ursprung. Die Reli-

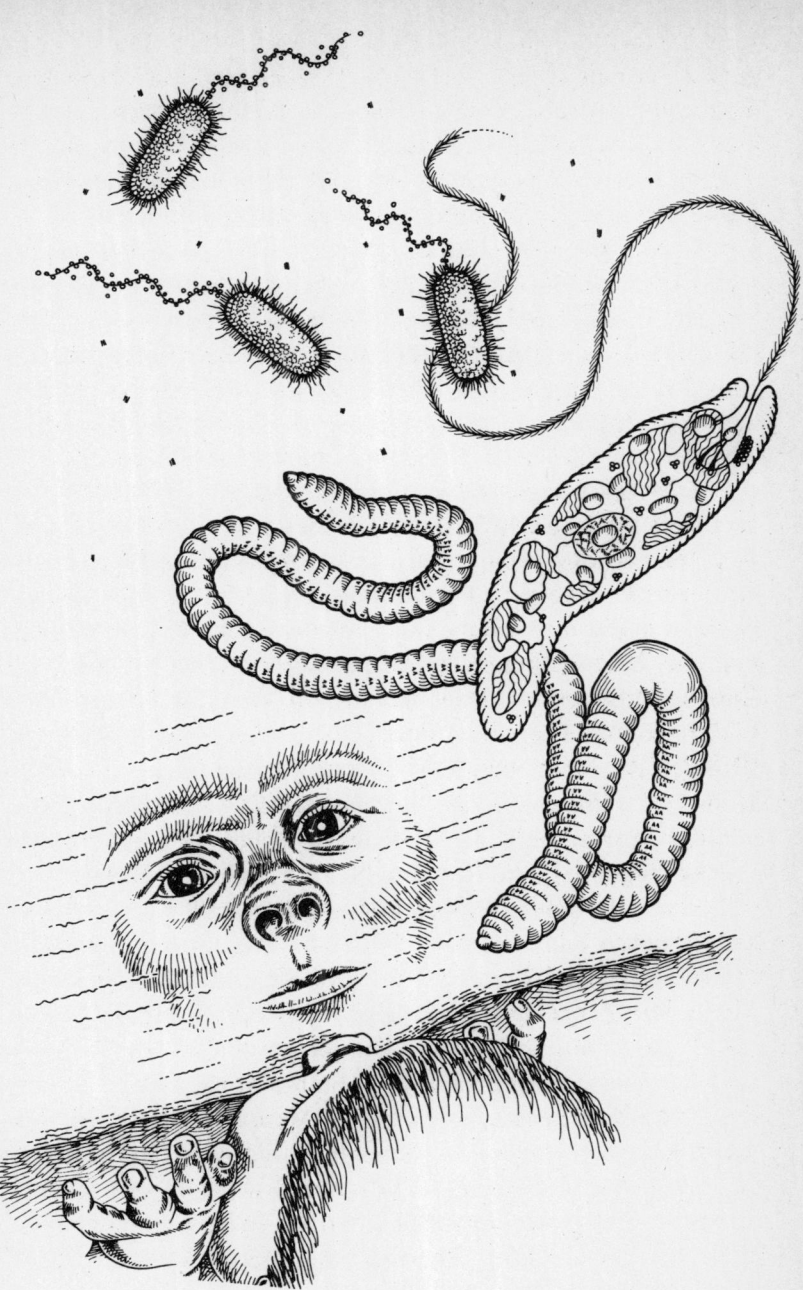

Die vier großen Schritte der Evolution: der Ursprung des Lebens, die erste komplexe Zellstruktur, der erste vielzellige Organismus, der Ursprung des Geistes.

gion wiederum ist ein verzauberter Spiegelsaal, ein ungeheuer wirksames Mittel, das die Menschen veranlaßt, sich zu Gemeinwesen zusammenzuschließen, und das sie psychisch stärkt. Doch im Zeitalter des wissenschaftlichen Denkens bietet sie nichts Konkretes über die letzte Bestimmung des Menschen. Nur die unermüdliche Erforschung aller physiologischen und evolutionären Fakten, die den selbstkorrektiven Verfahren wissenschaftlicher Analysen unterworfen wird, scheint in der Lage zu sein, die zahlreichen Behauptungen der Religion zu klären. Auf diesem Wege könnte man zu Erkenntnissen kommen, welche die Menschen in all ihrer Verschiedenheit als Wahrheit anzuerkennen bereit wären.

Die Erforschung der Evolution des Menschen besteht aus drei verschiedenen Vorhaben. Das erste ist die Rekonstruktion der Phylogenie, das Zurückverfolgen der Aufeinanderfolge und Verzweigung der hominiden Spezies. Dieses Unternehmen stützt sich weitgehend auf die Suche nach Fossilien und die Erschließung des Körperbaus aus den entdeckten Knochenfragmenten. Eine Reihe von Wissenschaftlern, die sich mit dieser Forschung beschäftigt, verzeichnet glänzende Erfolge. Zu ihnen gehören Eugène Dubois, der den Java-Menschen *(Homo erectus)* entdeckt hat; Otto Zdansky, der mit der Ausgrabung des Peking-Menschen (ebenso *Homo erectus*) begonnen hat; Raymond Dart und Robert Broom, die Entdecker der australopithecinen Affenmenschen in Afrika; die berühmte Familie Leakey (Louis, Mary und ihr Sohn Richard), die den *Homo habilis* entdeckt und zahlreiche entscheidende Einzelheiten der Evolution der Australopithecinen in das schon vorhandene Bild eingefügt hat; Donald Johanson, einer der Entdecker und Hauptchronist bei der Erforschung des frühesten uns bekannten Menschenähnlichen, des *Australopithecus afarensis*. Wenngleich diese seit einem Jahrhundert betriebene Forschung erst in ihren Anfängen steckt, sind die Hominiden, die wissenschaftlich so bezeichnete Familie der Menschen und Affenmenschen, bereits die am gründlichsten erforschte zusammenhängende Gruppe von Spezies vergleichbarer Vielfalt. Man weiß über sie ebensoviel wie über Pferde und Elefanten, deren Fossilien viel zahlreicher und in viel besserer Qualität vorliegen.

Diese Arbeiten haben nachweisen können, daß Afrika die Wiege der menschlichen Evolution ist. Während des größten Teils seiner jüngeren geologischen Geschichte, vom Mesozoikum bis vor etwa fünfzehn Millionen Jahren, war Afrika nach Norden hin von Europa und nach Osten von Asien durch das große Tethys-Meer abgeschnitten, ein seichtes tropisches Gewässer, das den Atlantischen mit dem Indischen Ozean verband. Das heutige Mittelmeer ist der letzte Rest dieses riesigen Gewässers. Afrika war ein Inselkontinent und glich in seiner geographischen Isolation Australien und Südamerika. Wie auf diesen Landmassen, so entwickelte sich hier eine ganz eigene Säugetierfauna: Elefanten, Schliefer, Borstenigel, Giraffen, Höhlentiere, Elefantenspitzmäuse sowie die Affenmenschen und die frühesten echten Menschen. Einige dieser Gruppen kamen ausschließlich in Afrika vor. Andere, wie die Großkatzen und die Primaten, waren über ganz Europa und Asien verbreitet und erschienen periodisch in Afrika, wo sich einige Linien im Verlauf sekundärer Evolutionsschübe in zahlreiche Spezies aufteilten. Die Affenmenschen und Frühmenschen gehörten zu den Endprodukten einer sekundären Aufspaltung unter den Primaten der Alten Welt.

Lebende Organismen füllen im Verlauf einer adaptiven Aufspaltung einen Kontinent bis zur Grenze seiner Kapazität aus. Die Spezies evoluieren nicht nur im Verlauf der Zeit, sondern sie neigen auch dazu, sich in zwei oder mehr Tochterspezies aufzuspalten, die dann verschiedene ökologische Nischen besetzen. Nach Millionen von Jahren, wenn der Prozeß der Aufspaltung sich voll entfaltet hat, besteht eine Gruppe wie etwa die Säugetiere aus einer erstaunlichen Vielfalt von Spezialisten. Die Huftiere (oder in Australien die Känguruhs) weiden auf den mit Gras bewachsenen Flächen, wo sie von ihren weit entfernten Verwandten, den großen mit Reißzähnen und Klauen ausgerüsteten Raubtieren, gejagt werden. Mäuse oder die mit ihnen verwandten Nagetiere ernähren sich von Pflanzensamen und bringen sich in ihren unterirdischen Höhlen und Bauen vor den Katzen und katzenartigen Räubern in Sicherheit. Maulwürfe oder maulwurfartige Tiere graben auf der Suche nach Insekten unterirdische Gänge. Auf diese Weise entstehen zwanzig oder dreißig verschiedene Ordnungen von Säugetieren.

Wir wissen, daß im frühen Miozän, vor zwanzig bis achtzehn Millionen Jahren die gemeinsamen Vorfahren des Menschen und der großen Menschenaffen im tropischen Urwald lebten. Im mittleren Miozän, vor fünfzehn bis zwölf Millionen Jahren, war ihr Lebensraum eher jahreszeitlich bedingt. Innerhalb dieser im Verlauf der Anpassung sich aufspaltenden Gruppe vertauschte die Spezies, von welcher der Mensch direkt abstammt, und das war entweder der *Australopithecus afarensis* oder einer seiner Vorfahren, das Leben eines Menschenaffen auf den Bäumen des tropischen Urwalds mit einer Existenz am Boden. Dieser Übergang war schon vor vier Millionen Jahren abgeschlossen. Als Teil dieser Spezialisierung entwickelte unser Vorfahr die aufrechte Haltung, den aufrechten Gang auf den hinteren Extremitäten und die freie Beweglichkeit der Arme und Hände. Eine weitere Aufteilung der Spezies ereignete sich vor etwa 2,5 Millionen Jahren. Nun entstanden zwei vegetarische Affenmenschen und der *Homo habilis,* der sich mit einer gemischten Kost ernährte.

Dieses Konzept der Entstehung der Spezies im Rahmen der Evolutionsgeschichte führt uns zum zweiten wichtigen Thema in der Untersuchung der Evolution des Menschen: zur Rekonstruktion der Verhaltensökologie des Frühmenschen. Aus der Untersuchung der Pflanzen- und Tierfossilien, die neben den fossilen Knochen der Affenmenschen und Frühmenschen gefunden worden sind, ergeben sich wichtige Aufschlüsse über das Klima und den Lebensraum unserer Vorfahren. Aus der Erforschung der besonderen biologischen Qualitäten und des Verhaltens heute lebender Menschen, zumal in ökonomisch primitiven Jäger- und Sammlergesellschaften, haben die Anthropologen Schlüsse daraus ziehen können, wie unsere frühen Vorfahren sich an ihre Umwelt angepaßt haben. Schließlich haben diese Wissenschaftler bei der Untersuchung frühmenschlicher Lager Feststellungen über die Bevölkerungsdichte, die Ernährung und die Werkzeugkultur der Frühmenschen treffen können.

Aus solchen indirekten Beweisen Schlüsse auf die Lebensweise der Frühmenschen zu ziehen ist sehr viel schwieriger als die Rekonstruktion ihrer Anatomie aus fossilen Knochen. Die Hypothesen über die Verhaltensökologie sind daher spekulativer und ändern sich rasch. Einen Konsens unter den Anthropologen gibt es jedoch bisher im Hinblick auf die folgenden wichtigen Punkte. Die nur bei den Hominiden festzustellende aufrechte Haltung und die Fortbewegung auf den hinteren Extremitäten müssen wenigstens zum Teil die Folge der Anpassung an das Leben auf dem Erdboden sein. Der heutige Mensch legt zu Fuß durchschnittlich 4,5 Kilometer in der Stunde zurück. Das ist eine recht beachtliche Geschwindigkeit. Dabei nutzt er die Energie besser aus als der Schimpanse, der sich auf den Füßen und den zurückgebogenen Knöcheln der Hände fortbewegt. Beim aufrechten Gang werden Arme und Hände frei. Im allgemeinen nimmt man an, dies sei eine Anpassung im Sinne des Werkzeuggebrauchs. Das ist richtig und als Schlußfolgerung vernünftig, sagt aber noch nicht alles. Auch Schimpansen verwenden eine ganze Reihe einfacher Werkzeuge, und zwar indem sie sich einfach aufstellen oder hinhocken, um die Hände freizubekommen. Der aufrechte Gang ermöglicht es außerdem, Gegenstände über weitere Entfernungen zu befördern, eine der bezeichnendsten und verbreitetsten Aktivitäten des heutigen Menschen. Haben nun die frühen Hominiden wirklich Werkzeuge und Nahrungsmittel von einem Ort zum anderen getragen, wie es die

Jäger und Sammler heute tun? Die Forschungen der Familie Leakey und anderer lassen vermuten, daß die Bewohner der Region Olduwai in Tansania an bestimmten Orten Lager angelegt haben. In dieser Hinsicht hätten sie sich nicht von den heutigen Mantelpavianen unterschieden, die nachts ihre festen Schlafstellen auf den Klippen aufsuchen, oder von den in der Savanne lebenden Hanubis-Pavianen, die allnächtlich zu ihren Schlafbäumen zurückkehren. Doch während die Paviane sich in der Hauptsache von Pflanzensamen und anderer Pflanzenkost ernähren, die sie an Ort und Stelle verzehren, haben die frühen Hominiden die Beutetiere, die sie erlegten, zu ihren Lagern gebracht, wie es die Eskimos, die Ureinwohner Australiens und andere Jäger und Sammler noch heute tun. Vielleicht haben sie auch Wurzeln, Früchte und andere größere Pflanzenteile, die ihnen als Nahrung dienten, in gleicher Weise zu ihren Lagerplätzen gebracht.

Der Transport von Gegenständen wäre von besonderer Bedeutung, sollte es unter diesen Lebewesen eine Arbeitsteilung gegeben haben, wobei einige Erwachsene im Basislager zurückblieben, um die kleineren Kinder zu bewachen und zu pflegen, während andere auf die Nahrungssuche gingen. Unsere nächsten phylogenetischen Verwandten, die Baumaffen und Menschenaffen, kennen eine solche Arbeitsteilung nicht, wohl aber die heutigen Jäger und Sammler. Die Soziobiologen weisen auf eine auffallende Besonderheit im Sexualverhalten des Menschen hin, die augenscheinlich eng mit dieser grundlegenden ökologischen Anpassung verbunden ist. Menschen gehören zu den wenigen höheren Primaten, die sexuelle Langzeitverbindungen eingehen, wobei der männliche Partner den weiblichen bei der Aufzucht der Nachkommen unterstützt. Bei diesen Primaten gibt es praktisch keine Brunstperiode mehr, so daß die Frau während des ganzen Menstruationszyklus sexuell zugänglich ist. Das bedeutet nicht nur, daß sie ihrem Partner sehr oft sexuelle Befriedigung verschaffen kann, auch wird die Vaterschaft ungewisser dadurch, und für den Mann wird es schwieriger, ihrer sicher zu sein. Der männliche Pavian oder Schimpanse, der seine Vaterschaft sicherstellen will, braucht nur auf die Schwellung der weiblichen Geschlechtsteile und die erhöhte Empfangsbereitschaft des weiblichen Tieres zu achten und während der kurzen Brunstperiode dafür zu sorgen, daß sich das Weibchen ausschließlich mit ihm paart. Aber der männliche *Homo* hat keine solchen physiologischen Anhaltspunkte und bleibt immer im Ungewissen. Wenn er die Gunst einer Frau auch nur für kurze Zeit mit anderen teilen muß, ist seine Vaterschaft unklar, und seine Aufwendungen an Zeit und Mühe sind vergebens gewesen. Der männliche *Homo* umwirbt daher seinen weiblichen Partner mit besonderer Aufmerksamkeit, bemüht sich darum, seine Zuverlässigkeit unter Beweis zu stellen, und demonstriert deutlich seine Zuneigung gegenüber den gemeinsamen Kindern. Die Untreue des weiblichen Partners erzürnt ihn, besonders wenn dabei Kinder gezeugt werden. Untreue ist bei den Jägern und Sammlern wie etwa bei den Kung-Buschmännern in der Kalahariseppe der häufigste Anlaß für einen Mord. Die Frauen ihrerseits können den Eifer und die Gutwilligkeit der Männer auf die Probe stellen, um sicherzugehen, daß sie in der wichtigen Anfangsphase der Kinderaufzucht nicht allein bleiben.

Die vom Menschen entwickelten Rituale und Kommunikationsformen dienen nicht nur einer gesteigerten Sexualität, sondern auch den Feinheiten der gemeinsamen Nahrungsaufnahme. Zubereitung und Servieren des Essens sind Schlüsselelemente des sozialen Rituals in praktisch jeder menschlichen Gesellschaft. Das Austauschen von Nahrung ist zudem eine der ersten Formen des Sozialverhaltens bei Kindern. Schon Zweijährige tun so, als fütterten sie ihre Eltern, und sie begrüßen Fremde, indem sie ihnen etwas zu essen oder andere imaginäre Gegenstände anbieten. Dieses Verhalten wird auch noch im Kindergarten gepflegt, wo es üblich ist, das Essen nach einem bestimmten Ritus zu verteilen. Die frühe Entwicklung komplexer Formen gemeinsamer Nahrungsaufnahme ist in primitiven und höheren menschlichen Kulturen so weit verbreitet, daß man annehmen muß, sie gehörte zu den Grundmustern der geistigen Entwicklung. Bei den Slametan-Festen auf Java versammeln sich zum Beispiel Verwandte und Nachbarn, um ein bestimmtes Ereignis zu feiern, wobei ein jeweils passendes Gericht gereicht wird. Dazu werden auch die verstorbenen Vorfahren und übernatürliche Wesen eingeladen. Dies stärkt die sozialen Bindungen innerhalb der Dorfgemeinschaft, und die Nahrungsmittel werden in vernünftiger und gesundheitsfördernder Weise verteilt.

Um kurz zusammenzufassen, was wir über die Evolution des Frühmenschen wissen, wollen wir zunächst zu den Hauptpunkten der Evolutionsgeschichte zurückkehren. Mit der Entdeckung von Fossilien aus einem geologischen Zeitraum von vier Millionen Jahren haben die Anthropologen festgestellt, daß die frühesten menschenähnlichen Lebewesen, vermutlich nur durch eine einzige Spezies von Affenmenschen (höchstwahrscheinlich den *Australopithecus afarensis*) repräsentiert, zunächst die aufrechte Haltung und die Fortbewegung auf den beiden hinteren Gliedmaßen entwickelt haben. Dieser wichtige Schritt ging einher mit einer Reihe weiterer Modifikationen, nämlich der Struktur und Größe der Zähne, der Gestaltung des Schädels, der Form und Lage des Beckens und der Gestalt und Beweglichkeit der Arme, Hände, Beine und Füße.

Die Verhaltensökologen haben im Lauf der Zeit eine Theorie entwickelt, die erklären soll, weshalb die Hominiden die aufrechte Haltung angenommen haben, die für viele der biologischen Besonderheiten des rezenten Menschen verantwortlich ist. Die frühesten Affenmenschen sind vom immergrünen tropischen Urwald zu mehr offenen, jahreszeitlich sich ändernden Lebensräumen übergegangen und haben schließlich nur noch am Boden gelebt. Hier legten sie Basislager an und organisierten in ihren Gemeinschaften eine Arbeitsteilung, wobei einzelne Individuen, wahrscheinlich die weiblichen, nicht mehr so weit umherwanderten, sondern sich stärker der Sorge für die Nachkommenschaft widmeten. Andere, in erster Linie oder ausschließlich die männlichen Individuen, durchstreiften jagend weite Gebiete. Auf der offenen Savanne bedeutete die Fortbewegung auf den Hinterbeinen einen großen Vorteil. In dieser Haltung ließen sich die Arme frei bewegen, so daß die frühen Affenmenschen Werkzeuge benutzen sowie die erlegten Beutetiere und andere Nahrungsmittel in das Basislager tragen konnten. Das Teilen der vorhandenen Nahrungsmittel und andere Formen der gegenseitigen Hilfe folgten automatisch als zentrale Vorgänge im sozialen Leben der Affenmenschen. Das gleiche gilt für die engen, langfristigen sexuellen Bindungen und die Intensivierung der Sexualität, die der Aufzucht der Nachkommenschaft zugute kamen. Viele der charakteristischsten Formen des menschlichen Sozialverhaltens gehen auf diesen zusammenhängenden Komplex von Anpassungen zurück.

Damit sind wir wieder beim *Homo habilis,* dessen relativ kleines Gehirn nach einer entscheidenden Umgestaltung des Körperbaus in einem Schädel ruhte, der sich auf einem aufrecht stehenden Skelett befand und dessen begrenzte geistige Fähigkeiten den Fortschritten dienten, die der *Homo habilis* auf dem Gebiet der gegenseitigen Hilfe und der sozialen Struktur gemacht hatte. Nun können wir den dritten Aspekt der menschlichen Evolution untersuchen, der über die Probleme der Phylogenese und der Verhaltensökologie hinausgeht: den Ursprung der einzigartigen Fähigkeiten des Menschengeistes und die ihn von nun an begleitende menschliche Kultur. Wenn wir diese Phase der Evolution verstehen, in der aus dem *Homo habilis* der *Homo erectus* und dann der *Homo sapiens* entstanden ist, dann kennen wir auch den Ursprung des Menschen und nicht nur die Kette von äußeren Umständen, die sein Entstehen ermöglicht haben.

Während der vergangenen zwanzig Jahre hat sich die Wissen-

Die drei Projekte zur Erforschung der Evolution: Anhand von Fossilien wird festgestellt, in welcher Reihenfolge sich die Spezies entwickelt haben (Phylogenie); die Rekonstruktion der Anpassung des Frühmenschen an seine Umwelt (Ökologie); die Analyse der Prozesse, welche die Evolution des Geistes gelenkt haben.

schaft mit Recht auf die Fossilien konzentriert, aus denen sich die Entwicklung bis zum *Homo habilis* ablesen läßt, und die Voraussetzungen untersucht, unter denen ein so eigenartiges Säugetier entstehen konnte. Aber alle Forschungen und spekulativen Rekonstruktionen haben lediglich auf etwas hingewiesen, das die Biologen als Präadaption bezeichnen, das heißt auf eine evolutionäre Veränderung, die Organismen an bestimmte Umweltbedingungen anpaßt, sie aber überdies auch ganz beiläufig auf einen neuen Schub in der adaptiven Evolution vorbereitet. Die frühen australopithecinen Affenmenschen haben sich durch eine Kombination spezifischer anatomischer und Verhaltensmerkmale an das Leben am Boden in der offenen Savanne angepaßt. Diese Eigenschaften haben ihre Nachkommen außerdem für den evolutionären Durchbruch präadaptiert, der zur Entwicklung eines sehr großen Gehirns und des menschlichen Geistes führte – sie haben, mit anderen Worten, das eigentliche Ereignis vorbereitet.

Im *Homo habilis* sehen wir nur den Anfang der bedeutenden zweiten Phase. Wenn alle Hominiden vor zwei Millionen Jahren ausgestorben wären, und zwar sowohl die Affenmenschen als auch der *Homo habilis,* dann wäre das, was sie bis dahin erreicht hatten, bedeutungslos geblieben. Nehmen wir an, die Hominiden wären ausgestorben und irgendeine andere Gruppe von Säugetieren hätte Äonen später eine höhere Intelligenz und die Fähigkeit entwickelt, Fossilien zu analysieren. Wenn diese Säugetiere nun die fossilen Knochen des frühen *Homo* ausgegraben hätten, wie es unsere Paläontologen heute tun, dann hätten sie die Hominiden nur als einen interessanten Seitenzweig der divergenten Evolution der afrikanischen Säuger klassifiziert. Deshalb haben sich die üblichen Untersuchungen über den »Ursprung des Menschen«, so wichtig sie im Gesamtzusammenhang sein mögen, nur mit den Voraussetzungen und Umständen beschäftigt, die diese Entwicklung ermöglicht haben. Die verschlungenen Pfade der Evolution, die schließlich zur Entstehung des *Homo habilis* geführt haben, stellen in der Tat eine erstaunliche Odyssee dar, aber der Aufstieg vom *Homo habilis* zum *Homo sapiens* ist eine viel bedeutungsvollere Ereigniskette gewesen. Die Schaffung des modernen Menschen – und damit meinen wir die Ausformung des Gehirns und des menschlichen Geistes – nahm etwa zwei Millionen Jahre in Anspruch, und zwar die Zeit vom Auftauchen des *Homo habilis* bis zum Erscheinen der zuhöchst entwickelten Formen des *Homo sapiens* während der vergangenen 100 000 Jahre. Die Entwicklung des menschlichen Gehirns hat sich sehr rasch vollzogen. Es war vielleicht die rascheste Entwicklung eines komplexen Organs in der ganzen Geschichte des Lebens. Und doch hat auch sie nur die Voraussetzungen für einen noch rascheren Wandel im Verhalten des Menschen geschaffen. Fast gleichzeitig hat die menschliche Kultur das Niveau des Affen hinter sich gelassen. Ihr Aufstieg begann sich ganz allmählich zu beschleunigen, wobei zwischendurch gewisse Pausen eintraten. Der *Homo habilis* benutzte Werkzeuge aus bearbeiteten Steinen, unter anderem grobe Messer und größere Schaber. Etwa 350 000 Jahre vor unserer Zeitrechnung benutzte der *Homo erectus,* die zwischen *Homo habilis* und *Homo sapiens* liegende Spezies, das Feuer und aus Ocker bestehende Pigmente. Vor etwa 60 000 Jahren gaben die Neandertaler, die man schon als Vettern des modernen Menschen bezeichnen kann und die daher den wissenschaftlichen Namen *Homo sapiens neandertalensis* tragen, ihren Toten Blumen mit ins Grab, und man hat das als ein erstes Anzeichen dafür gedeutet, daß sie religiöse Vorstellungen hatten. Vor 25 000 Jahren haben Cro-Magnon-Menschen kunstvolle Darstellungen von Tieren und menschlichen Wesen auf Höhlenwände gemalt und Statuetten aus Elfenbein geschaffen. Sie erfanden Rituale, vielleicht sogar Mythen und höhere Formen der Religion. Sie ritzten Striche in Knochen und Steine, vielleicht um die Zahl der Hordenmitglieder oder den Rang ihrer Führer festzuhalten.

Von nun an beschleunigte sich das Tempo der kulturellen Weiterentwicklung. In Kleinasien, Palästina und dem Bergland östlich des Tigris entstanden etwa 7000 Jahre vor unserer Zeitrechnung Ackerbau und Viehzucht; sie verbreiteten sich im Verlauf weniger Jahrhunderte bis nach Britannien und China. Die Folge war eine starke Zunahme der Bevölkerungsdichte, und die Menschen schlossen sich zunächst in Dörfern und sodann in Stadtstaaten zusammen. Diese Konzentration und die wachsende Komplexität ökonomischer Transaktionen führten zur Geburt der Zivilisation, eines vollkommen neuen Phänomens auf dieser Erde. Die ersten ideographischen Schriftzeichen entstanden um 3000 vor Christus im Nahen Osten. Es waren Kegel, Kreise und Dreiecke, die in Tontafeln eingedrückt wurden, um Vorräte zu zählen und Transaktionen zu dokumentieren.

Mit dem Beginn der Neuzeit, um 1500 nach Christus, beschleunigte sich die Entwicklung noch einmal, und der Mensch begann den Wettlauf in das Zeitalter der Raumfahrt. Diese Fortschritte sind zum größten Teil durch die Leistungen der Wissenschaft und Technologie erzielt worden und lassen sich an den Indizes ablesen, die von den Wissenschaftshistorikern verwendet werden. Während der letzten 300 Jahre haben die naturwissenschaftlichen Erkenntnisse exponentiell zugenommen. Man kann dieses Wachstum mit dem einer Kaninchenkolonie vergleichen, die sich so stark vermehrt, daß sie sich alle paar Jahre verdoppelt. (Exponentielles Wachstum bedeutet: Je größer eine bestimmte Größe wird, desto schneller wächst sie; und je schneller das Wachstum, um so rascher wird ein immer größeres Maß erreicht.) Die Zahl der veröffentlichten Fachzeitschriften verdoppelt sich heute innerhalb von nur fünfzehn Jahren. 1665 gab es nur eine, die *Philosophical Transactions of the Royal Society of London*. Heute gibt es etwa 100 000. Die Zahl der Naturwissenschaftler ist gleichermaßen angestiegen. Im 17. Jahrhundert gab es nur wenige Dutzend, und heute sind es allein in den Vereinigten

Staaten 300 000. 80 bis 90 Prozent aller Naturwissenschaftler, die es je auf dieser Erde gegeben hat, leben heute, und sie erzeugen in einem unvorstellbaren Tempo neue Ideen und entdecken neue Tatsachen. Die Zahl der naturwissenschaftlichen Erkenntnisse und Informationen verdoppelt sich alle zehn Jahre, das ist schneller, als sich die menschliche Bevölkerung dieser Erde vermehrt, und schneller, als es sich die Menschen in vergangenen Generationen hätten erträumen können. Um nur ein Beispiel zu geben: Man schätzt, daß alljährlich etwa 200 000 neue mathematische Theoreme veröffentlicht werden. Die Wissenschaft, mit der sich vor 300 Jahren nur einer unter einer Million Menschen befaßte, absorbiert heute in den fortgeschrittenen Industrieländern etwa drei Prozent aller Beschäftigten.

Die Menschheit scheint unmittelbar vor einem neuen und entscheidenden Wendepunkt in ihrer Evolution zu stehen. Die Speicherkapazität der Computer wächst so rasch, daß man noch nicht deutlich erkennen kann, wie weit diese Entwicklung gehen wird. Unsere Techniker können mehr als 100 000 Transistoren und Schaltelemente auf einem einzigen Siliziumchip vereinigen, der etwa ein Quadratzoll groß ist. Diese Technik hat so rapide Fortschritte gemacht, daß es 1995 möglich sein könnte, einen Computer von der Größe des menschlichen Gehirns zu bauen, der dessen Speicherkapazität besitzt. Die Telekommunikation über Satelliten hat die ganze Welt mit einem dichten Netz überzogen, das es uns praktisch ermöglicht, alle nur denkbaren Informationen simultan über den ganzen Globus zu verbreiten. Zum ersten Mal läßt sich damit eine Spezies von Lebewesen in einem einzigen Informationssystem vereinigen. Wir können verwirklichen, was Teilhard de Chardin die Noosphäre genannt hat, ein Netzwerk gemeinsamen Wissens, das die Erde etwa in gleicher Weise umspannt wie die Biosphäre der lebenden Organismen.

Die Zunahme unserer wissenschaftlichen Erkenntnisse läßt sich mit der Ausbreitung des Lichts in einem dunklen Wald vergleichen, in dem sich die darin vorkommenden Lebewesen bisher blind orientieren mußten. (Das Universum hat uns geschaffen, uns aber nicht erklärt, wie und warum.) Im Anfang wurde eine Kerze entzündet, die nur wenige Einzelheiten am Boden und die Umrisse der zunächst stehenden Bäume sichtbar machte. Mit neuen Lichtquellen verbesserten sich die Sichtverhältnisse. Anfänglich waren es nur wenige zusätzliche Kerzen, doch mit der Zeit vermehrten sie sich mit wachsender Geschwindigkeit. Am Schluß, und zwar während der Lebenszeit unserer Generation, in weniger als einem Zehnmillionstel der Zeit, in der es Leben auf dieser Erde gibt, ist der größte Teil des Waldesinneren von einer Unzahl neuer Lichtquellen hell erleuchtet. Endlich können wir uns nach rückwärts wenden und den langen und verschlungenen Pfad erkennen, auf dem unsere Spezies vorangeschritten ist. Wir sehen unsere ganze Welt und erkennen, in wie beeindruckender Weise die Natur uns mit Leben erfüllt und am Leben erhalten hat. Die Zeit scheint nicht mehr fern zu sein, in der wir das Rätsel der Sphinx lösen und die Frage beantworten werden, welche Bedeutung dem Menschen in dieser Welt zukommt. Aber wollen wir die Antwort auch wirklich wissen? Die Mythen, die uns am meisten wert sind, stehen auf dem Spiel. Die Wahrheit kann auf den ersten Blick erschrecken.

Aber wir haben keine andere Wahl, als auf dem einmal beschrittenen Weg voranzuschreiten. Gleichzeitig mit dem rapiden Fortschritt der Wissenschaft und Technik erleben wir andere uns schädliche Arten menschlicher Tätigkeit; eine Bevölkerungsexplosion, die in Teilen dieser Welt verheerende Folgen hat; die fortschreitende Ausrottung von Spezies, die so weit geht, daß 20 Prozent oder mehr aller heute lebenden Tier- und Pflanzenarten in den kommenden dreißig Jahren verschwinden könnten. Dazu kommt, daß die Zahl der Nationen, die über Kernwaffen verfügen, ständig wächst. Ethik und Psychologie haben mit der rapiden Entwicklung der Naturwissenschaften nicht Schritt halten können. Sie müssen sich beeilen. Genau in dem Augenblick, da der Mensch die Frage »Wer bin ich?« vielleicht zu beantworten vermöchte, ist die richtige Antwort zur Bedingung seines Überlebens geworden.

Heute leben auf der Erde drei bis zehn Millionen Spezies von Organismen. Das sind weniger als 1 Prozent der Spezies, die es im Verlauf der ganzen Erdgeschichte gegeben hat. Viele hundert Millionen Spezies sind in vielen hundert Millionen Jahren entstanden und wieder ausgestorben, und ein Großteil davon waren Tiere mit gut ausgebildeten Sinnesorganen und zufriedenstellend funktionierenden Gehirnen, darunter bestimmte Tintenfischarten, riesige skorpionartige Tiere, Eurypteriden genannt, und die verschiedensten Säugetiere. Doch nur eine einzige Familie hat die letzten Stufen der Evolution erklommen, eine hohe Intelligenz entwickelt und komplexe Kulturen geschaffen. Diese Tatsache ist, wie so vieles auf dieser Welt, ebenso deutlich erkennbar wie durch und durch erstaunlich. Es ist so, als habe eine überirdische Macht eingegriffen und aus einer unendlichen Masse von Kreaturen eine ausgewählt, um ihr den Vorzug vor allen anderen zu geben.

Der Mensch neigt dazu, sich selbst mit bedeutungsvollen Gleichnissen erklären zu wollen. Nachdenkliche Menschen fragen sich, ob es die Hand Gottes oder irgendeine immaterielle Kraft jenseits des menschlichen Begriffsvermögens gewesen sei, die hier eingegriffen hat. Könnte ein göttlicher Funke auf einen aus chemischen Elementen zusammengesetzten Organismus übergesprungen sein, um die Evolution dieses Organismus bei dieser einen und einzigen Gelegenheit in eine ganz neue Richtung zu lenken? Vielleicht hat es aber auch gar keinen Eingriff von außen gegeben, und dem Leben wohnt seit seiner Entstehung vor vier Milliarden Jahren, ja vielleicht sogar den Naturgesetzen schlechthin seit dem Anbeginn der Zeiten ein Plan inne. Das wäre die »Orthogenese«, die geradlinige oder gerichtete Evolution. Auf diese Weise wäre hypothetisch festgelegt, daß sich am Schluß die Menschheit genauso entwickelte, wie es in den Genen vorprogrammiert ist, daß in den letzten Stadien der Entwicklung des Fötus ein vollendetes Auge entsteht. Doch wenn es eine Orthogenese gegeben hat, dann muß sie von irgendeiner Kraft außerhalb der uns bekannten im Universum herrschenden physikalischen Gesetze angetrieben worden sein, die einem alles beherrschenden Plan folgte, der so schwer zu durchschauen ist, daß man ihn nur durch eine vollständige Darstellung der gesamten Evolution charakterisieren kann. Wenn das nicht zutrifft, dann geht die ganze Naturwissenschaft von falschen Voraussetzungen aus.

Die Erklärungen des Deismus oder der Orthogenese zu akzeptieren wäre gleichbedeutend mit einem Aufgeben der Naturwissenschaft und einem Abbruch unserer Reise durch die riesigen Zeiträume der Evolutionsgeschichte kurz vor der möglichen Erhellung ihres Sinnes. Einige Naturwissenschaftler und Humanisten, die die verschiedensten religiösen und nichtreligiösen Überzeugungen vertreten, würden am liebsten sehen, daß wir die Angelegenheit an dieser Stelle auf sich beruhen ließen. Nach ihrer Überzeugung läßt sich der menschliche Geist niemals durch materialistische Analysen erklären. Der Geist existiert außerhalb des Körpers oder darf zumindest nicht zur Physiologie des Gehirns in Beziehung gesetzt werden, durch das er wirkt. Die Kultur ist eine unabhängige Kraft, die als Schicht auf dem biologischen Mechanismus wächst und nur mit Hilfe besonderer Verfahren und Gesetze erklärt werden kann. Diese Vorstellung ist die letzte Ursache der beunruhigenden Kluft zwischen den zwei Kulturen, der Naturwissenschaft und der Geisteswissenschaft. Einige hervorragende Denker aus beiden Bereichen sind der Auffassung, dieser Zwiespalt sei unauflöslich, die Diskontinuität sei erkenntnistheoretisch begründet und werde verstärkt durch fundamentale Unterschiede der Ziele und Interessen.

Wir vertreten eine ganz andere Auffassung. Wir glauben, daß das Geheimnis der plötzlichen Entstehung des Geistes in der Aktivierung eines Mechanismus liegt, der physikalischen

Gesetzen gehorcht und allein bei der Spezies *Homo* anzutreffen ist. Irgendwie hat diese Spezies im Verlauf der Evolution ein Feuer des Prometheus entzündet, eine sich selbst am Leben erhaltende Reaktion, welche die Menschheit über die bis dahin vorhandenen biologischen Grenzen hinausgeführt hat. Wir haben diesen weitgehend unbekannten evolutionären Prozeß als Gen-Kultur-Koevolution bezeichnet. Diese Koevolution ist eine faszinierende, komplexe Wechselwirkung, bei der Kultur erzeugt und von biologischen Zwängen gestaltet wird, während gleichzeitig biologische Merkmale in Reaktion auf kulturelle Neuerungen durch genetische Evolution verändert werden. Wir glauben, die Gen-Kultur-Koevolution habe allein und ohne äußere Hilfe den Menschen geschaffen, und wir sind überzeugt, daß die Wirkungsweise dieses Mechanismus mit Hilfe einer Kombination von Techniken aus Natur- und Sozialwissenschaften erkannt werden kann.

Unsere Vorstellungen von der Gen-Kultur-Koevolution lassen sich wie folgt kurz zusammenfassen. Zunächst setzen wir voraus, daß gewisse einzigartige und bemerkenswerte Fähigkeiten und Eigenschaften des menschlichen Geistes eine enge Verknüpfung zwischen der genetischen und der kulturellen Evolution zur Folge haben. Die menschlichen Erbanlagen beeinflussen die Ausformung des menschlichen Geistes. Sie bestimmen, welche Reize wahrgenommen werden und welche nicht, wie Informationen verarbeitet werden, welche Ereignisse am leichtesten im Gedächtnis haftenbleiben, welche Emotionen sie am ehesten wecken usw. Die Vorgänge, die solche Wirkungen erzeugen, bezeichnet man als epigenetische Regeln. Diese Regeln haben ihre Wurzeln in den biologischen Besonderheiten des Menschen, und sie beeinflussen die Ausformung der Kultur. So ist zum Beispiel die Paarung nicht miteinander verwandter Individuen sehr viel wahrscheinlicher als der Inzest zwischen Brüdern und Schwestern, weil gemeinsam aufgezogene Kinder, wenn sie geschlechtsreif werden, geringeres sexuelles Interesse füreinander entwickeln. Bestimmte, die Sinnesorgane betreffende Gesetze der Farbenwahrnehmung führen dazu, daß ein ganz bestimmtes Farbenvokabular eher entsteht als irgendein anderes. Nach dieser Theorie entwickelte mathematische Modelle erlauben die Voraussage gewisser kultureller Variationsmuster aus der Kenntnis solcher epigenetischen Regeln. Es ist prinzipiell möglich, von bestimmten Daten der kognitiven Psychologie zu Daten der Kulturanthropologie und Soziologie zu gelangen und dann in umgekehrter Richtung Rückschlüsse zu ziehen.

Diese Umsetzung von Geist in Kultur macht die eine Hälfte der Gen-Kultur-Koevolution aus, die Wirkung, welche die Kultur auf die vorhandenen Erbanlagen ausübt, die andere. Aufgrund gewisser epigenetischer Regeln – d. h. der Entwicklungsrichtungen oder -tendenzen des Geistes – entscheiden sich die Menschen für solche Kulturvarianten, die sie befähigen, besser zu überleben und sich zu vermehren. Diese Regeln und auch die Träger der sie festlegenden Gene setzen sich in einer Population über viele Generationen hinweg tendenziell durch. Daher beeinflußt die Kultur die genetische Evolution ebenso, wie die Gene die kulturelle Evolution beeinflussen.

Diese spezifische Formulierung der Theorie gründet sich auf die Forschungen zahlreicher Psychologen, Genetiker und anderer Spezialisten, und sie wird heute kritisch untersucht und getestet. Eines Tages wird sie entweder als falsch aufgegeben oder aber verfeinert und ausgeweitet werden. Bisher hat sie dazu gedient, die Aufmerksamkeit auf die entscheidend wichtige und relativ vernachlässigte Beziehung zwischen der biologischen und der kulturellen Evolution zu lenken.

Die Umstände, unter denen wir und andere Wissenschaftler auf das Problem stießen, und die Art und Weise, wie wir nach einer Lösung suchten, sind das Thema, mit dem wir uns im folgenden beschäftigen werden. Unsere gemeinsamen Anstrengungen haben, wie alle wissenschaftlichen Bemühungen, einen chaotischen Verlauf genommen. Am Beginn standen die Entdeckung und die Synthese neuer Tatsachen. Anschließend entwickelten sich neue Ideen, denen Herausforderungen und widersprüchliche Erklärungen entgegentraten. Dieses Unternehmen ist jetzt an einem Punkt angelangt, an dem die neuen Erkenntnisse als gedankliche Werkzeuge auf das Problem von Ursprung und Evolution des menschlichen Geistes angewendet werden können.

Jede derartige dialektische Auseinandersetzung oder Weiterentwicklung wissenschaftlicher Theorien muß ein zentrales Thema haben. In diesem Falle war es das Gebiet der Soziobiologie. Geschichtlich und substantiell kann die Gen-Kultur-Koevolution nur verstanden werden, wenn man den Einfluß dieser neuen und kontroversen Disziplin berücksichtigt.

2. Der Streit um die Soziobiologie

Warum ist es über die Soziobiologie zu einer Kontroverse gekommen? Nichts, was sich während dieser ungewöhnlichen Auseinandersetzung ereignet hat, läßt sich richtig verstehen, bevor das Thema selbst korrekt dargestellt worden ist. Im Gegensatz zu verbreiteten Vorstellungen ist die Soziobiologie weder eine besondere Theorie über das menschliche Verhalten noch eine politisch definierte Doktrin über die Natur des Menschen. Sie ist eine wissenschaftliche Disziplin und als solche zu definieren als die systematische Untersuchung der biologischen Grundlagen aller Formen des sozialen Verhaltens (einschließlich des Sexualverhaltens und des Verhaltens der Eltern gegenüber ihren Kindern) an lebenden Organismen einschließlich des Menschen. Die allgemeine Soziobiologie beschäftigt sich mit den alle Lebewesen betreffenden Tatsachen und Theorien und läßt sich sinnvoll unterscheiden von der Soziobiologie des Menschen, die ausschließlich den Menschen betreffende Themen behandelt. Das lebhafteste öffentliche Interesse haben die den Menschen betreffenden Fragen gefunden, und über sie ist es zu den schärfsten Auseinandersetzungen gekommen. Aber die große Mehrheit der Soziobiologen interessiert sich nur am Rande für diesen Teil der Disziplin. Diese Wissenschaftler sind in erster Linie Zoologen; sie untersuchen das Verhalten sozial lebender Tiere, von den in Kolonien lebenden Quallen über die Ameisen bis zu den Schimpansen.

Die Soziobiologie steht in enger Beziehung zur Ethologie, deren Aufgabe die Untersuchung ganzer Verhaltensmuster unter natürlichen Bedingungen ist. Beide Disziplinen richten ihre besondere Aufmerksamkeit auf die Entwicklungsgeschichte der Spezies und auf die Verhaltensweisen (besonders die instinktgesteuerten), welche die Organismen an ihre Umwelt anpassen. Doch wo sich die Ethologie auf die Einzelheiten des Verhaltens der Individuen konzentriert, und dazu gehören die Wirkungsweise des Nervensystems und die Auswirkungen der Hormone, beschäftigt sich die Soziobiologie in erster Linie mit den komplexesten Formen des Sozialverhaltens und der Organisation ganzer Gesellschaften. Die Ethologie besteht zu einem wesentlichen Teil aus physiologischen und anatomischen Untersuchungen, während sich die Soziobiologie auf eine Populationsbiologie gründet: auf die Genetik, die Ökologie, die Altersstruktur und andere biologische Gegebenheiten bei geschlossenen Gruppen.

Evolution durch natürliche Auslese

Die Biologie interessiert sich zumeist für das »Wie« eines Geschehens: wie die Zellen sich teilen, wie Protein verdaut wird oder wie die Gene bestimmte Informationen festlegen. Die Soziobiologie versucht, das »Warum« zu beantworten: Warum teilen sich Zellen in einer bestimmten Weise, oder warum verhalten sich Eltern gegenüber ihren Kindern altruistisch? Die Frage »warum« kann nur beantwortet werden, wenn man den geschichtlichen Hintergrund untersucht hat. Und die Geschichte des biologischen Prozesses ist die Evolution. Das kreative Element in dieser Geschichte ist die natürliche Auslese, die man gelegentlich als Darwinismus bezeichnet.

Deshalb besteht ein großer Teil, aber nicht die gesamte soziobiologische Arbeit aus evolutionstheoretischen Erklärungen gewisser Formen des Sozialverhaltens, so etwa des Altruismus, der Zusammenarbeit und der Aggression, unter besonderer Betonung der natürlichen Auslese. Die Evolution durch natürliche Auslese vollzieht sich in den folgenden Schritten.

- Individuen unterscheiden sich im Hinblick auf eine bestimmte Eigenschaft, zum Beispiel die Fähigkeit, ein bestimmtes Gift zu schmecken, und zwar auf Grund von Unterschieden bei den Genen an einem oder mehreren Orten auf den Chromosomen. Nehmen wir an, eine Art Gen (das Gen liegt etwa an einem bestimmten Ort auf Chromosom Nummer 6) verleiht die Fähigkeit, das Gift zu schmecken, während das entgegengesetzte Gen diese Fähigkeit nicht vermittelt.
- Das Vorhandensein des Gifts in der Nahrung oder im Wasser stellt den Selektionsdruck dar. Individuen mit Geschmacksgenen entdecken die giftige Substanz, vermeiden sie und überleben. Andere, deren Gene diese Geschmackswahrnehmung nicht ermöglichen, nehmen das Gift auf und sterben. Die Folge ist, daß die Häufigkeit der Geschmacksgene zunimmt und ein größerer Prozentsatz der Population die angeborene Fähigkeit besitzt, das Gift zu vermeiden. In dieser von einer Generation zur anderen stattfindenden Veränderung besteht die Evolution durch natürliche Auslese. Individuen, die das Gift schmecken können, besitzen, wie man sagt, eine »überlegene genetische Tauglichkeit«. Die Fähigkeit zu schmecken bezeichnet man als »adaptiv«.
- In einer Population können durch Mutation ganz neue Arten von Genen entstehen. Es handelt sich entweder um zufällig entstandene Veränderungen in der chemischen Zusammensetzung der bereits existierenden Gene oder um Umgruppierungen von Genen infolge von Änderungen in Struktur oder Anzahl der Chromosomen. Nehmen wir an, daß eine Population zu Beginn ausschließlich aus Individuen besteht, deren Gene nicht die Fähigkeit verleihen, einen bestimmten Geschmack wahrzunehmen. Nun könnten in dieser Population bei einem oder wenigen Individuen durch Mutationen Geschmacksgene entstehen. Wenn jetzt im Wasser oder in

den Nahrungsmitteln das Gift enthalten ist, kommt es zur natürlichen Auslese, was zur Folge hat, daß sich die Geschmacksgene gegenüber den Genen, die den Geschmack nicht vermitteln, innerhalb der Population häufen. Kurz, die Mutationen erzeugen das Rohmaterial für die Evolution, während die natürliche Auslese der Evolution die Richtung gibt, indem sie bestimmt, welche Mutationen sich durchsetzen. Wenn der Mensch nun absichtlich bestimmte Gene selektiert, um in Pflanzen oder Tieren erwünschte Eigenschaften zu züchten, dann nennt man das künstliche Auslese. Wenn er das gleiche Verfahren bei sich selbst anzuwenden versucht, nennen wir das Eugenik.

Die Evolution bedient sich manchmal anderer Mittel als der natürlichen Auslese. Mutationen können derart gehäuft auftreten, daß der Prozentsatz der Mutanten in der Population auch ohne die natürliche Auslese steigt. Auf der anderen Seite können Einwanderer so viele neue Gene in eine Population bringen, daß sich deren gesamte genetische Zusammensetzung verändert. Solche Nebenerscheinungen kommen vor und haben gelegentlich einen wesentlichen Einfluß, aber die meisten Biologen stimmen darin überein, daß sie bei der Lenkung der Evolution über lange Zeiträume hinweg viel weniger bewirken als die natürliche Auslese. Mit anderen Worten, die natürliche Auslese ist der in der Evolution vorherrschende Modus.

Die Soziobiologie hat dieses Grundmodell der Evolution, das von den Biologen allgemein akzeptiert wird, auch auf das Sozialverhalten ausgedehnt. Dieses Vorgehen hat wesentlich dazu beigetragen, gewisse komplexe und bis dahin kaum verstandene Phänomene bei Tieren zu erklären. Wenn die gleiche Methode auf den Menschen angewendet wird, sind die Ergebnisse nicht so eindeutig, und sie können emotionale Reaktionen auslösen. Die Absicht der Theorie über die Gen-Kultur-Koevolution ist es, die Biologie noch stärker und mit besseren

Ergebnissen in den Bereich der Sozialwissenschaften einzubeziehen. Wir werden später auf die Bedeutung dieser Theorie für die allgemeine Soziobiologie zurückkommen, aber zunächst wollen wir die klassischen Erklärungen einer Reihe von universalen Formen des menschlichen Sozialverhaltens untersuchen.

Die egoistischen Gene

Individuen schaffen keine Kopie von sich, wenn sie sich fortpflanzen. Sie schaffen Kopien ihrer Gene und verstreuen sie dann wie Samenkörner in der ganzen Population. Dieser seltsame Vorgang läßt sich am besten mit Hilfe des folgenden arithmetischen Arguments verdeutlichen. Wir bekommen die Hälfte unserer Gene von jedem Elternteil, ein Viertel von jedem Großelternteil, ein Achtel von jedem Urgroßelternteil, und so geht es weiter zurück mit regelmäßiger geometrischer Progression. Ein Vorfahr, der Ende des 18. Jahrhunderts gelebt hat, wird auf diese Weise seinem heutigen Nachfahren etwa ein Prozent seiner Gene vererbt haben. Damit löst sich der Genbestand des Individuums, also die Erbmasse, die jeden einzelnen biologisch von allen anderen unterscheidet, in immer kleinere Pakete auf, je weiter wir ihn zurückverfolgen. Und dieser Bestand wird sich in vollkommen symmetrischer Weise weiter auflösen, wenn er sich auf unsere Nachkommen verteilt. Jedes Kind bekommt die Hälfte seiner Gene von einem Elternteil, jeder Enkel bekommt ein Viertel usw. Die einzige Einheit, die bei diesem Vorgang nicht geteilt wird, ist das Gen selbst. In der jeweiligen Gegenwart ist der einzelne Mensch natürlich der über allem anderen stehende Sinn und Zweck des Daseins, betrachtet man aber die Entwicklung über viele Generationen, dann kann man die Menschen in einem anderen Licht sehen – als zeitweilige Träger der Gene, die durch sie vermehrt und verbreitet werden. Aus der Sicht der Evolutionstheorie und damit auch der Soziobiologie sind alle Eigenschaften der Individuen potentielle Instrumente für die Ausbreitung der Erbanlagen, welche diese Eigenschaften bestimmen. Farbsehen, Pulsfrequenz, Insulinproduktion, Sprachkompetenz, Musikalität und Zärtlichkeit gegenüber den Kindern sind Veranlagungen, die Körper und Geist stärken und die entsprechenden Gene in den folgenden Generationen fördern werden. In diesem besonderen Sinn beteiligen sich die Gene an einem Wettrennen. Diejenigen, die das Farbsehen ermöglichen, konkurrieren mit denen, die die Farbenblindheit verursachen. Wenn die Farbenblindheit in einer Population abnimmt, weil diese Eigenschaft die Individuen behindert, dann verringert sich auch die Häufigkeit der Gene, die diese Farbenblindheit verursachen.

Die Gene vereinigen sich in jeder Generation zu neuen Kombinationen. Vater hat vielleicht blaue Augen und die Fähigkeit gehabt, die Zunge zu einer Röhre zusammenzurollen (30 Prozent der Bevölkerung besitzen diese Erbanlage nicht), seine Blutgruppe war AB – usw. durch die Tausende von menschlichen Merkmalskategorien, die von bestimmten Genkombintionen abhängen. Aber die bei Vater vorhandene Kombination wurde in genetische Fragmente aufgespalten und bei der Spermabildung, die unserer Zeugung voraufging, neu zusammengestellt. Wenn sich das Sperma bildet, tauschen einander ähnliche Chromosomenpaare Gene aus und trennen sich anschließend voneinander, wobei die Chromosomenzahl auf die Hälfte reduziert wird. Nach der Begattung vereinigt sich die Spermazelle mit einer Eizelle, und die ursprüngliche Chromosomenzahl wird wiederhergestellt (es sind dann wieder jeweils zwei von jeder Art vorhanden), und auf diese Weise entsteht ein neues Individuum. Die Erbmasse des Vaters unterliegt dabei den beiden grundlegenden Vorgängen der Mendelschen Vererbung. Zunächst werden die paarigen, einander ähnlichen Chromosomen getrennt und gelangen in verschiedene Spermazellen. Dann werden die entsprechenden

Chromosomen des Vaters und der Mutter rekombiniert und ergeben zusammen wieder die ursprüngliche doppelte Anzahl.

Die Bedeutung der Sexualität

Die Befruchtung muß nicht unbedingt durch die Bildung von Samen- und Eizellen und deren Vereinigung bewirkt werden. Um sich zu vervielfältigen, müssen sich die Gene nicht unbedingt so voneinander trennen, daß die Integrität der individuellen Erbmasse zerstört wird. Die Natur hat eine viel direktere und wirksamere Methode der Reproduktion, bei der die einmal bestehende Genkombination intakt bleibt, wie etwa die Zeugung von Embryonen aus unbefruchteten Eiern. Der Geschlechtsverkehr dient auch nicht nur dem Vergnügen. Das genaue Gegenteil ist richtig: Das im Bewußtsein geweckte Gefühl des Vergnügens macht die Ausübung des Geschlechtsverkehrs wahrscheinlicher, und das hat zur Folge, daß die in den Geschlechtszellen voneinander getrennten Gene zu einer neuen Kombination zusammengefügt werden.

Die sexuelle Vereinigung hat einen subtileren Sinn als die bloße Zeugung von Nachkommen: Er liegt darin, in der Nachkommenschaft eine genetische Vielfalt zu schaffen. Ein Organismus, der sich ohne Sexualität vermehrt wie etwa durch das Ausbrüten unbefruchteter Eier, kann damit sein genaues Ebenbild schaffen, wobei jede einzelne Erbanlage reproduziert wird, ohne daß durch das gegenseitige Umwerben der Geschlechtspartner Zeit verschwendet wird. Wenn jedoch alle Nachkommen identisch sind, dann wird die Wahrscheinlichkeit geringer, daß eine solche Gruppe wesentliche Veränderungen in ihrem Lebensraum überlebt. Nehmen wir an, daß alle Individuen mit den Erbanlagen der Mutter in einem bestimmten Gebiet an einer Krankheit sterben. Hätte die Mutter nur auf ungeschlechtlichem Wege Nachkommen zur Welt gebracht, dann würde die ganze Nachkommenschaft zugrunde gehen. Wenn sie sich aber mit einem männlichen Individuum gepaart hat, dessen Gene gegen diese Krankheit resistent machen, überlebt wenigstens ein Teil ihrer Nachkommenschaft. Auch dieses Überleben wäre eine Erbanlage, die sich sexuell reproduzieren ließe. So kann man sagen, daß die natürliche Auslese der geschlechtlichen Fortpflanzung den Vorzug gibt. Die sexuelle Fortpflanzung nimmt längere Zeit in Anspruch als die geschlechtslose, aber durch sie wird eine ausgewogenere Auswahl genetischer Kombinationen in die Welt gesetzt. Bei der geschlechtlichen Fortpflanzung werden die Erbanlagen auf eine größere Zahl von Individuen verteilt, und die dabei aufgewendete Zeit und Energie befähigt die Nachkommenschaft, besser mit den oft harten und sich ständig verändernden Umweltbedingungen fertigzuwerden. Die meisten Biologen sind darin einig, daß die Anpassungsfähigkeit ebenso wichtig ist wie die Reaktionen der Organismen auf die tatsächlichen Gegebenheiten der Umwelt, die sie am Leben erhalten und in die Lage versetzen, sich zu vermehren. Diese auf lange Sicht zum Tragen kommende Fähigkeit hat über die Äonen der Evolution hin der geschlechtlichen Fortpflanzung den Vorzug verschafft und sie in den meisten Organismenarten angelegt.

Wir kommen jetzt zur Frage der Unterschiede zwischen den Geschlechtern. Wenn man die Sexualität bei den verschiedenen Arten von Organismen, von den primitivsten Pflanzen und Tieren bis zum Menschen, untersucht, dann erkennt man, daß der fundamentale Unterschied zwischen männlichen und weiblichen Individuen nicht in irgendwelchen äußeren anatomischen Kennzeichen liegt, sondern in den viel grundlegenderen Merkmalen der Geschlechtszellen. Einfach ausgedrückt, erzeugen weibliche Individuen große Geschlechtszellen (Eier), die zur Ernährung des Embryo Eigelb enthalten, während männliche Individuen kleine Geschlechtszellen (die Spermien) erzeugen, deren einzige Aufgabe es ist, die Eier zu befruchten. Hier gibt es eine Arbeitsteilung: Das weibliche Individuum ernährt die Embryonen und geht manchmal so weit, sie im eigenen Körper auszutragen oder ein Nest zu ihrem Schutz zu bauen. Das männliche Individuum befruchtet die Eier und beteiligt sich bei einigen Spezies auch an der Aufzucht der Nachkommenschaft. Zumindest erzeugen die weiblichen und männlichen Individuen verschiedene Kombinationen aus ihren persönlichen Genen, um die Nachkommenschaft in die Lage zu versetzen, die Unbilden zu ertragen, denen sie in ihrem künftigen Lebensraum ausgesetzt sein können. Eine weitere Fürsorge für die Nachkommenschaft ist eine im Rahmen der Evolution gegebene Möglichkeit, von der nur relativ wenige Spezies Gebrauch machen, und zu ihnen gehört der *Homo sapiens*.

Da die weiblichen Individuen vom einzelnen Fortpflanzungsakt mehr beansprucht werden als die männlichen, ist die Zahl solcher möglicher Akte bei ihnen geringer. Bei einer durchschnittlichen Frau reifen während ihres ganzen Lebens nur etwa 400 Eier; dagegen werden bei der Ejakulation eines physiologisch normalen Mannes Millionen von Spermien frei. Deshalb hat der Mann die Fähigkeit, sich an sehr viel mehr Zeugungsakten zu beteiligen als die Frau.

Die Evolutionstheorie sagt voraus, daß dieser elementare Unterschied zwischen den Geschlechtern eine Reihe wichtiger Folgen haben werde. Die grundlegendste dieser Folgen besteht vielleicht darin, daß Männer in der Regel mehr zu gewinnen haben, wenn sie sich um die Gunst eines Geschlechtspartners bewerben. Ein Don Juan kann theoretisch in jeder Nacht Vater werden. Aber wenn es ihm gelingt, viele Frauen zu schwängern, dann hat eine entsprechende Anzahl von Männern nicht die Möglichkeit, Vaterfreuen zu erleben. Im ganzen Tierreich und in den meisten menschlichen Gesellschaften führen die männlichen Individuen in der Tat einen aggressiven Konkurrenzkampf um das von ihnen zu beherrschende Territorium, um den Status in dieser Gesellschaft und vor allem um die Gunst der weiblichen Individuen. Es besteht, um mit Darwin zu sprechen, ein erheblicher Selektionsdruck, um sowohl »die Fähigkeit zu erlangen, die Damen zu bezaubern«, als auch »so stark zu werden, daß man andere Männer im Kampf besiegen kann«. Das ist die sexuelle Auslese, eine besondere Form der natürlichen Auslese. Die Folge ist, daß männliche Individuen im allgemeinen rücksichtsloser und großspuriger sind als weibliche und daß sie es nicht ertragen können, hintergangen zu werden. Und doch sind sie bei vielen Spezies, und zu ihnen gehört auch der *Homo sapiens,* durchaus fähig, mit ihren Geschlechtspartnerinnen und ihrer Nachkommenschaft enge und freundschaftliche Beziehungen zu unterhalten und mit ihren Geschlechtsgenossen kameradschaftliche Bindungen einzugehen.

Bei den meisten höheren Tieren beteiligen sich auch die weiblichen Individuen an der sexuellen Selektion, aber in einer qualitativ anderen Art als die männlichen. Sie können in jedem Fruchtbarkeitszyklus nur von einem männlichen Geschlechtspartner befruchtet werden, und sie tragen bei der Versorgung der Jungen gewöhnlich die schwerere Last. Es ist daher vorteilhaft für sie, bei der Auswahl ihrer Partner kritischer zu sein: zwar kokett, um viele Bewerber für sich zu interessieren, aber auch zurückhaltend, gesellschaftlich erfahren und umsichtig, um sich den geeignetsten männlichen Partner zu wählen. Am geeignetsten ist in diesem Fall derjenige, der am besten mit seinen Geschlechtsgenossen fertigwird, und bei den Spezies, bei denen sich der Mann an der Aufzucht der Nachkommenschaft beteiligt, ist es derjenige, der sich gern dieser Aufgabe unterzieht.

Es überrascht daher nicht, daß die meisten Tierarten polygyn leben, das heißt, die männlichen Tiere begatten in der Regel mehr als ein weibliches. Verhältnismäßig wenige Spezies leben in der Polyandrie, wobei die weiblichen Tiere geschlechtliche Beziehungen zu mehreren männlichen unterhalten.

Altruismus

Die Evolution durch natürliche Auslese – das ist die Grundidee des Darwinismus – scheint genaugenommen zu besagen, daß die Tüchtigsten überleben, daß einzelne Individuen sich gegen andere durchsetzen und ihre Gene an die nächste Generation weitergeben. Aber dieses wenig ansprechende Bild wird durch einen sanften Schimmer altruistischen Verhaltens abgemildert. Wir wissen, daß Eltern bereit sind, für ihre Kinder große Opfer zu bringen und sogar ihr Leben einzusetzen. Auch dieses Verhalten entspricht den darwinistischen Vorstellungen im strengen Sinne, denn solange die Kinder am Leben bleiben, werden die Gene der Eltern weitergegeben. Wenn die Bereitschaft der Eltern, sich für ihre Kinder aufzuopfern, in den derart begünstigten Genen vorprogrammiert ist, dann wird sich diese besondere Form des Altruismus in der ganzen Population verbreiten.

Weitergehende altruistische Tendenzen können sich nach dem gleichen Mechanismus entwickeln. Geschwister sind ebenso nah miteinander verwandt wie Eltern und Kinder. Anders ausgedrückt, haben zwei Geschwister durch gemeinsame Abstammung die Hälfte der Gene gemeinsam – das ist der gleiche Prozentsatz, den jeder Elternteil mit seinem Kinde teilt. Wenn sich ein Mann für seinen Bruder oder seine Schwester aufopfert und Bruder oder Schwester deshalb mehr Nachkommen zeugen kann, dann wird das altruistische Verhalten dieses Mannes eine Zunahme von Genen zur Folge haben, die mit seinen eigenen identisch sind. Diese Form der natürlichen Auslese bezeichnet man als Verwandtschaftsauslese, und sie kann zu einem altruistischen Verhalten gegenüber nahen Verwandten führen, die keine direkten Nachkommen sind. Nehmen wir an, ein Individuum stirbt oder verzichtet auf eigene Kinder, um seinen Verwandten damit einen Dienst zu erweisen. Die biologischen Folgen sind in beiden Fällen die gleichen – es werden keine Gene an die nächste Generation weitergegeben. Nehmen wir außerdem an, daß Variationen in der Neigung zu altruistischem Verhalten aus entsprechenden Veränderungen in gewissen Genen entstehen. Dann erhebt sich die Frage: Wie nützlich muß das altruistische Verhalten für die Verwandten sein, damit sich solche Gene ausbreiten können? Die Antwort ist, daß die Zahl der Nachkommen um einen Faktor vermehrt werden muß, der dem Kehrwert des Anteils der Gene entspricht, die als Folge der gemeinsamen Abstammung identisch sind. Der Zusammenhang ist ganz einfach. Die Hälfte der Gene des Bruders sind mit denen des Altruisten identisch. Das Opfer seitens des Altruisten muß also, damit sich die den Altruismus verursachenden Gene ausbreiten, bewirken, daß sich die Zahl der direkten Nachkommen seines Bruders zumindest verdoppelt (der reziproke Wert von ½ ist 2). Ein Achtel der Gene von Vettern ersten Grades sind identisch. Wenn sich nun der Altruismus nur auf Vettern ersten Grades beziehen soll, dann muß sich ihre Nachkommenschaft wenigstens verachtfachen, damit die Altruismusgene sich ausbreiten und so weiter.

Wir sehen daraus, weshalb sich der uneingeschränkte und freiwillige Altruismus, der nicht mit irgendwelchen Gegenleistungen rechnet, bei Tieren und Menschen gewöhnlich auf die nächsten Verwandten beschränkt. Außerhalb des Kreises der Vettern und Cousinen ersten Grades wird nur ein ungewöhnlicher Fortpflanzungserfolg des nutznießenden Verwandten ein einseitig gebrachtes Opfer wettmachen können. Beim Menschen und bei wenigen der intelligentesten Baum- und Menschenaffen erweitert sich der Kreis der sich altruistisch verhaltenden Individuen insofern, als bei ihnen dieses altruistische Verhalten auf Gegenseitigkeit beruht. Bei dieser schon verwässerten Form des Altruismus wird der Verzicht in der Erwartung geleistet, daß der Nutznießer irgendwann eine Gegenleistung erbringen wird.

Man hat oft behauptet, die Soziobiologie nähme dem Altruismus seinen moralischen Wert. Diese Behauptung bezieht sich auf den bedingungslosen Altruismus und bedeutet, ein Individuum könne zwar auf einen Vorteil verzichten und sogar sein Leben opfern, aber die Gene, durch die ein solches Verhalten programmiert ist, verzichteten auf nichts; im Gegenteil, sie nähmen an Zahl und Einfluß zu. Darin liegt in Wirklichkeit kein Widerspruch. Hier arbeitet vielmehr die natürliche Auslese gleichzeitig auf zwei Ebenen, auf derjenigen der Gene und der des individuellen Organismus. Das Individuum kann sich gegenüber anderen moralisch und selbstlos verhalten, aber dieses Verhalten bewirkt eine sogar größere Verbreitung seiner Gene, als wenn es nur von konsequentem Eigennutz bestimmt wäre.

Aggression

Aggression kommt in den verschiedensten Verhaltensweisen zum Ausdruck, hinter denen nur eine allen gemeinsame Absicht steht: Das aggressive Individuum will anderen Schaden zufügen oder ihnen mit Schaden drohen. Einige Tiere zeigen verschiedene stereotype Formen der Aggression. Eine Klapperschlange, die sich einem größeren Feind gegenübersieht, rollt sich zusammen, bildet mit Kopf und Hals ein S, das sich aus der Mitte des zusammengerollten Körpers erhebt, und läßt ihre Rassel vibrieren. Wenn der Feind eine Königsnatter ist, ein für andere Schlangen gefährlicher Freßfeind, steckt die Klapperschlange den Kopf unter den zusammengerollten Körper und sucht den Angreifer mit einer ihrer Leibeswindungen zu schlagen. Wenn sie selbst ein Beutetier, etwa eine Maus, verfolgt, dann rollt sich die Klapperschlange nicht zusammen und betätigt auch nicht ihre Rassel, sondern greift geräuschlos aus jeder geeigneten Position an. Zwei männliche Klapperschlangen, die um den Zugang zu Weibchen kämpfen, umschlingen einander am Hals und suchen den anderen niederzuringen. Obwohl sie sich mit einem einzigen Biß töten könnten, tun sie es nicht. Die beiden Schlangen suchen die

Entscheidung in einem ritualisierten Kampf, den gewöhnlich die größere und stärkere gewinnt.

Das Verhalten der Klapperschlangen illustriert einige wesentliche Aspekte in der Evolution der Aggressivität. Erstens besteht ein großer Teil des Verhaltens aus Drohungen und Ritualen. Tiere verwenden viel Zeit und Energie darauf, ihre Gegner davon zu überzeugen, daß sie stark und gefährlich sind. Wenn es zu Kämpfen zwischen Angehörigen der gleichen Spezies kommt, dann geschieht es meist in der Form ritualisierter Gefechte. Bei diesem Kräftemessen gibt sich in den meisten Fällen derjenige geschlagen, der zu Boden geworfen, vom Kampfplatz gedrängt oder in anderer Weise nachzugeben gezwungen wird. Das geschlagene Tier räumt unverletzt das Feld und versucht an anderer Stelle sein Glück. In manchen Fällen beschränkt sich eine solche Auseinandersetzung auf ein bloßes Zurschaustellen der Kräfte. Der Kampf wird meist von dem Individuum gewonnen, das auf eigenem Territorium von einem Eindringling angegriffen wird. Wenn der Kampf jedoch auf neutralem Boden stattfindet, ist der Sieger gewöhnlich das größere Tier. Nur wenn sich ein Tier in die Enge getrieben sieht und körperlich bedroht fühlt, kann sich der Kampf so weit steigern, daß es versucht, den Gegner zu töten.

Klapperschlangen sind auch insofern typisch für die meisten Tierarten, als in ihrer Evolution ein bestimmter Opportunismus deutlich wird. Jede der vier von ihnen gezeigten Formen der Aggression hat deutlich eine besondere Funktion. Dieser Umstand führt uns zu einer interessanten evolutionstheoretischen Frage. Würde eine Spezies keine Aggressivität entwickeln, wenn die relevante Funktion nicht vorhanden wäre? Nach unseren Erfahrungen müssen wir diese Frage mit Ja beantworten. Wir kennen einige Spezies von Tieren, bei denen sich ein solches Verhalten nicht feststellen läßt. Die Aggressivität zeigt sich nicht nur beim Jagen von Beutetieren und in der Verteidigung gegen Freßfeinde, sondern auch in der

Konkurrenz um begrenzte Ressourcen. Wo es diesen Konkurrenzkampf nicht gibt, fehlt auch die Fähigkeit zu aggressivem Verhalten. Die Populationen einiger pflanzenfressenden Insektenarten werden durch Freßfeinde, Krankheiten und Abwanderung klein gehalten. Sie vermehren sich nur selten so stark, daß es ihnen an Nahrung, Unterschlupf oder geeigneten Stellen für das Ablegen von Eiern fehlt. Solche Spezies sind nicht darauf »angewiesen«, daß der Konkurrenzkampf ihre Populationsstärke reguliert, und deshalb gehört aggressives Verhalten nicht zu ihrem Repertoire. Man kann daher auch sagen, daß es im Verhalten der Tiere keinen allgemeinen Aggressionsinstinkt gibt, wie dies in den frühen Schriften von Sigmund Freud, Robert Ardrey und Konrad Lorenz behauptet wird. Aggressives Verhalten ist opportunistisch und evoluiert zu bestimmten Formen, die je nach den besonderen Bedürfnissen der Spezies genetisch programmiert sind.

Ökologen und Soziobiologen haben bei der Erforschung der Umstände, unter denen sich die verschiedenen Formen der Aggression bei Tieren entwickeln, gute Fortschritte gemacht. Die Territorialität, die Verteidigung eines Gebietes durch Drohungen oder Kampf, kommt am häufigsten dort vor, wo ein Teil des Lebensraums eines Tieres eine knappe und zugleich stetige Ressource enthält. Wenn es daher an einem Ort ein regelmäßiges Nahrungsangebot oder einen besonders guten Platz gibt und beide Gegebenheiten so knapp sind, daß sie das Wachstum der Population begrenzen, werden die hier lebenden Tiere versuchen, diesen Teil ihres Lebensraums für sich allein in Anspruch zu nehmen. Die Verteidigung des Territoriums muß sich jedoch auch wirtschaftlich lohnen. Die Lebensgefahr und die für die Verteidigung aufgewandte Energie müssen durch die Vorteile aufgewogen werden, die der Besitz eines solchen Raumes mit sich bringt. Tatsächlich neigen Tiere dazu, Gebiete zu verteidigen, die gerade groß genug sind, ihre Mindestbedürfnisse über das ganze Jahr zu befriedigen.

Sozialverhalten

Untersucht man die soziale Evolution aller Organismen von den Bakterien bis zum Menschen, dann stößt man auf den folgenden inneren Widerspruch. Je höher wir die Evolutionsstufen hinaufsteigen, die wir aus Anatomie, Physiologie und Gehirnvolumen konstruieren können, um so stärker treten jene Merkmale zurück, die wir intuitiv mit Sozialität in Zusammenhang bringen, nämlich Kooperation, Altruismus, Arbeitsteilung und Integration.

Das läßt sich am einfachsten dadurch illustrieren, daß wir uns mit vier typischen Beispielen beschäftigen, die auf dieser Stufenleiter zu finden sind: mit den in Kolonien lebenden wirbellosen Tieren (Korallen, Schwämmen und Quallen), den staatenbildenden Insekten (Ameisen, Bienen, Wespen und Termiten), den Baum- und Menschenaffen und anderen sozial lebenden Säugetieren und mit dem Menschen selbst. Die einzelnen Korallen einer Kolonie und andere ähnlich organisierte Gruppen von wirbellosen Tieren stammen sämtlich aus einem einzigen befruchteten Ei und vermehren sich durch einfache Teilung oder Knospung, die vollständige Organismen entstehen läßt. Folglich sind die zusammen lebenden Individuen, was ihre Erbanlagen betrifft, identisch. So kann die Verwandtschaftsauslese ohne weiteres an die Stelle der individuellen Auslese treten. Wenn ein solcher Organismus seinen Nachbarn betreut und für dessen Wohlergehen sorgt, dann ist das, soweit es die Gene betrifft, so, als sorge er für sich selbst. Dieser Umstand eröffnet den Weg für die Evolution extremer Formen der sozialen Organisation. Die Mitglieder einer voll ausgebildeten Kolonie stellen gemeinsam einen Superorganismus dar, der sich von einem einzelnen komplexen Organismus fast nicht unterscheiden läßt. So gleicht die Portugiesische Galeere einer riesigen einzelnen Qualle, sie besteht jedoch in Wirklichkeit aus einer Traube zahlreicher spezialisierter Individuen. Die obenaufsitzende bildet den blasenartigen

Schwimmer, andere, tiefer sitzende haben die Form von Glocken, und sie treiben die ganze Kolonie durch das Wasser, während wieder andere an der Unterseite die Form von Greifarmen angenommen haben, mit denen sie das Futter aufnehmen und verdauen. Nur wenige Individuen verfügen über Geschlechtszellen für die Erzeugung neuer Kolonien.

Ähnliche Verhältnisse finden wir bei den staatenbildenden Insekten, sie sind aber dort weniger stark ausgeprägt. Die Bienen-, Wespen- und Ameisenvölker bestehen in der Mehrzahl aus Schwestern. Als Folge der besonderen Art der Geschlechtsbestimmung bei diesen Hautflüglern sind diese Schwestern enger miteinander verwandt als Mütter und Töchter. Durchschnittlich sind als Folge ihrer gemeinsamen Abstammung drei Viertel ihrer Gene identisch und nicht nur die Hälfte, wie bei anderen Spezies. Wahrscheinlich als teilweise Folge der genetischen Ähnlichkeit sind auch die meisten weiblichen Individuen in der Kolonie sterile Arbeiterinnen, die oft in Kasten mit besonderen Funktionen aufgeteilt sind und hier etwa die Brutpflege oder als sogenannte Soldaten die Verteidigung des Insektenstaats übernehmen. Der Insektenstaat ist viel weniger integriert als die einzelnen Organismen der Portugiesischen Galeere oder andere in Kolonien lebende wirbellose Tiere, aber die Integration geht viel weiter als bei den in Herden zusammen lebenden Säugetieren und bei den menschlichen Gesellschaften. Seine Mitglieder leben in einem Zustand unpersönlicher Intimität. Die einzelne Arbeiterin steht fast ständig in engem Kontakt zu allen anderen Mitgliedern der Kolonie, und praktisch alles, was sie tut, dient dem Wohlergehen der ganzen Kolonie. Man kann daher mit Recht sagen, daß *eine* Ameise *keine* Ameise ist. Andererseits erkennen die Arbeiter einander nicht als Individuen. Ihr ganzes Verhalten dient allein der Kolonie oder höchstens dem Wohlergehen der Königin oder einzelner Kasten, nicht aber dem der übrigen Arbeiter.

Die sozialen Säugetiere verhalten sich völlig anders. Die

Angehörigen einer Affenhorde oder einer Elefantenherde sind weniger eng miteinander verbunden als die zu einer Kolonie wirbelloser Tiere oder in einem Insektenvolk vereinigten Organismen. Sie erkennen und behandeln einander als Individuen. Sie entwickeln Hierarchien, in denen eine ganz bestimmte Rangfolge herrscht, sie sondern sich zur Fortpflanzung paarweise von der Herde ab und bilden Familiengruppen. Während die Arbeitsameise ununterbrochen für das Wohl der Kolonie wirkt und damit zur Fortpflanzungskraft der Königin beiträgt, dient das einzelne Säugetier nur am Rande dem Wohl seiner Gruppe. Das Gegenteil ist der Fall: Das Leben in der Gruppe dient der Verbesserung der Überlebens- und Reproduktionschancen des einzelnen. Im Vergleich mit den Arbeitsameisen sind die Mitglieder einer Säugersozietät extrem auf sich selbst bezogen, von Streitigkeiten beherrscht und vor allem an ihrem Geschlechtsleben interessiert.

Schließlich (und hier begegnen wir einem echten Paradoxon) wird die abwärtsgerichtete Tendenz, die man von den Wirbellosen bis zu den Säugetieren verfolgen kann, beim *Homo sapiens* zum Teil wieder umgekehrt. Der Mensch besitzt als einziges Lebewesen eine umfassende Symbolsprache, ein wesentlich erweitertes Gedächtnis und trifft Langzeitvereinbarungen, auf die sich komplexe Formen von Wechselbeziehungen stützen können. Bei ihm ist ein relativ hohes Niveau der Zusammenarbeit, des Altruismus, der Arbeitsteilung und der gesellschaftlichen Integration erreicht. Das alles ist geschehen, ohne daß der Mensch auf das alte Erbe der Säugetiere verzichtet hat, die persönliche Identität zu bewahren und für das Wohlbefinden des Individuums zu sorgen. Doch wie war das möglich? Und wo lassen sich der menschliche Geist und die menschliche Kultur in dieses Bild einordnen? Hier kommen wir endlich an die Wurzeln der Kontroverse – oder, genauer gesagt, der Kontroversen um die Soziobiologie, denn es waren zwei, die Ende der 1970er Jahre kurz nacheinander entbrannten.

Die erste Kontroverse um die Soziobiologie

Wissenschaftliche Kontroversen werden mit viel größerer Leidenschaft ausgetragen als Meinungsverschiedenheiten im gewöhnlichen Leben, weil der Status der Hochschulgelehrten nicht von Geld, physischen Leistungen oder dem formalen Rang des einzelnen bestimmt wird, sondern durch die schriftliche Anerkennung oder Mißbilligung ihrer Fachkollegen. Der akademische Meinungsstreit eskaliert zum regelrechten Krieg, wenn es dabei um die Bedeutung des Lebens, die Grundlagen der Ethik oder vor allem um politische Überzeugungen und die Glaubwürdigkeit der akademischen Disziplinen geht. Dann erlebt man ein Schauspiel, das in anderem Zusammenhang als *furor theologicus* bezeichnet worden ist.

Das geschah auch bei der Diskussion um die Soziobiologie, die mit den Schriften einer Gruppe von Biologen und Soziologen in den 70er Jahren eingeleitet wurde. Zu diesen Wissenschaftlern gehörten Richard D. Alexander, David P. Barash, Jerram L. Brown, John Crook, Richard Dawkins, Pierre van den Berghe und Edward O. Wilson. Ihre Veröffentlichungen waren Einführungen in ein neues Forschungsgebiet. Zum ersten Mal verknüpften sie bisher einzeln verfolgte Probleme der Forschung und definierten die Disziplin der Soziobiologie innerhalb des theoretischen Rahmens der modernen Biologie. Die Soziobiologie ist nicht im luftleeren Raum entstanden. Sie war das Ergebnis einleitender und eher philosophisch orientierter Arbeiten über die Bedeutung der Biologie im menschlichen Verhalten von Konrad Lorenz, Donald T. Campbell, Irenäus Eibl-Eibesfeldt, Desmond Morris, Robin Fox, Lionel Tiger und anderen. Die neue Disziplin gründete sich weitgehend auf die Erkenntnisse Hunderter von Forschern, von den Untersuchungsergebnissen Jane Goodalls über das Verhalten der Schimpansen, über Theodore Schneirlas Entdeckungen der Geheimnisse des Lebens der Wanderameisen bis zu den Arbeiten über die Evolution des Altruismus von William D. Hamilton, John Maynard Smith und Robert T. Trivers.

Im Verlauf der vergangenen zehn Jahre hat die Soziobiologie neben der Ethologie und der Verhaltensökologie sehr rasch an Bedeutung gewonnen. Es gibt inzwischen fünf soziobiologische Fachzeitschriften und eine an Umfang stetig zunehmende Literatur in Form von Lehrbüchern, Berichten über Forschungssymposien und Monographien. Die wichtigsten Veröffentlichungen über die Soziobiologie der Tiere vermitteln uns eine reiche Auswahl an Tatsachen und theoretischen Erkenntnissen über das Leben der pilzkultivierenden Termiten, der Zauneidechsen und Hanubis-Paviane sowie über 10 000 andere Spezies von sozialen Organismen, mit deren Erforschung sich die Zoologen auf der ganzen Welt beschäftigt haben. Nur sehr wenige Forschungsergebnisse auf diesem Gebiet sind umstritten. Und wenn man die grundsätzlichen Erkenntnisse, die man aus solchen Forschungen gewonnen hat, auf den Menschen überträgt, dann gibt es keinen besonderen Grund, anzunehmen, daß das Sozialverhalten des Menschen ausschließlich genetisch determiniert sei. Es könnte von den Erbanlagen ganz unabhängig oder sowohl genetisch als auch von den Einflüssen der Umwelt bestimmt sein. Die gleiche Frage läßt sich natürlich auch in aller Ruhe mit den untereinander verknüpften Methoden der Genetik, der Psychologie und der Soziobiologie untersuchen.

Obwohl die Soziobiologie an sich eine völlig neutrale Disziplin ist, sahen sich ihre wissenschaftlichen Verfechter sehr bald in den heftigen Streit verwickelt, der immer entsteht, wenn es um die Frage geht, ob die Erbanlagen oder die Umwelt den determinierenden Faktor darstellen. Der Grund lag darin, daß die meisten Soziobiologen zu dieser fundamentalen Frage eine entschiedene Haltung einnahmen. Sie erklärten, ein großer Teil des menschlichen Sozialverhaltens werde durch die Erbanlagen beeinflußt und könne daher besser biologisch erklärt werden als durch die üblichen Formulierungen der Sozialwissenschaften. Diese These, die sich nur auf einen Teil des Gesamtproblems bezog, wurde von der Öffentlichkeit viel stärker beachtet als alles andere, womit sich die Disziplin beschäftigte. Die Soziobiologie-Kontroverse wurde ausgelöst durch die Idee der genetischen Determination (welche die Willensfreiheit zu leugnen schien) und die Art der Legitimation des Ganzen: Die Auffassung, das menschliche Verhalten sei stärker durch Erbanlagen bestimmt, wurde durch die offensichtliche Autorität einer Gruppe angesehener Wissenschaftler gestützt, und dem Eindringen der Biologie in die Sozialwissenschaften wurde der Weg geebnet. Ähnliche Auffassungen waren schon vorher in den Büchern prominenter Autoren vertreten worden, besonders in den Bestsellern *Das sogenannte Böse* von Konrad Lorenz, *Adam und sein Revier* von Robert Ardrey und *Der nackte Affe* von Desmond Morris. Aber diese Werke waren für eine breitere Öffentlichkeit bestimmt, beschäftigten sich nur mit einigen Aspekten des menschlichen Verhaltens, und es schien, als seien sie in ihrer Beweisführung einseitig. Kritiker, die überzeugt waren, der Mensch sei nicht genetisch determiniert, konnten diese Bücher abtun. Die um sie entstandenen Diskussionen zeigten die folgende Kontroverse um die Soziobiologie bereits an, erstarben aber, ehe ihre zentralen Ideen die verdiente Beachtung gefunden hatten. Die Soziobiologie dagegen trat als wissenschaftliche Disziplin auf, die das menschliche Verhalten als die idiosynkratische evolutionäre Anpassung einer von vielen Primatenspezies an ihre Umwelt betrachtete. Diese Auffassung war nicht so leicht abzutun.

Das grundlegend Neue am Verfahren der Soziobiologie ist, daß sie Gesellschaften als Populationen behandelt, die den Gesetzen organisierter Systeme folgen, welche der Ebene isolierter Individuen übergeordnet sind. Jede Gesellschaft – jede Population – hat eine bestimmte Größe, eine allgemeine genetische Struktur, ein bestimmtes Zahlenverhältnis zwischen männlichen und weiblichen Mitgliedern, ein Kommunikationssystem und andere Merkmale höherer Ordnung. Diese Merkmale lassen sich in ihrer zeitlichen Veränderung ebenso erforschen, wie die chemischen und anatomischen Gegebenheiten und das Verhalten von Organismen im Rahmen der konventionellen Biologie analysiert werden. Wir bezeichnen solche Untersuchungen als Populationsbiologie; sie untersucht das Leben auf der Ebene von Gruppen potentiell inzüchtender Individuen. Die Soziobiologie ist zu einem beträchtlichen Teil jener besondere Zweig der Populationsbiologie, der sich mit sozial lebenden Tieren und Menschen beschäftigt, obschon diese Disziplin auch zahlreiche Gebiete der allgemeinen Biologie in sich einbezieht. Vor allem ist sie im Hinblick auf die Naturwissenschaften vollkommen orthodox. Der Soziobiologe hält sich an die allgemein anerkannten Fakten und Grundsätze der Biologie und bemüht sich darum, das ganze Arsenal dieser umfassenderen Wissenschaft für seine Forschungen nutzbar zu machen.

Auf den ersten Blick mag es logisch scheinen, wenn man die Grundsätze der allgemeinen Soziobiologie auch auf den Menschen anwendet. Schließlich baut unser Wissen über die Vererbung und die Physiologie des Menschen, die Grundlage der modernen Medizin, weitgehend auf den Erkenntnissen auf, die wir bei der Untersuchung anderer Organismen gewonnen haben, unter anderem auch so niederer Lebewesen wie der Fruchtfliegen und Darmbakterien. Könnten biologische Fakten, die wir bei der Untersuchung von Tieren festgestellt haben, nicht auch die Grundlagen der Sozialwissenschaften erweitern? Die akademische Fachwelt schien an dieser Aussicht Gefallen zu finden, und die Soziobiologie versprach, ein weithin empfundenes intellektuelles Bedürfnis zu befriedigen.

Doch dann begann eine Gruppe der radikalen Linken in Amerika eine großangelegte Kampagne, um die bisher vorherrschende Meinung zu verändern. Diese Leute betrachteten den Versuch, die Soziobiologie auf den Menschen auszudehnen, weniger als wissenschaftliches Forschungsunternehmen, sondern glaubten, damit werde gefährlicher politischer Zündstoff freigesetzt. Im Sommer 1975 gründeten fünfzehn Wissenschaftler, Lehrer und Studenten in Boston die *Sociobiology Study Group of Science for the People*. Die prominentesten von ihnen waren vier Kollegen von Edward O. Wilson, eines der Verfasser dieses Buches, an der Universität Harvard: Jonathan Beckwith, Stephen Jay Gould, Ruth Hubbard und Richard Lewontin. Sie wollten, wie Ruth Hubbard erklärte, »die Wand der Zustimmung niederreißen«, die sich um das neue Wissensgebiet gebildet hatte, und wendeten sich insbesondere gegen das kurz zuvor von Wilson veröffentlichte Buch *Sociobiology: The New Synthesis*. Nachdem die Mitglieder des Komitees *Science for the People* einige Monate regelmäßig zu vertraulichen Sitzungen zusammengekommen waren, veröffentlichten sie am 13. November 1975 einen Leserbrief in *The New York Review of Books*. Darin erklärten sie, die Anwendung der Soziobiologie auf den Menschen sei abzulehnen, weil solche Vorstellungen politisch gefährlich seien. Alle Versuche, dem Sozialverhalten eine biologische Basis zu unterlegen, müßten zum Sozialdarwinismus und zu den mit kapitalistisch-imperialistischen Regimen verbundenen Übeln führen. Schon allein die Darstellung von Hypothesen dieser Art

> kann eine genetische Rechtfertigung für den Status quo und die gegenwärtig bestehenden Privilegien bestimmter Gruppen gemäß Klasse, Rasse oder Geschlecht liefern. Aus der Geschichte wissen wir, daß mächtige Staaten oder herrschende Gruppen in diesen Staaten diese Produkte der wissenschaftlichen Fachwelt dazu verwendet haben, ihre Macht aufrechtzuerhalten oder auszudehnen. So hat zum Beispiel John D. Rockefeller sr. gesagt: »Das Entstehen eines großen Unternehmens ist nichts anderes als das Überleben des Tüchtigsten. Es ist lediglich das Wirksamwerden eines Naturgesetzes und eines göttlichen Gesetzes.« Diese Theorien bildeten die Grundlage für den Erlaß von Sterili-

sierungsgesetzen und restriktiven Einwanderungsgesetzen in den Vereinigten Staaten von 1910 bis 1930 und für die Rassenpolitik, die in Nazideutschland zur Errichtung der Gaskammern geführt hat.

Gegner mit Rockefeller und Hitler in Verbindung zu bringen stellt den Versuch dar, sie als Akademiker zu ächten. Dahinter steht nicht die Absicht, ihre Argumente zu entkräften, sondern das Bestreben, ihre Glaubwürdigkeit zu zerstören. Das gilt besonders für die Universität Harvard, wo sich ein Professor, dem vorgeworfen wird, mit Faschisten zu sympathisieren, etwa in der gleichen Lage befindet wie ein Atheist in einem Benediktinerkloster.

Die Mitglieder des Komitees *Science for the People* hatten die besten Absichten. Sie widersetzten sich der Anwendung der Soziobiologie auf den Menschen, weil nach ihrer Auffassung damit die Überzeugung verbunden war, das soziale Verhalten sei genetisch determiniert, und der »genetische Determinismus« unterstütze den Rassismus, den Sexismus und den Status quo. Sie meinten, jeder Nachweis, daß Unterschiede in der Intelligenz und im Temperament durch die Erbmasse beeinflußt sein könnten, schaffe die Voraussetzungen dafür, die Menschen auf Grund ihrer Rasse oder ihres Geschlechts verschieden zu behandeln. Wenn man behaupte, die Neigung zu Aggressivität und Dominanzverhalten sei zum Teil ererbt, dann werte man diese destruktiven menschlichen Charaktereigenschaften auf. Die Gruppe *Science for the People* war ganz aufrichtig, als sie erklärte, die herrschenden Klassen könnten die bestehende Gesellschaftsordnung mit dem genetischen Determinismus rechtfertigen, ob diese These nun den Tatsachen entspräche oder nicht. Sie sagte, wenn man zuließe, daß sich die Idee vom genetischen Determinismus ausbreite, werde das legitime Ringen um soziale Gerechtigkeit mit dem Segen der Wissenschaft unterdrückt werden. Das beste Mittel zur Verhinderung so schädlicher Forschungen und Spekulationen sei es, eine Wissenschaft für das Volk zu etablieren und damit die wissenschaftliche Arbeit so zu gestalten, daß den Armen und Unterdrückten geholfen wäre. Mit dieser humanitären Aussage versuchten die Kritiker, sich in der Eröffnungsrunde der soziobiologischen Debatte auf einen moralisch überlegenen Standpunkt zu stellen.

Der schwache Punkt in ihrer Argumentation, auf den in der Folgezeit zahlreiche Autoren hingewiesen haben, ist die Behauptung, wissenschaftliche Entdeckungen sollten nach ihren möglichen politischen Konsequenzen beurteilt werden, ohne danach zu fragen, ob sie falsch oder richtig sind. Diese Art der Argumentation hat jedoch in Nazideutschland zu Pseudogenetik und in der Sowjetunion zum Lysenkoismus geführt. Das Komitee *Science for the People* stand mit seinen politischen Begründungen auf ähnlich schwankendem Boden. Wenn Gesellschaften den Rassismus oder irgendeine andere Ungerechtigkeit ohne Rücksicht auf die Ursachen für verdammenswert halten, dann lassen sich deren schädliche Folgen mildern. Die Kenntnis von erblichen Neigungen und biologischen Mechanismen wird dann zu einem wichtigen Element der politischen Reformen und wird diese durchaus nicht behindern; wie auch die Erkenntnis, daß die Sichelzellenanämie und die Bluterkrankheit erblich sind, die Diagnose und Behandlung dieser Krankheiten entscheidend gefördert hat. Die Gegner des Komitees *Science for the People* argumentierten, eine Unterdrückung der wissenschaftlichen Forschung mit der Begründung, ihre Ergebnisse *könnten* mißbraucht werden, ließe sich nicht rechtfertigen. Sie behaupteten vielmehr, menschliches Leiden würde insgesamt gelindert und nicht etwa gesteigert werden, wenn die genetischen Grundlagen der menschlichen Natur gründlicher untersucht wären. Auf diese Weise würden Gerüchte und unbeweisbarer Volksglaube von überprüfbarem Wissen abgelöst. Außer Unwissenheit und Furcht sei durch das dogmatische Leugnen der Existenz von Erbfaktoren und den Versuch, die Wissenschaftler zu diskreditieren, die sie erforschen, nichts zu gewinnen. Auf humanem Wege gewonnene Erkenntnisse, die einer breiten Öffentlichkeit zugänglich gemacht würden, die den menschlichen Bedürfnissen entsprächen, aber von keiner politischen Zensur angetastet würden: das sei die wahre Wissenschaft für das Volk.

Die sozialen Zielvorstellungen des Komitees *Science for the People,* dem es um Gerechtigkeit und Gleichberechtigung ging, waren bewundernswert, aber die Logik, der sich diese Leute bedienten, schadete ihrer eigenen politischen Sache. Wenn sie behaupteten, soziale Gerechtigkeit könne es nur unter der Bedingung geben, daß das menschliche Verhalten nicht erblich beeinflußt sei, dann machten sie die Idee der Gerechtigkeit schlechthin vom Fortgang der Forschung abhängig. Denn wenn die Forschung den Beweis erbringen sollte, daß sie sich falsche Hoffnungen gemacht hatten und die Gene tatsächlich Einfluß auf das Verhalten des Menschen haben, dann hätte das Komitee *Science for the People* nicht nur eine wissenschaftliche Auseinandersetzung verloren. Es würde ihm obendrein außerordentlich schwerfallen, Argumente gegen die Vertreter der äußersten Rechten zu finden, die tatsächlich für Rassendiskriminierung und den Status quo eintreten, und zwar aus Gründen, die mit der Achtung vor wissenschaftlichen Erkenntnissen nichts zu tun haben.

Und genau das geschah. In den letzten Jahren hat sich immer deutlicher gezeigt, daß die Erbanlagen in praktisch jeder Kategorie menschlichen Verhaltens, die gründlich untersucht worden ist, eine wesentliche Rolle spielen. Um den erblichen Anteil an Unterschieden zwischen den Menschen zu messen, haben Genetiker detaillierte Untersuchungen an Zwillingen und anderen, gemeinsam bzw. getrennt aufgezogenen Geschwistern vorgenommen. Sie haben diese Arbeit durch komplexe Stammbaumanalysen und die Untersuchung der geistigen Entwicklung von Kindern ergänzt, die in unterschiedlichen Umgebungen aufgewachsen sind. Ihre Forschungen haben den überzeugenden Nachweis einer erblichen Variation erbracht, und zwar bei der Farbentüchtigkeit, dem Gehör, der Unterscheidungsfähigkeit des Geruchs- und Geschmackssinnes, der Fähigkeit, mit Zahlen umzugehen, der sprachlichen Ausdrucksfähigkeit, der Fähigkeit räumlich zu denken, dem Gedächtnis, dem Zeitpunkt des Sprechenlernens, der Beherrschung der Orthographie, der Geschicklichkeit beim Konstruieren von Sätzen, dem Begriffsvermögen, der psychomotorischen Gewandtheit, der Extravertiertheit und Introvertiertheit, der Neigung zur Homosexualität, dem Alter der ersten sexuellen Aktivität, den Zeitpunkten, zu denen die wichtigsten Stufen der intellektuellen Entwicklung erreicht werden, der Neigung zum Alkoholismus, der Neigung zu krankhaften Angstzuständen und zu gewissen Formen von Neurosen und Psychosen wie etwa zum manisch-depressiven Verhalten und zur Schizophrenie.

Obwohl die Humangenetik noch in den Kinderschuhen steckt, hat die Forschung bereits die genauen Ursachen einiger der extremeren Formen von Verhaltensabweichungen entdeckt. So hat man zum Beispiel bestimmte Gene gefunden, die beim Menschen eine zwanghafte Neigung hervorrufen, an seinem Körper zu zerren und zu reißen. Andere vermindern die Fähigkeit, bestimmte, nur in der Testpsychologie verwendete Erkennungsaufgaben zu lösen, während andere ähnliche Aufgaben durchaus gelöst werden können; andere Gene wiederum beeinflussen die Empfindsamkeit gegenüber dem Geruch von Moschus und bestimmten Blumen. Die Erforschung der menschlichen Chromosomen hat in jüngster Zeit große Fortschritte gemacht, und die Resultate werden mit Sicherheit tiefgreifende Auswirkungen auf die Medizin und unsere Vorstellungen vom Wesen des Menschen haben.

Leider hat die extreme politische Rechte, und dazu gehören die Nationale Front in England und die Neue Rechte in Frankreich, die grundlegende Schwäche der Argumente des Komitees *Science for the People* erkannt. Diese Gruppen, die sich für verschiedene Spielarten eines autoritären Staates und einer rassistischen Praxis einsetzen, haben die Argumente der *Science for the People* begeistert aufgenommen. Sie erklärten, wenn sich das Komitee in seiner Kritik geirrt habe, dann müßten auch die von diesen Leuten verkündeten politischen Ideale falsch sein. Die rechten Gruppen stellten sich daher auf die Seite der Soziobiologie – und zwar nicht der wissenschaftlichen Soziobiologie, sondern der Karikatur, die das Komitee *Science for the People* und einige Sensationsschriftsteller von dieser Wissenschaft gezeichnet hatten. Obwohl es durchaus nicht in ihrer Absicht lag, hatten Gould, Lewontin und andere Mitglieder des in Harvard beheimateten Komitees einen politisch-ideologischen Streit veranlaßt, der scheinbar durch praktische Untersuchungen auf dem Gebiet der Humangenetik entschieden werden konnte.

Zum Glück nahm die Debatte dann eine andere Richtung. Die meisten Menschen in den Vereinigten Staaten und Europa interessieren sich nicht besonders für die Ideologien der extremen Linken oder Rechten und kümmern sich auch kaum um akademische Zankereien. Wer sich darum kümmerte, erkannte jedoch, daß das Komitee *Science for the People* mehr war als eine Gruppe wohlmeinender Wissenschaftler, die sich für eine humane Anwendung wissenschaftlicher Erkenntnisse einsetzte. Es war zudem eine Aktionsgemeinschaft zur Förderung des Marxismus-Leninismus, und sie hatte sich darauf spezialisiert, die Naturwissenschaft in den Dienst dieser Ideologie zu nehmen. Ihr offizielles Organ, die Zeitschrift *Science for the People,* veröffentlichte ständig Lobeshymnen auf die kommunistischen Regime und wendete sich scharf gegen die kapitalistischen und »imperialistischen« Staaten des Westens, ganz besonders aber gegen die Vereinigten Staaten. Die Autoren von *Science for the People* riefen zur Entlarvung und zum Boykott gegen Wissenschaftler, wissenschaftliche Projekte und Institutionen auf, von denen sie behaupteten, sie unterstützten die bestehende Gesellschaftsordnung. Die Titel einiger Beiträge aus den Jahren 1975 bis 1979 zeigen, worum es hier ging: »Gesellschaftswissenschaftliche Forschung: ein Werkzeug der Revolutionsbekämpfung«, »Soziobiologie: ein Werkzeug für die gesellschaftliche Unterdrückung« und »Medizinische Forschung in den Vereinigten Staaten: für die Macht und nicht für das Volk«. Die Kritik am Gesellschaftssystem ist eine gute Sache, aber diese Autoren verfolgten umfassendere ideologische Ziele und waren nicht bereit, ihre eigenen Überzeugungen in Frage stellen zu lassen. Die von ihnen im Lauf der Jahre als solche gebrandmarkten Bösewichte leben fast alle in kapitalistischen Ländern, und nur wenige wirkten in den »neuen, humanen« sozialistischen Ländern, welche von diesen Aktivisten als vorbildlich hingestellt wurden. Als ein Projekt auf dem Gebiet der Humangenetik an der medizinischen Fakultät der Universität Harvard eingestellt wurde, weil *Science for the People* sich öffentlich dagegen ausgesprochen hatte und die Leiter dieses Projekts persönlich angegriffen wurden, triumphierte Jonathan Beckwith. Er feierte seinen Erfolg als großen Sieg (über die medizinische Fakultät, die das Projekt mit großer Mehrheit unterstützt hatte) und erklärte, der Kampf gegen alle »akademischen Institutionen der herrschenden Klasse« müsse intensiviert werden.

Angesichts dieser Vorgänge war es verständlich, daß die wissenschaftliche Fachwelt zu der Überzeugung kam, das Komitee *Science for the People* lehne die auf den Menschen bezogene Soziobiologie nicht nur aus humanitären Gründen oder aus Sorge um die wissenschaftliche Wahrheit ab. Die von diesen Leuten geführte Kampagne vermittelte, wie Tom Bethell einmal gesagt hat, den Eindruck, hier werde Darwin auf dem Scheiterhaufen verbrannt, um Marx zu retten. So ging der politische Krieg um die Soziobiologie, wie wir diese Vorgänge an der Universität Harvard bezeichneten, 1978 zu Ende.

Die zweite Kontroverse um die Soziobiologie

Aber noch während sich die Wogen der Erregung in Harvard und an anderen Universitäten glätteten, kam es zu einer neuen und noch bedeutsameren Kontroverse, die sehr bald zu heftigen Auseinandersetzungen führte. Gelehrte, die sich ganz objektiv mit der Erforschung des menschlichen Verhaltens beschäftigten, ohne sich dabei von politisch-ideologischen Fragen beeinflussen zu lassen, hatten in dem soziobiologischen Forschungsprogramm gewisse Schwachstellen entdeckt. Hier gab es allerdings erhebliche Meinungsverschiedenheiten zu den Grundfragen. Viele Gesellschaftswissenschaftler und Philosophen, und zu ihnen gehörten Mary Midgley, Alexander Rosenberg, Michael Ruse, Peter Singer, Donald Symons und Pierre van den Berghe, waren der Überzeugung, daß die soziobiologische Methode grundsätzlich vernünftig und erfolgversprechend sei, auch wenn bisher noch kaum irgendwelche positiven Ergebnisse vorlagen. Aber andere wie Kenneth Bock, Clifford Geertz, Stuart Hampshire, Marvin Harris, Edmund Leach und Marshall Sahlins behaupteten, die Soziobiologie könne für die Sozial- und Geisteswissenschaften kaum eine Bedeutung haben. Sie vertraten die Auffassung, alles, was an der menschlichen Existenz einzigartig, komplex strukturiert und besonders interessant sei, wäre das Produkt des bewußten menschlichen Geistes, der sich jeder biologischen Erforschung entziehe. Die Naturwissenschaften ließen sich niemals mit den Sozial- und Geisteswissenschaften vereinigen, weil es um völlig verschiedene Gegenstände und Forschungsziele ginge. Hampshire schrieb: »Die Unvereinbarkeit der Soziobiologie mit anderen Disziplinen beruht auf den unterschiedlichen Forschungszielen; sie liefern Erklärungen, die nicht auf einen Nenner gebracht werden können. Hier kommt es darauf an, daß man diese unüberwindbare Kluft nicht als eine Spaltung in der Realität sieht, sondern als eine Trennung zwischen zwei divergierenden menschlichen Interessenrichtungen, die beide gleichermaßen legitim sind.«

Diese unpolitischen Kritiker räumten ein, daß sich die Soziobiologie sehr wohl auf Tiere anwenden ließe. Sie gaben auch zu, daß allgemeine Grundtendenzen im Sozialverhalten des Menschen in begrenztem Umfang durch zoologisch begründete Theorien vorausgesagt werden könnten. So entspricht zum Beispiel das Verhalten gegenüber nahen Verwandten in etwa den Grundsätzen der Verwandtschaftsauslese, die an den sozialen Insekten eingehend untersucht worden ist. Jäger und Sammler zeigen dann, wenn es die theoretische Ökologie erwarten läßt, Territorialveralten. Die Inzestvermeidung beim Menschen folgt genau den Theoremen der Populationsgenetiker. Dennoch behaupteten die Kritiker, es sei gänzlich unangemessen, die Lebensgewohnheiten des Menschen auf diese Weise erklären zu wollen. Menschen seien keine Automaten, die nur den Anweisungen ihrer Gene folgen. Sie besitzen einen Geist und einen freien Willen. Sie vermögen die Folgen ihres Handelns wahrzunehmen und darüber nachzudenken. Dieses hohe Niveau der geistigen Aktivitäten des Menschen läßt die Kultur entstehen, die jenseits der durch die Biologie gesetzten Grenzen ein eigenes Leben entfaltet. Das eigentliche Betätigungsfeld des menschlichen Geistes ist gerade die von ihm geschaffene Kultur. Deshalb nehmen die einzelnen Kulturen eine unterschiedliche Entwicklung und weichen bei verschiedenen Gesellschaften so stark voneinander ab, daß diese Unterschiede nicht durch die traditionelle reduktionistische Analyse der Biologen erklärt werden könnten. Die entscheidenden Probleme in den Sozialwissenschaften – die den menschlichen Geist, das Selbst, die Kultur und die Geschichte betreffen – lassen sich von der Soziobiologie in dem dieser Disziplin ursprünglich gesteckten Rahmen nicht lösen.

Diese Kritik an der auf den Menschen angewendeten Soziobiologie, die auch vom Komitee *Science for the People* mit großer Entschiedenheit vorgetragen wurde, war durchaus berechtigt. Auch die Wissenschaftler, die sich am optimistischsten zu den Erfolgsaussichten der neuen Disziplin geäußert hatten, stimmten ihr schließlich zu. So dürfen wir heute sagen, daß die Soziobiologie-Kontroverse Ende 1978, als die Argumente beider Seiten in Fachzeitschriften und Lehrbüchern festgeschrieben waren, zum Stillstand gekommen war.

Der Versuch einer Lösung des Problems

Als Charles Lumsden nach Harvard kam, ergab sich die Gelegenheit, aus der Sackgasse herauszukommen. Lumsden hatte kurz zuvor seine Doktorarbeit an der Universität von Toronto abgeschlossen und im Januar 1979 begonnen, mit Wilson zusammenzuarbeiten. Als theoretischer Physiker sowohl naturwissenschaftlich als auch in den anthropologischen Fächern ausgebildet, war Lumsdens Stärke die physikalische Theorie innerhalb der Biologie. Er untersuchte Ideen und mathematische Methoden, um in der Ordnung und Komplexität biologischer Systeme, besonders des menschlichen Gehirns, gewisse Gesetzmäßigkeiten zu finden. Lumsden kam nach Harvard, um die Gesetze zu erforschen, die auf der höchsten Ebene organischer Integration den einzelnen Organismus mit der Gesellschaft verbinden, was das Grundthema der Soziobiologie ist. Die sozialen Insekten mit ihrem präzise arbeitenden Kommunikationssystem und ihrer Arbeitsteilung schienen ihm der richtige Gegenstand für den Beginn seiner Forschungen zu sein.

Zunächst glaubten wir, die Ameisenstaaten würden unsere ganze Aufmerksamkeit in Anspruch nehmen. Für einen Theoretiker schienen sie das ideale Forschungsobjekt zu sein. Darüber hinaus hatte Wilson gerade *On Human Nature* (deutsch: *Biologie als Schicksal*, Berlin 1980) beendet, eine längere Arbeit, in der die Soziobiologie einem größeren Leserkreis erläutert und die philosophischen Aspekte dieser Disziplin untersucht werden. Er war der politischen Auseinandersetzung überdrüssig. Außerdem hatte er sich drei Jahre lang mit der Erforschung des Kastensystems bei Ameisen, Termiten und anderen sozialen Insekten beschäftigt. Dieses Unternehmen, an dem er gemeinsam mit George F. Oster von der University of California in Berkeley arbeitete, schloß mit der Monographie *Caste and Ecology in the Social Insects* ab. Das Buch stellte eine Reihe neuer faszinierender Probleme für die theoretische und die experimentelle Forschung zur Diskussion.

Damit waren wir beide gerüstet, uns intensiver mit den sozialen Insekten zu beschäftigen. Unsere Absicht war, bei der Erforschung der Ameisenstaaten zusammenzuarbeiten, wobei der Schwerpunkt auf dem Übergang vom individuellen zum Gruppenverhalten der Arbeitsameisen liegen sollte. Aber dazu kam es nicht. Während wir in Wilsons Büro saßen, um über Insekten zu sprechen, kamen wir immer wieder auf die Soziobiologie des Menschen und die in eine Sackgasse geratene Kontroverse zurück. Uns interessierten dabei vor allem die schwer faßbaren Probleme des menschlichen Geistes, des Bewußtseins, des freien Willens und der Vielfalt der Kulturen. Wir fragten uns, ob diese Phänomene für die Soziobiologie unüberwindbare Barrieren darstellten. Existierte wirklich ein Niemandsland, das die Biologie nicht überschreiten konnte, um in die Sozial- und Geisteswissenschaften Eingang zu finden? Wir hielten es für sehr unwahrscheinlich, daß die Natur in solche voneinander vollkommen unabhängige Realitätsbereiche aufgeteilt sein sollte. Den menschlichen Geist und die menschliche Kultur in die Evolutionstheorie einzubeziehen ist in der Tat eine der großen intellektuellen Herausforderungen.

Ein weiterer Ansporn, sich auf ein solches Abenteuer einzulassen, liegt in den Grundlagen der Naturwissenschaften selbst. Zu Beginn des 20. Jahrhunderts hatten die Physiker von den Philosophen und Psychologen ein in der revolutionären Quantentheorie der Natur völlig unerwartetes Phänomen geerbt: den menschlichen Geist. In diesem erstaunlichen System physikalischer Gesetze, das heute nach fünfzig Jahren beweiskräftigen Experimentierens mit Atomen und Partikeln subatomarer Größe gründlich getestet und als unwiderlegbar befunden worden ist, hat der menschliche Geist eine ganz wesentliche Bedeutung. In vollkommenem Gegensatz zu den bis dahin geltenden Theorien über das Universum ließen sich der Beobachter und seine Welt nicht mehr voneinander trennen, und zwar grundsätzlich nicht. Der menschliche Geist stand nun nicht mehr abseits der physikalischen Realität. Wenn man nach ihrer tieferen Bedeutung fragte, dann schien die Mathematik der Quantentheorie zu sagen, daß der bewußte Geist allein durch Erkennen und Wollen den Verlauf von Ereignissen in der Außenwelt beeinflusse. Nicht jeder glaubte an diese Möglichkeit, und so entstanden unter den Physikern ähnliche Glaubenskriege über die aus den Erkenntnissen der Quantenphysik zu ziehenden Folgerungen wie unter den Biologen über die Bedeutung der Gene für das Verhalten des Menschen. Da über den menschlichen Geist nur wenige konkrete Erkenntnisse vorlagen, schien das Geheimnis jetzt unlösbar zu sein. Wir erkannten deutlich, welche Folgen es haben würde, wenn es uns gelänge, über den menschlichen Geist und die menschliche Kultur im Rahmen der Naturwissenschaften neue Erkenntnisse zu gewinnen.

Vor allem wurde uns klar, daß der Zugang zu diesem komplexen Thema in der richtigen Formulierung des *Problems* lag. Wir waren beide der Auffassung, das Problem könne nur in der Art der Beziehung zwischen der genetischen und der kulturellen Evolution bestehen. Irgendwie sind beide Prozesse über den Geist miteinander verknüpft. Eine präzise Beschreibung der Mechanismen, die von den Genen zum Geist und weiter zur Kultur führen, würde neues Licht auf die Evolution des Menschen und den Ursprung des Geistes werfen.

In den siebziger Jahren wurde der Zusammenhang zwischen genetischer und kultureller Evolution von der Wissenschaft nahezu ignoriert. Dafür gibt es komplexe Gründe. So bestand zum Beispiel die Gefahr, daß die alten Vorstellungen des Sozialdarwinismus in den Köpfen liberaler und radikaler Intellektueller wieder lebendig werden könnten. Die Kontroverse um die Soziobiologie war ein Beispiel für den Feuersturm, mit dem diejenigen rechnen mußten, die versuchen wollten, die Grenze zwischen der Biologie und den Sozialwissenschaften zu überschreiten. Ein weiterer Grund zur Sorge ist die traditionelle Autonomie der Anthropologie und aller Disziplinen, die sich speziell mit dem Menschen beschäftigen. Die Begründer der modernen Sozial- und Verhaltenswissenschaften, besonders Émile Durkheim in der Soziologie, Franz Boas in der Anthropologie, Sigmund Freud in der Psychoanalyse und J. B. Watson in der behavioristischen Psychologie, hatten alles getan, um ihre Spezialgebiete vor den Eingriffen der Biologie zu schützen. Mit wenigen bemerkenswerten Ausnahmen hielten ihre Anhänger bis in die 1970er Jahre an dieser Tradition fest. Man betrachtete es als eine Sünde, die Sozialwissenschaften zu »biologisieren«; die Territorialgrenzen der einzelnen Disziplinen wurden mit patriotischer Leidenschaft verteidigt.

Eine letzte Schwierigkeit bestand darin, daß es fast unmöglich war, präzise darzustellen, wie Erbfaktoren und Kultur einander beeinflussen. Es ist nicht schwer, wohlklingende Essays über die Aussichten solcher Forschungen zu schreiben und verständnisvoll über die bisher fehlgeschlagenen Versuche zu berichten. Das ist die ehrwürdige Tradition der in der Form literarischer Kritik geschriebenen Gesellschaftstheorie, das heißt der meisten gesellschaftstheoretischen Veröffentlichungen. Etwas ganz anderes ist es, eine Kette wissenschaftlicher Modelle zu schaffen, die sich durch Beobachtung nachprüfen lassen. Jeder nachdenkliche Mensch hat von der Natur des Menschen eine Vorstellung, an die er mit jener Überzeugung glaubt, die aus der ungeprüften Intuition erwächst, so wie er zum Mond aufblickt und sich ab und zu vorstellt, er könne eine Reise dorthin unternehmen. Die Sozialtheoretiker und Intellektuellen, welche die Erforschung der menschlichen Natur für sich in Anspruch nehmen, haben damit zum größeren Teil solche eingebildeten Reisen zum Mond unternommen. Sie haben sich immer wieder geweigert, die schlichte, aber erschreckende Tatsache zur Kenntnis zu nehmen, daß das menschliche Gehirn eine Maschine ist, die von der genetischen Evolution geschaffen wurde.

Einige andere Biologen sahen die Bedeutung dieses Problems wie wir. Zu den aktivsten gehörten in den 70er Jahren William Durham von der University of Michigan, Robert Boyd und Peter Richerson von der University of California in Davis und Luigi Cavalli-Sforza und Marcus Feldman in Stanford. Jeder von ihnen hatte wesentliche neue Erkenntnisse gewonnen und mathematische Verfahren für die Untersuchung der Wechselwirkungen zwischen Genen und Kultur entwickelt. Andere wie Donald T. Campbell, Konrad Lorenz und Martin E. P. Seligman hatten überzeugende Aufsätze über die Evolution genetischer Einflüsse auf die Lernfähigkeit und die Aufnahmefähigkeit des Menschen verfaßt. Aber keiner unserer Kollegen hatte das Schlüsselproblem der Rolle des menschlichen Geistes in der Evolution gelöst oder es so dargestellt, daß im Gefolge dieser Darstellung eine Lösung erwartet werden konnte. Als wir unsere Arbeit begannen, lagen die Psychologie und die Erforschung des menschlichen Gehirns noch außerhalb des Bereichs der formalen Evolutionstheorie, und die Zusammenhänge zwischen den Genen, dem menschlichen Geist und der Kultur waren im großen und ganzen noch ein vollkommen unerforschtes Gebiet. Das zentrale Problem der Soziobiologie war nicht mehr die Evolution des Altruismus, wie zur Zeit der Entstehung dieser Disziplin. Dieses Problem war in den 70er Jahren durch überzeugende theoretische und experimentelle Untersuchungen größtenteils gelöst worden. Jetzt war das Zentralproblem die Beziehung zwischen der genetischen und der kulturellen Evolution.

Es war uns klar, daß die Evolution des Menschen jetzt aus einem ganz anderen Gesichtswinkel betrachtet werden mußte als bisher, wobei die Entwicklung des menschlichen Geistes und die Vielfalt der Kulturen in den Mittelpunkt unserer Bemühungen gestellt werden sollten. Die Theorie, die wir entwickeln wollten, sollte ein System miteinander verknüpfter abstrakter Vorgänge enthalten, die sich so weit wie möglich in der Form klarer mathematischer Strukturen ausdrücken müßten, welche diese Prozesse in die reale Welt der Sinneswahrnehmungen rückübersetzten. Der Wert dieser Theorie sollte schließlich auf zwei Eigenschaften beruhen: ihrer Widerspruchsfreiheit in der Darstellung aller Aspekte der menschlichen Existenz und der Richtigkeit ihrer Hypothesen und Modelle im Hinblick auf die damit erfaßten Hauptmerkmale der Kultur. Die Zustimmung der Biologen und Sozialwissenschaftler ließ sich redlich nur dann erreichen, wenn die Theorie eine neue Betrachtungsweise der Evolution des Menschen eröffnete, die Schlüsselphänomene von Geist und Kultur besser erklären konnte als andere Theorien. Dabei kam es vor allem darauf an, aus dieser Theorie Modelle zu entwickeln, mit denen sich die kulturelle Vielfalt richtig deuten ließ. Diese Modelle würden sich schließlich anhand der beobachteten Eigentümlichkeiten der geistigen Entwicklung und der genetischen und kulturellen Veränderungen unter den verschiedensten sozialen Bedingungen überprüfen lassen. Je überraschender die gesicherten Ergebnisse sein und je mehr sie der Intuition widersprechen würden, desto besser.

An dieser Stelle müssen wir auch von der romantischen Selbsteinschätzung des Theoretikers sprechen: Ausgehend von seinen unmittelbaren Sinneswahrnehmungen stößt er in tiefe Schichten geistiger Abstraktionen vor, um in seiner Vorstellung ein zusammenhängendes Ganzes zu schaffen und das in seinem Inneren entstandene Bild zum theoretischen Verständnis seiner Sinneserfahrungen zu nutzen. Das romantische Selbstverständnis des experimentierenden Wissenschaftlers läßt sich wie folgt definieren: Er verwendet solche Abstraktionen beim Sammeln neuer Erkenntnisse und ist bereit, sie rücksichtslos zu verwerfen, wenn sich die von ihm verwendeten Theorien als für diese Aufgabe ungeeignet erweisen. Wie der Physiker Gerald Holton einmal gesagt hat, sind die von der Phantasie des Wissenschaftlers entworfenen Konzepte »kein Destillat aus Erfahrungen, auf das jeder unweigerlich stoßen muß, sofern er nur jenes logische Denken benutzt, das man angeblich in der Schule lernt«. Im Gegenteil, »die Konzepte werden frei entworfen, mit dem einzigen Vorbehalt, daß die Gesamtstruktur sich *a posteriori* im Umgang mit der Erfahrung als brauchbar erweist«.

Unsere Absicht war es, eine Theorie zu entwickeln, die Bestand haben und aus immer neuen Generationen von Modellen an Durchschlagskraft gewinnen sollte. Es ging uns um einen noch unbekannten Mechanismus, der, wie wir glaubten, existieren mußte. Dieser Mechanismus mußte sich in den Erscheinungsformen und der Vielfalt des menschlichen Lebens zeigen. Wir wollten versuchen, ihn im Evolutionsprozeß aufzuspüren – in allen Modifikationen, die dieser vielleicht erfahren mußte, damit das System menschliche Wesen hervorbringen konnte. Das Wesen dieses Mechanismus zu ergründen war das Problem, um dessen Lösung es hier ging.

Wir haben zwei Jahre daran gearbeitet. Einen großen Teil dieser Zeit brachten wir damit zu, am Arbeitstisch sitzend miteinander zu sprechen, unsere Vorstellungen an einer Wandtafel sichtbar zu machen oder miteinander zu telefonieren. Viele Stunden mühte sich jeder von uns allein, die ihn bedrängenden Fragen durch intensives Nachdenken und das Lösen mathematischer Gleichungen zu beantworten. Wir konsultierten Mathematiker, Erkenntnistheoretiker, Neurobiologen, Psychologen, Genetiker und die Vertreter der zahlreichen Disziplinen und Subdisziplinen der Gesellschaftswissenschaften und beackerten eine aus Tausenden von Büchern und Artikeln bestehende Fachbibliothek. Wir schrieben ausführliche Denkschriften füreinander als Grundlage für weitere Gespräche und entwarfen schließlich das Manuskript unseres 1981 veröffentlichten Buches *Genes, Mind and Culture*. Ein großer Teil unserer Arbeit bestand aus zeitraubenden Experimenten, Tests und Überprüfungen. Und doch hatten wir schon einen knappen Monat nach unserem ersten Zusammentreffen das Gefühl, einen Teil der Antwort zu kennen, und wußten, auf welchem Wege sich eine vorläufige Arbeitstheorie entwickeln ließ.

Die Eidylons haben eine genetisch programmierte Kultur. Dagegen ist die Kultur der Xenidrine genetisch neutral.

3. Die Gesetze der geistigen Entwicklung

Wir glaubten, uns zunächst alle Möglichkeiten für die Evolution des Geistes über einen Zeitraum von Jahrmillionen vorstellen zu müssen, wobei es notwendig sein würde, sich auch das Endstadium des jeweiligen Entwicklungsgangs zu vergegenwärtigen. Der menschliche Geist ist nur eine von ungeheuer vielen Möglichkeiten, die sich hier auf der Erde oder auf irgendeinem anderen Planeten hätten materialisieren können. Wenn man sich diese vielen Möglichkeiten vorstellt, gewinnt man vielleicht eine bessere Perspektive für die Erforschung der einen Spezies, die uns dafür zur Verfügung steht, und es wird nicht nur einfacher, uns selbst genauer zu untersuchen, sondern auch hinter den Spiegel zu schauen, wie Konrad Lorenz einmal gesagt hat.

Das Sternensystem Milchstraße, zu dem wir gehören, besteht aus hundert Milliarden Sonnen, und das menschliche Gehirn besteht aus der etwa gleichen Anzahl von Zellen. Es gibt im Weltraum Milliarden weiterer Galaxien, über deren Abmessungen und Gestalt wir uns kaum eine Vorstellung machen können. Das Gesetz der Wahrscheinlichkeit gebietet uns, als sicher anzunehmen, daß es in der Nachbarschaft einiger dieser Sterne Leben gibt, und weil die Evolution eine so ungeheuer schöpferische Kraft ist, gibt es wahrscheinlich auch dort fortgeschrittene Zivilisationen. Kurz gesagt, man kann sich das Universum mit der poetischen Phantasie eines Jorge Luis Borges als endloses Labyrinth vorstellen, in dem alle nur denkbaren Permutationen der vorhandenen Bausteine anzutreffen sind.

Man stelle sich eine dieser Welten vor. Leuchtende, nach perfekten geometrischen Plänen errichtete Städte, athletisch gebaute, intelligente Bewohner, eine auf hohem Niveau stehende Kunst und Wissenschaft, Raumschiffe, die benachbarte Planeten und Sonnen anzusteuern vermögen, und eine lange Geschichte, in der es nie zu gewaltsamen Auseinandersetzungen gekommen ist: Utopia. Aber für den auf der Erde beheimateten Beobachter stellen diese großartigen Leistungen ein zutiefst beunruhigendes Paradoxon dar. Diese uns fremden Lebewesen sind genetische Automaten, auch wenn sie eine moralisch und künstlerisch hochstehende Zivilisation geschaffen haben. Wenn wir uns überlegen, was eine solche genetische Zivilisation eigentlich bedeutet, dann gehen wir über das bloße Spekulieren hinaus und stellen fest, daß zwischen den Genen und der Kultur eine enge Beziehung besteht. Wir wollen diese unserer Phantasie entsprungene Rasse mit dem aus dem Griechischen abgeleiteten Namen »Eidylon« bezeichnen, als die »geschickten Fachleute«. Der vollständige wissenschaftliche Name könte *Eidylus strictus* sein, also »unflexibler Fachmann«.

Die Eidylons sind eine hochintelligente und leistungsfähige Spezies, aber ihr ganzes Denken und Verhalten ist in ihren Gehirnen vorprogrammiert, und zwar bis zu den einzelnen Worten, die sie verwenden, um ihre Sätze zu bilden. Die Sprache, die Kunst und jeder andere kulturelle Aspekt werden von den Gegebenheiten des Augenblicks beeinflußt, sind in ihrer Form jedoch allesamt genetisch vorprogrammiert. Bei einem Fest wird ein ritueller Hymnus gesungen, der bei den Zuhörern die angenehmsten Gefühle weckt, aber die Melodie ist bis zur letzten Note und Modulation durch Gene festgelegt. Ein wissenschaftliches Team kehrt von einem fernen Planeten zurück, um über seine Forschungsergebnisse zu berichten, und wird in einer Atmosphäre höchster Erregung empfangen. Die Informationen sind neu, aber die Begriffe und die Terminologie, mit denen sie mitgeteilt werden, sind von der Erbmasse bestimmt und unveränderlich. Aber – und hier liegt das Paradoxon, an dem man erkennt, ein wie schwieriges Problem die Erforschung des Geistes und der Intelligenz ist – die Eidylons lehren ihre Nachkommen alle Details der Eidylon-Kultur. Wie kann eine Zivilisation zugleich genetisch determiniert sein und im Rahmen einer Kultur weitergegeben werden? Die Antwort ist, daß die Eidylons zwar alles, was sie wissen, lehren und lernen, aber in jeder Kategorie nur einen Aspekt weitergeben können – eine Sprache, einen Schöpfungsmythos, eine Hymnensammlung usw. Wie die Weißschopfsperlinge in Kalifornien, die den Gesang ihrer Spezies hören müssen, um ihn zu lernen, aber keine anderen Töne hervorbringen können, sind sie nicht in der Lage, irgend etwas aufzunehmen, was sich nicht schon im Repertoire der Eidylons befindet.

Die Menschheit hat bei ihrem zwei Millionen Jahre dauernden Aufstieg vom *Homo habilis* einen ganz anderen Weg zurückgelegt. Bezeichnend für den Zustand des Menschen ist die Einzigartigkeit der Informationen, die das Individuum aufnimmt, an die es sich erinnert und deren Inhalt es auswertet. Das plötzliche Auftauchen neuer Möglichkeiten, die Feststellung vorher nicht bekannter Rivalen oder Verbündeter und unerwartete Katastrophen beeinflussen das persönliche Leben und bestimmen, wer überleben und sich fortpflanzen wird. Der Lebensraum des Menschen enthält vieles, was sich rasch verändert. Durch ihre Gene vollkommen vorprogrammierte Individuen würden weit hinter der geschichtlichen Entwicklung zurückbleiben müssen. Schon zu Beginn der Evolution wurde praktisch vorausbestimmt, daß der Mensch kein Automat sein sollte. Er sollte unter den Alternativen, denen er in seiner Umwelt immer wieder begegnet, eine Auswahl treffen und sagen müssen, welche Hymnen er singen, welche Kleider er tragen und welche moralischen Entscheidungen er fällen sollte. Diese Entscheidungen sind dem einzelnen überlassen; sie entsprechen den Unterschieden, die sich aus der persönlichen Erfahrung ergeben, und sind dem Irrtum unterworfen. In diesem besonderen Sinn besitzen menschliche Wesen einen freien Willen. Zumindest auf der Erde sind die Gene und der freie Wille Partner aus Notwendigkeit und nicht Partner nach Belieben.

Der Weg, den der Mensch in seiner Entwicklung zurückgelegt hat, ist teilweise durch die ursprünglichen molekularen Eigenschaften der Erbmasse der lebendigen Organismen auf dieser Erde bestimmt worden. Weil die Gene aller Organismen aus Nukleinsäuren, und zwar überwiegend aus DNS (Desoxyribonukleinsäure), bestehen und jede einzelne Zelle nur eine bestimmte Menge davon enthalten kann, gibt es auch für die Zahl der Gene des Menschen oder eines anderen Organismus auf dieser Erde eine ganz bestimmte Obergrenze. Und die Anzahl der Gene begrenzt wiederum die Komplexität und Flexibilität der geistigen Vorgänge, die sich im Denken und in der Kommunikation programmieren lassen. Vielleicht hätte auch eine Zivilisation von einem viel kleineren und straffer organisierten Geist entwickelt werden können. Aber würde eine solche Bewußtseinsstruktur in dem gleichen Lebensraum funktionieren können, den der Mensch für sich ausgewählt hat? Mathematische Schätzungen lassen das bezweifeln.

Es gibt also so etwas wie ein genetisches Schicksal, das aber gleichwohl dafür gesorgt hat, daß die Menschen sich von einem unerbittlichen Fatum zur freien Willensentscheidung hin entwickelt haben. Augustinus hat sich geirrt. Wir sind nicht nach Gottes Willen auf immer von der Art unseres Geschaffenseins beeinträchtigt. Sein großer theologischer Gegenspieler Pelagius ist der Wahrheit näher gekommen. Wir sind auf Grund unseres freien Willens besserungsfähig. Es bleibt jedoch die wichtige Frage: Haben die Gene den Geist nur geschaffen, um ihn von allen vorangehenden biologischen Zwängen zu befreien? Hat es »prometheische Gene« gegeben, die die Menschheit praktisch von der restlichen menschlichen DNS befreit haben?

Um zu erkennen, was ein solcher Schritt bedeuten müßte, wollen wir uns auf eine zweite imaginäre Reise in die Galaxien begeben, um nach Lebewesen zu suchen, die das genaue Gegenteil der Eidylons darstellen. Es sind die Xenidrine *(Xenidris anceps)*, eine Spezies mit einem durch nichts determinierten Geist, der bei Geburt einem unbeschriebenen Blatt gleicht. Den Xenidrinen stehen alle kulturellen Möglichkeiten offen. Sie sind imstande, mühelos jede Sprache, jedes Lied und jeden Moralkodex zu lernen. Ihre Gene lenken die Konstruktion ihres Körpers und Gehirns, aber nicht ihr Verhalten. Der Geist der Xenidrine ist ganz und gar das Produkt der Ereignisse ihrer Geschichte, des Ortes, an dem sie leben, der Nahrung, die sie zu sich nehmen, und der von ihnen zufällig erfundenen Worte und Gesten. Wenn wir die Eidylons und die Xenidrine kurze Zeit beobachten, dann kann uns ihr Verhalten ähnlich oder sogar identisch erscheinen. Aber wenn wir genauer beobachten würden, wie ihre Kinder aufwachsen, dann würden wir in der Art ihres Denkens radikale Unterschiede feststellen. Auf der einen Seite hätten wir es mit präzise arbeitenden Automaten und auf der anderen mit hochintelligentem Treibholz zu tun. Einem eisernen Willen stünde eine ungeheure Wandlungsfähigkeit gegenüber.

Die brennende Frage nach dem Wesen des Menschen läßt sich jetzt in eine ganz einfache Form bringen: Stehen wir den Eidylons oder den Xenidrinen näher? Niemand glaubt, daß wir den genetisch determinierten Eidylons auch nur im entferntesten gleichen oder ihnen ähnlich sein könnten, und wissenschaftliche Untersuchungen bestätigen das. Aber viele Philosophen und Sozialwissenschaftler behaupten das extreme Gegenteil. Sie sagen, der menschliche Geist sei ein unbeschriebenes Blatt, und der Mensch sei nur das Produkt seiner Geschichte und der wirtschaftlichen Gegebenheiten, unter denen er lebt. In dieser xenidroiden Welt gäbe es keine menschliche Natur, sondern allein eine Kultur, die die Menschheit prägt. Der Anthropologe Leslie White schreibt: »Die Kultur übt einen mächtigen und alles andere in den Schatten stellenden Einfluß auf den biologischen Organismus des *Homo sapiens* aus und läßt die neurologischen, anatomischen, sensorischen, die Drüsen und Muskeln betreffenden Unterschiede zwischen den Menschen bedeutungslos werden.« Daraus folgt, daß sich die Kultur »nach eigenen Gesetzen verändert und entwickelt, ohne auf die Wünsche oder den Willen des Menschen Rücksicht zu nehmen. Eine wissenschaftliche Untersuchung der Kultur würde das Wesen und die Richtung der kulturellen Entwicklung zeigen, dem Menschen aber nicht die Fähigkeit verleihen, ihren Verlauf zu kontrollieren oder zu lenken«. Wenn diese Behauptung richtig ist, dann sind die Sozial- und Geisteswissenschaften vollkommen unabhängig von der Biologie und den Naturwissenschaften und müssen ihren eigenen Weg gehen. In der Tat glaubt eine beträchtliche Zahl von Sozialtheoretikern, daß dieses Konzept den Tatsachen entspricht, und lehnt die Vorstellung ab, daß die Biologie einen wesentlichen Beitrag zur Erforschung des Sozialverhaltens leisten kann.

Bei unseren ersten theoretischen Überlegungen sind wir jedoch davon ausgegangen, daß der menschliche Geist ebensowenig Sklave der Kultur wie Sklave der Gene sei. Das menschliche Gehirn zeigt die ausgesprochene Tendenz, sich zu einem ständig wachsenden System zu entwickeln, in dem sich kulturelle Neuerungen mit genetischen Einflüssen vereinigen. Wenn sich eine intelligente Spezies auf der Basis der DNS entwickelt wie der *Homo sapiens,* dann muß der Denkapparat des Individuums schließlich in der Lage sein, über Probleme nachzudenken und Entscheidungen zu treffen, aber sein Wachstum und seine Entwicklung sind biologisch so programmiert, daß sie bestimmten Richtungen gegenüber anderen den Vorzug geben. Wir haben diese Mischform des Lernprozesses als *Gen-Kultur-Weitergabe* bezeichnet. Wenn wir eine kurz zusammengefaßte Darstellung aller möglichen Welten geben wollen, dann gibt es drei Möglichkeiten für die Weitergabe kultureller Errungenschaften von einem Mitglied der Gesellschaft zum nächsten:

Die ausschließlich genetisch gelenkte Weitergabe. Das ist die Methode des Eidylon. Obwohl es eine Auswahl zwischen verschiedenen Möglichkeiten gibt und die Individuen sich dessen bewußt sein können, kann nur eine einzige gewählt werden. Ein Lernprozeß findet statt, ist aber streng kanalisiert.

Die ausschließlich kulturelle Weitergabe. Das ist die Methode der Xenidrine. Es gibt eine Vielzahl von Möglichkeiten, die als gleichwertig angesehen und gleich mühelos weitergegeben werden. Die Auswahl, die das Individuum trifft, wird ausschließlich durch kulturelle Impulse bestimmt und nicht durch biologische Veranlagungen, die es nicht gibt.

Die Weitergabe durch die Kultur und die Gene. Das ist die Methode der menschlichen Spezies. Zwar gibt es die verschiedensten Möglichkeiten zu lernen, aber die biologischen Eigenschaften der Sinnesorgane und des Gehirns machen es wahrscheinlicher, daß bestimmten Möglichkeiten gegenüber anderen der Vorzug gegeben wird.

Selbst wenn eine Spezies entstehen könnte, die den Xenidrinen gleicht und bei der die Weitergabe nur auf dem Wege über die Kultur erfolgt, würde die Evolution diese Spezies nach und nach aus dem Tabula-rasa-Zustand in eine Kultur versetzen, die sich auf die Gen-Kultur-Weitergabe gründet. Wir haben berechnet, wie viele Generationen notwendig wären, um eine xenidrinartige Spezies aus ihrem Extrem herauszulösen. Wir haben festgestellt, daß dies schon nach wenigen Generationen geschehen kann, wenn eine große Zahl von Möglichkeiten offensteht.

So entwickelte sich die Vorstellung, daß Gene und Kultur durch ein elastisches, aber unzerreißbares Band miteinander verknüpft sind. Während die kulturelle Entwicklung über Neuerungen und von außen herangeführte neue Ideen und Werkzeuge voranschreitet, wird sie in gewissem Maß von den Genen eingeengt und gelenkt. Zugleich beeinflußt der Druck

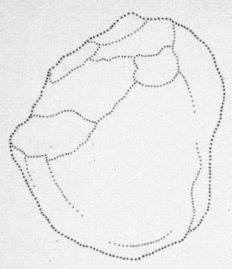  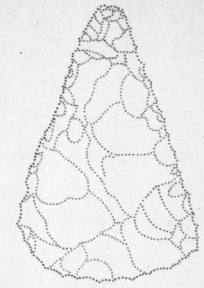

DIE AUSSCHLIESSLICH GENETISCHE WEITERGABE

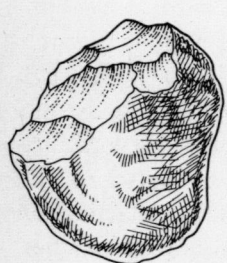 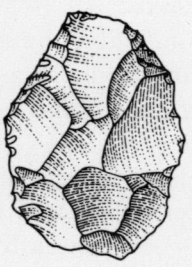 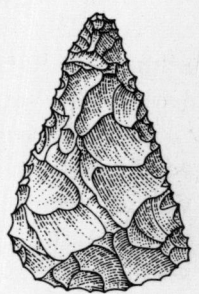

DIE AUSSCHLIESSLICH KULTURELLE WEITERGABE

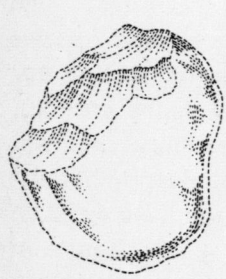 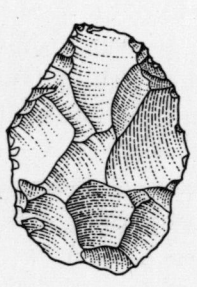 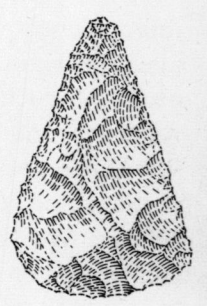

DIE WEITERGABE DURCH GENE UND KULTUR

Die drei vorstellbaren Arten der Weitergabe der Kultur, illustriert anhand der Entscheidung für bestimmte Formen von Steinwerkzeugen und geometrischen Mustern. Je stärker eine bestimmte Alternative bevorzugt ist, desto dunkler ist sie auf diesen Zeichnungen dargestellt. Die drei Typen von Faustkeilen entsprechen der Wirklichkeit (sie stammen, von links nach rechts, aus Oldowai, Abbeville und St. Acheul), daß jedoch die

DIE AUSSCHLIESSLICH GENETISCHE WEITERGABE

DIE AUSSCHLIESSLICH KULTURELLE WEITERGABE

DIE WEITERGABE DURCH GENE UND KULTUR

mittlere Form aus Abbeville bevorzugt wurde, ist eine Spekulation, denn diese Form könnte schon vom frühen Homo erectus benutzt worden sein. Die Reaktion auf die geometrischen Muster entspricht einem konkreten Experiment, das Gerda Smets mit Erwachsenen durchgeführt hat (Einzelheiten siehe Seite 268).

der kulturellen Neuerung die Überlebenschance der Gene und verändert schließlich Stärke und Spannung des genetischen Bandes.

Um zu erkennen, daß es zu einem Zusammenwirken zwischen Genen und Kultur kommen muß, stelle man sich eine Spezies vor, deren Geist sozusagen eine Tabula rasa ist. Sie ist darauf programmiert, ihre Wahl streng nach der kulturellen Tradition zu treffen, und wird niemals durch innere biologische Zwänge oder automatische Denkvorgänge beeinflußt. Zwangsläufig werden einige der Verhaltensweisen, für welche sie sich entscheiden kann (etwa im Hinblick auf die Ernährung, das Sexualverhalten oder die Art zu zählen), jenen Angehörigen der Spezies, die eine bestimmte Variante wählen und eine andere verschmähen, Überlebens- und Fortpflanzungsvorteile verschaffen. Ebenso zwangsläufig werden im Laufe von Generationen neue genetische Mutationen und Rekombinationen entstehen, die bei den Individuen eine Prädisposition für die adaptiv vorteilhaften Entscheidungen schaffen. Die neuen genetischen Typen werden sich in der ganzen Population auf Kosten der alten ausbreiten. Die Spezies wird in dem Sinne evoluieren, daß sie den Tabula-rasa-Zustand verläßt, und zwar, gemessen an vielen anderen Formen des genetischen Wandels, vergleichsweise rasch.

Jedes Mitglied der Spezies Mensch befindet sich zunächst als kleines Kind in einem riesigen und komplizierten Irrgarten. Der Mensch muß, von seiner Geburt ausgehend, schließlich an einen Punkt gelangen, von dem aus er seine Kultur und seine physische Umwelt begreifen kann. Bei jeder Wegbiegung, bei jeder Entscheidung, was er lernen und wählen soll, helfen ihm nur seine Intelligenz und eine Liste von Anhaltspunkten. Geschwindigkeit und Leistungsfähigkeit werden belohnt, denn das Kind nimmt an einem Wettrennen mit anderen Kindern teil, die einen ähnlichen Irrgarten durcheilen, und die wertvollste Belohnung wartet auf diejenigen, die das Ziel am ehesten erreichen. Bei diesem Wettbewerb, dessen sich das Kind und die Erwachsenen in seiner Umgebung unter Umständen gar nicht recht bewußt sind, kompensieren Intelligenz und äußere Anhaltspunkte einander, so daß die Bewerber unter Umständen gleich gute Leistungen zeigen. Eine scharfe Intelligenz, besonders eine, die den Bewerber befähigt, sich in Irrgärten besser zurechtzufinden, kommt auch mit einer kurzen oder verworrenen Liste von Anhaltspunkten zurecht. Eine schwache Intelligenz, die nur zu ganz allgemeinen Denkakten befähigt, erfordert eine ausführliche, ins einzelne gehende Liste der Anhaltspunkte, um das Rennen in der gleichen Zeit beenden zu können.

Der Irrgarten ist Symbol für die Probleme, denen sich das Kind während des Reifeprozesses gegenübersieht. Das Wettrennen selbst ist die Evolution durch natürliche Auslese. Der heranreifende Geist muß sich den Weg durch ein Chaos von Sinneswahrnehmungen und Eindrücken suchen und diese Eindrücke rasch in der Weise ordnen, daß sich das Individuum in der Umwelt zurechtfindet, in die es hineingeboren wurde. Sein ganzes Leben, und dazu gehören das physische Überleben und der Fortpflanzungserfolg, wird von der im Geist nachgebildeten Gestalt der Welt bestimmt. In diesem Wettbewerb ist der Geist, der ihn als Tabula rasa beginnt, ganz auf die von einer wohlmeinenden Gesellschaft gegebene Anleitung angewiesen.

Bei der Entwicklung der Modelle für die Gen-Kultur-Koevolution haben wir gründlich über die kulturellen Gegebenheiten nachgedacht, unter denen ein Kind aufwächst, besonders bei den heute noch bestehenden Gesellschaften von Jägern und Sammlern, die wahrscheinlich den Lebensbedingungen der Frühmenschen am ähnlichsten sind. Wir bemerkten eine Diskrepanz zwischen den von uns festgestellten Fakten und einer Grundannahme vieler Arbeiten über kindliches Lernen, der zufolge die soziale Umwelt der Kinder im allgemeinen wohlgeordnet ist und die Kinder ständig von den Erwachsenen beaufsichtigt und angeleitet werden. Wenn das so wäre, dann könnte ein Kind, ohne Schaden zu nehmen, dumm sein in dem Sinne, daß es nur über eine ganz allgemeine, formlose Lernfähigkeit verfügt. Die Wirklichkeit sieht jedoch ganz anders aus. Bei den Ituri-Pygmäen und den Kung-Buschmännern in der Kalaharisteppe werden die Kinder zum Beispiel viel mehr sich selbst überlassen als in fortschrittlicheren Gesellschaften. Sie lernen das Sprechen und andere Fertigkeiten vor allem dadurch, daß sie die Erwachsenen imitieren und ihre Fähigkeiten aus eigenem Antrieb weiterentwickeln. Ihre geistigen Fähigkeiten entfalten sich unter diesen zwanglosen Umständen erstaunlich rasch. Sie können sich sehr bald geschickt und verständlich ausdrücken, entwickeln alle im täglichen Leben notwendigen geistigen und körperlichen Fähigkeiten und sind schon in jugendlichem Alter mit den Traditionen ihres Stammes vertraut. In ihrem Gesichtsausdruck, ihren Geschmacksrichtungen und in anderen allgemeinen Verhaltensmustern lassen sich insgesamt die Kennzeichen des Menschlichen wiederentdecken. Alle diese Qualitäten unterscheiden uns in ihrer Gesamtheit von den Schimpansen, den Eidylons und den Xenidrinen.

Die Verhaltensforscher sprechen im Zusammenhang mit dem Phänomen des Kindes, das seine Fähigkeiten ohne die Anleitung von Erwachsenen entwickelt, vom »Prinzip des fehlenden Stimulus«. Das Kind findet sich in dem Irrgarten mit Hilfe relativ weniger Anhaltspunkte zurecht. Wie ist das möglich? Die Evolutionstheorie gibt uns eine klare Antwort: Die Gene vermitteln wesentlich mehr als die allgemeine Fähigkeit, Probleme zu lösen. Sie statten den Geist mit bestimmten Regeln und Grundsätzen aus, die ihn befähigen, die Welt rasch und in einer für das Individuum vorteilhaften Form kennenzulernen.

Nehmen wir an, daß sich Kinder über viele tausend Generationen geistig verschieden entwickelt haben. Ein Teil von ihnen erbt nur die generellsten Problemlösungsmechanismen, während andere mit ihrer Erbmasse Anhaltspunkte und Neigungen übernehmen, die die geistige Entwicklung in bestimmte Richtungen fördern. Die Generalisten enden zum größten Teil in einer Phantasiewelt, die mit der wirklichen Welt, in der sie leben, kaum etwas zu tun hat. Im Gegensatz dazu beherrschen jene, die über die angeborenen Lenkungsmechanismen verfügen, die reale soziale Welt, in der sie leben. Ihre Gene breiten sich in den folgenden Generationen ständig aus. Die Spezies gleicht sich im Lauf ihrer Evolution immer mehr ihrem Typus an. Damit machen sich die geistigen Spezialisten, die schnell und selektiv lernen, buchstäblich die Erde untertan. Die Gen-Kultur-Weitergabe wird zur Regel.

Aus dieser Hypothese über die Evolution ergibt sich die ungeheuer wichtige Frage, welchen Zwängen die geistige Entwicklung tatsächlich unterworfen ist. Bei der Behandlung dieses Problems haben wir sorgfältig vermieden, in bestimmten Größenordnungen zu denken oder im Hinblick auf die ganze Vielfalt des menschlichen Verhaltens verallgemeinernde Schlüsse zu ziehen. Es war jetzt höchste Zeit für einen neuen, interessanteren Untersuchungsansatz. Die Entwicklung des menschlichen Erkenntnisvermögens und Verhaltens mußte genau erforscht werden, um festzustellen, welche Alternativen es wirklich gibt. Wir wollten wissen, auf welchem Wege sich die Spezies Mensch angesichts der ungezählten offenen Möglichkeiten für die Evolution intelligenter Lebewesen wirklich entwickelt hatte. Das ist eine empirische Frage, und sie läßt sich glücklicherweise beantworten, wenn man die Entwicklung des Menschen direkt beobachtet. Wir vertieften uns zunächst in die Fachliteratur über die Entwicklung des menschlichen Geistes und richteten unsere Aufmerksamkeit besonders auf Angaben darüber, wie Säuglinge und Kleinkinder sich unter Bedingungen verhalten, bei denen nach Möglichkeit alle kulturellen Einflüsse ausgeschaltet sind. Außerdem berieten wir uns mit Anthropologen und Psychologen, die mit diesem Problem vertraut waren.

Wir rechneten mit einer Fülle von Informationen, mußten

jedoch feststellen, daß viel weniger kam, als wir erhofft hatten. Das lag daran, daß bei der Erforschung der kindlichen Entwicklung vor allem die Haupttendenzen, die »typischen« Entwicklungsabläufe, beachtet wurden. Beschreibungen von untypischen Abläufen findet man kaum, obwohl sich die meisten Psychologen dieses Problems bewußt sind. In der bekanntesten Studie über die Entwicklung des Intellekts hat Jean Piaget die einzelnen Stadien beschrieben, über die die Kinder eine wachsende Fähigkeit im abstrakten Denken und Problemlösen erwerben. Aber er und andere Wissenschaftler seiner Schule haben nur selten festzustellen versucht, welche Denkweisen und manuellen Tätigkeiten Kinder unter den vielen Möglichkeiten, die im Bereich ihrer Fähigkeiten liegen, von Natur aus bevorzugen. Mit anderen Worten, Entwicklungspsychologen, die nach dieser Methode arbeiten, haben sehr anschaulich beschrieben, wie der typische Mensch sich vom Säuglingsalter bis zu den ersten Stufen der intellektuellen Reife entwickelt, sie haben jedoch versäumt, die Entscheidungen, die im Verlauf der individuellen Entwicklung immer wieder fallen, darzustellen. Ohne eine solche vergleichende Methode ist die Theorie von Piaget kaum mehr als eine Beschreibung gewisser allgemeiner Aspekte der Entwicklung. Zwar hat Piaget selbst von einer genetischen Epistemologie gesprochen – von dem Weg, auf dem Erkenntnis entsteht –, aber der Zusammenhang zwischen Genen und Kultur kann erst erforscht werden, wenn alternative Entwicklungsabläufe definiert sind und ein Verfahren bekannt ist, um den biologischen Einfluß auf die Wahl zwischen ihnen zu messen.

Daß es zu diesem Problem nur so wenige nützliche Erkenntnisse gibt, liegt zum Teil augenscheinlich an der besonderen und fundamentalen Beziehung, die in der Wissenschaft seit je zwischen Experiment und Theorie bestanden hat: Die Bedeutung von experimentell gewonnenen Daten wird anhand der Theorie beurteilt, die durch die Experimente erhärtet werden soll. Der Physiker Arthur Eddington hat einmal halb im Scherz gesagt, man dürfe keine Tatsache als zutreffend akzeptieren, bevor sie nicht von der Theorie bestätigt worden sei. Wenn es keine attraktive Theorie gibt, die bestimmte Informationen für wichtig erklärt, werden sich nur wenige Wissenschaftler um solche Informationen bemühen. Außerdem muß es sich um eine anerkannte und, was noch wichtiger ist, um eine Theorie handeln, die gerade in Mode ist. Niemand hatte bisher eine solide Theorie der menschlichen Evolution entwickelt, die der Stärke des biologischen Einflusses auf die Entwicklung des Geistes Bedeutung beimaß. Deshalb standen uns nur relativ wenige Daten zur Verfügung, um nach ihnen unsere neue Theorie auszurichten.

Dennoch gelang es uns, Veröffentlichungen über zwölf Klassen des menschlichen Verhaltens zu finden, in denen ausreichend präzise Feststellungen über die Art der Weitergabe enthalten waren. Die Beschäftigung mit ihnen führte zu beachtlichen Ergebnissen: In jedem einzelnen Fall wird die Verhaltensweise vermöge einer Gen-Kultur-Weitergabe erworben; die geistige Entwicklung scheint genetisch eingeengt zu sein. Diese Erkenntnis konnte nicht das Ergebnis einer Voreingenommenheit der betreffenden Forscher sein. Die Psychologen, welche die Experimente durchgeführt hatten, wußten im allgemeinen kaum etwas über die Arbeiten anderer Wissenschaftler auf diesem Gebiet. Sie waren im Hinblick auf die Art der Weitergabe von Verhaltensmustern nicht voreingenommen, ja die allgemeine Tendenz der zeitgenössischen Psychologie geht eher dahin, zu glauben, der menschliche Geist sei zunächst ein unbeschriebenes Blatt. Und doch sprachen die Daten aus allen Untersuchungen für die Gen-Kultur-Weitergabe, dafür, daß der sich entwickelnde menschliche Geist teils automatisch gewissen kulturellen Alternativen den Vorzug gegenüber anderen gibt. Zu den eindrucksvollsten Ergebnissen dieser bahnbrechenden Untersuchungen gehören die folgenden vertrauten Denk- und Verhaltensweisen.

- Nur sehr wenige Individuen geben sexuellen Beziehungen unter Geschwistern den Vorzug. Es kann vorkommen, daß Geschwister in kurzen Augenblicken solche Neigungen zeigen. Aber die große Mehrheit fühlt sich sexuell zu Partnern hingezogen, die nicht mit ihnen im engsten Familienkreis aufgewachsen sind. Untersuchungen über das Entstehen sexueller Präferenzen in israelischen Kibbuzim und taiwanesischen Dörfern zeigen, daß die große Mehrzahl junger Menschen den Inzest auch dann, wenn andere Mitglieder der Gesellschaft sich ihm gegenüber neutral oder zustimmend verhalten, automatisch ablehnen. Diese Ablehnung gründet sich auf einen unbewußten Prozeß in der geistigen Entwicklung. Kinder, die in den ersten sechs Lebensjahren gemeinsam aufgezogen werden, interessieren sich sexuell kaum füreinander, wenn sie herangereift sind, ob sie nun eng miteinander verwandt sind oder nicht. Wie ein Anthropologe das ausgedrückt hat, heiraten Erwachsene einander nicht, wenn sie in früher Kindheit auf denselben Topf gegangen sind. Dieses Gefühl hat kaum etwas mit Kultur oder mit Blutsverwandtschaft zu tun. Selbst wenn eine Gesellschaft irgendwie mit dem Inzest zwischen Brüdern und Schwestern als Norm neu beginnen müßte, würde sie wahrscheinlich schon nach wenigen Generationen eine kulturelle Abneigung dagegen entwickeln. Im Lauf der Zeit würden in dieser Gesellschaft feste Tabus in Form von Ritualen und Mythen entstehen, um diese Aversion zu rechtfertigen und zu stärken. Mit einem Wort: Das genetische Band würde die Kultur zur Ordnung rufen.
- Das Erlernen der Farbennamen wird ebenfalls stark durch eine Gen-Kultur-Weitergabe bestimmt. Von frühester Kindheit an sehen Individuen mit einem normalen Sehvermögen die verschiedenen Wellenlängen des Lichts nicht als eine stetige Veränderung dieser Frequenzen (das ist der tatsächliche Vorgang), sondern in der Form der vier Grundfarben Blau, Grün, Gelb und Rot und erkennen daneben die verschiedenen Farbtöne in den dazwischenliegenden Zonen. Diese schö-

ne Illusion ist in Augen und Gehirn genetisch programmiert. Marc Bornstein an der Princeton University hat besondere Techniken angewendet, um den Zeitraum zu messen, in dem das Auge seine Aufmerksamkeit einem bestimmten Gegenstand zuwendet, und dabei festgestellt, daß vier Monate alte Kinder auf die Variationen in der Wellenlänge so reagieren, als ob sie die von Erwachsenen wahrgenommenen vier Grundfarben unterscheiden würden.

Dieses Phänomen findet man auf der ganzen Welt. An der University of California in Berkeley haben Brent Berlin und Paul Kay mit Personen zusammengearbeitet, die 20 Sprachgruppen vertraten. Zu diesen Sprachen gehörten das Arabische, das Bulgarische, das Kantonesische, das Katalanische, das Hebräische, die Ebibiosprache, das Thai, das Tzeltal und das Urdu. Die Versuchspersonen wurden aufgefordert, ihr Farbvokabular auf eine ungewöhnlich präzise Art zu beschreiben: Man zeigte ihnen eine große Anzahl von Spielmarken unterschiedlicher Farbe und Leuchtkraft und forderte sie auf, die in ihrer Sprache gebräuchlichen Namen für die Grundfarben jeweils auf die Spielmarken zu legen, die ihrer Vorstellung von der Bedeutung dieses Wortes am nächsten kamen. Obwohl sich die Worte in den verschiedenen Sprachen voneinander unterschieden, entsprach die Auswahl annähernd jenen Grundfarben, welche auch die von Bornstein untersuchten Kinder voneinander unterschieden hatten.

Die physiologische Basis des unterscheidenden Sehvermögens ist teilweise bekannt. Die Farbzäpfchen auf der Netzhaut, also die Zellen, welche die Wellenlängen unterscheiden, bestehen aus drei verschiedenen Typen, die etwa den Grundfarben entsprechen. Diese Zellen reagieren am stärksten auf Blau (440 Nanometer), Grün (535 Nanometer) und Gelbgrün (565 Nanometer). Im Corpus geniculatum laterale des Thalamus, einer der Relaisstationen zwischen dem Auge und dem Sehzentrum in der Hirnrinde, gibt es vier verschiedene Typen visuell aktiver Nervenzellen, die wahrscheinlich die Grund-

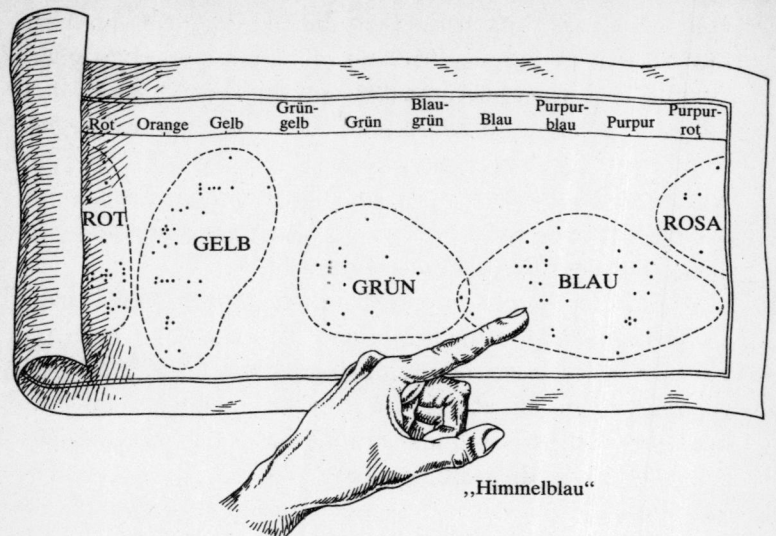

Die Rolle der Biologie beim Entstehen von Farbvokabularen. Jeder Punkt auf dem Farbdiagramm zeigt die Position eines für einen Farbton verwendeten Wortes in jeweils einer von zwanzig Sprachen. Die Punkte häufen sich an den Stellen, die den vom menschlichen Gehirn wahrgenommenen vier Grundfarben entsprechen.

farben voneinander unterscheiden. Welcher innere Mechanismus dafür verantwortlich ist, diese verschiedenen Empfindungen in die bewußte Wahrnehmung der Farben zu übertragen, wird gegenwärtig untersucht. Nur wenige Gehirnspezialisten bezweifeln, daß es eines Tages möglich sein wird, die Fähigkeit der Unterscheidung von Farben auf der Ebene der Zellen und Moleküle zu erklären. Im übrigen gibt es in allen menschlichen Populationen sehr häufig einfache, genetisch verursachte Veränderungen der Farbtüchtigkeit, deren Folge die verschiedenen Formen der Farbenblindheit sind. Man vermutet, daß dieses Symptom auf das Versagen bestimmter Gene im X-Chromosom zurückzuführen ist.

Ende der 1960er Jahre hat Eleanor Rosch an der University of California in Berkeley ein sehr aufschlußreiches Experiment über die Lernfähigkeit beim Farberkennen durchgeführt. Auf der Suche nach »natürlichen Kategorien« im Erkennen machte sich Eleanor Rosch die Tatsache zunutze, daß der Stamm der Dani in Neu-Guinea keinerlei Worte zur Bezeichnung von Farben kannte. Diese Menschen kennen nur die Begriffe »mili« (rauh, dunkel) und »mola« (hell). Hier stellte sich die folgende Frage: Wenn man den erwachsenen Dani ein Farbvokabular beibringen wollte, wäre das leichter, wenn die Ausdrücke, mit denen die einzelnen Farben bezeichnet werden, den vom Auge unterschiedenen Grundtönen entsprächen? Mit anderen Worten, würde diese kulturelle Neuerung irgendwie durch die angeborenen genetischen Beschränkungen gesteuert werden? Eleanor Rosch teilte 68 männliche Versuchspersonen der Dani in zwei Gruppen auf. Die eine Gruppe ließ sie von ihr erfundene Worte zur Bezeichnung der Grundfarben Blau, Grün, Gelb und Rot lernen, also für die Farben, die auch in anderen Kulturen unterschieden werden. Die zweite Gruppe von Dani-Männern lernte eine Reihe neuer Ausdrücke für Farbtöne, die zwischen denen lagen, die in anderen Kulturen als Grundfarben akzeptiert werden. Die erste Gruppe der Versuchspersonen, die der »natürlichen« Farbeinteilung folgte, lernte die neuen Ausdrücke doppelt so rasch wie die zweite. Sie entschied sich auch bereitwilliger für diese Ausdrücke, wenn sie vor die Wahl gestellt wurde, die Grundfarben oder die Zwischentöne mit Worten zu bezeichnen.

- Kleinkinder betrachten Gegenstände, die bestimmte Umrisse haben oder auf denen bestimmte Muster erscheinen, lieber als andere, und im Lauf der Zeit ändert sich ihr Geschmack in einer vorhersagbaren Richtung. Nach der Geburt schauen sie am längsten Bilder an, die groß sind, zahlreiche Elemente enthalten und gebogene Linien aufweisen. Am liebsten sind ihnen Figuren, deren Umrisse etwa zehn Biegungen enthalten. Im Alter von acht Wochen geben

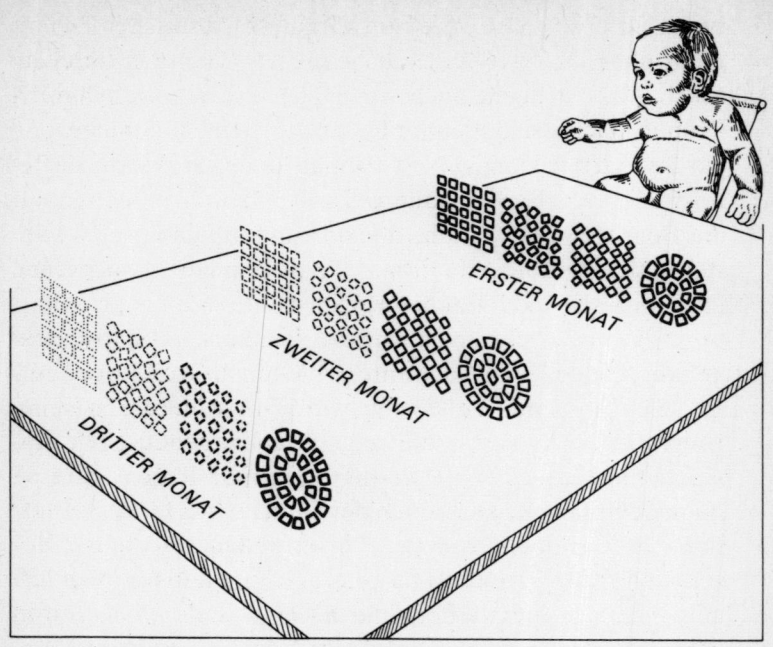

Säuglinge ziehen bestimmte geometrische Muster anderen vor, was in der Verweildauer des Blickes zum Ausdruck kommt. Der Grund der Bevorzugung ändert sich mit dem Alter.

sie runden Formen gegenüber parallelen Streifen den Vorzug. Sie sehen es lieber, wenn sich die einzelnen Bildelemente berühren, als wenn sie voneinander getrennt sind, und sie interessieren sich mehr für eine irreguläre Anordnung der Bildelemente als für eine regelmäßige. Diese offenbar angeborenen Neigungen entsprechen einer schon frühen Bevorzugung der abstrakten Darstellung eines menschlichen Gesichts in normalen Proportionen gegenüber den verschiedensten menschenähnlichen, aber unübersichtlichen Mustern. Im Alter von zwanzig Wochen wendet das Kind seine Aufmerksamkeit immer stärker neuen Mustern und Gesichtern zu, für die es sich jetzt mehr interessiert als für die bereits ins Bewußtsein aufgenommenen, und damit nimmt der visuelle Erfahrungsschatz des Kindes rapide zu.

- Zwar lassen sich bei den einzelnen Kulturen Unterschiede im Gesichtsausdruck feststellen, es gibt jedoch sehr stark ausgeprägte Grundtendenzen, die im Sinne der Weitergabe durch Gene und Kultur und nicht im Sinne einer ausschließlich kulturellen Weitergabe gedeutet werden müssen. Die Menschen auf der ganzen Welt zeigen Furcht, Ablehnung, Zorn, Überraschung und Zufriedenheit durch gemeinsame Formen des Gesichtsausdrucks. Paul Ekman von der University of California in San Francisco hat die Stärke dieser Prädisposition in einem eleganten Versuch getestet. Er fotografierte Amerikaner, die diesen Gefühlen Ausdruck verliehen, und Angehörige eines Stammes in Neu-Guinea, während sie Geschichten erzählten, in denen ähnliche Gefühle zum Ausdruck kamen. Als er die Fotos Angehörigen der jeweils anderen Kultur zeigte, interpretierten diese die Bedeutung der Gesichtsausdrücke zu mehr als 80 Prozent korrekt, und dies, obwohl die Angehörigen des Papuastammes aus Neu-Guinea bis dahin kaum mit der Außenwelt in Berührung gekommen waren und die Amerikaner, die die Porträts der Papuas interpretierten, nichts über deren Kultur wußten.

Die Tatsache, daß das menschliche Gehirn programmiert ist, den Gesichtsausdruck zu erkennen, wird außerdem durch den sehr selten vorkommenden Zustand der Prosopagnosie illustriert. Wenn bestimmte Regionen an der Unterseite der temporalen und okzipitalen Gehirnlappen verletzt werden, kann der Patient Gesichter nicht mehr erkennen. In extremen Fällen ist er nicht mehr in der Lage, die Gesichtszüge seiner engsten Verwandten wiederzuerkennen. Das bedeutet jedoch noch nicht den Verlust des gesamten visuellen Gedächtnisses. Der Patient ist noch durchaus in der Lage, andere Gegenstände zu identifizieren. Er hat auch nicht die Fähigkeit verloren, sich an andere Personen zu erinnern, sondern kann sie noch an der Stimme unterscheiden. Das bizarre Phänomen der

Prosopagnosie zeigt, daß das Gehirn biologisch programmiert sein kann, auf bestimmte sensorische Reize zu reagieren, besonders, wenn es sich um die elementaren Notwendigkeiten des sozialen Zusammenlebens handelt.
- Neugeborene Kinder bevorzugen die meisten Zuckerarten gegenüber reinem Wasser, und zwar in folgender Reihenfolge: Saccharose, Fruktose, Laktose und Glukose. Sie unterscheiden auch zwischen sauren, salzigen und bitteren Substanzen und reagieren darauf durch das Verziehen des Gesichts in der für Erwachsene jeweils charakteristischen Weise. Diese Selektivität bleibt durch die ganze Kindheit erhalten und hat auf die Entwicklung des Speiseplans der Erwachsenen einen entscheidenden Einfluß.
- In allen Kulturen der Erde, die der deutsch-österreichische Verhaltensforscher Irenäus Eibl-Eibesfeldt untersucht hat, läßt sich feststellen, daß Kleinkinder in Gegenwart von Fremden Angstgefühle zeigen. Der Säugling wendet sich ab, versteckt sein Gesicht an der Schulter der Mutter und fängt oft an zu weinen. Diese relativ komplexe Reaktion tritt im Alter von sechs bis acht Monaten auf und erreicht ihren Höhepunkt manchmal während des darauffolgenden Jahres. Sie ist nicht die Folge vorangegangener unangenehmer Erfahrungen mit Fremden und scheint auch nicht unmittelbar mit dem Weinen und anderen Manifestationen des Unbehagens im Zusammenhang zu stehen, die durch die Trennung von der Mutter verursacht werden. Dieses letztere Verhalten nimmt ganz bestimmte Erscheinungsformen an und zeigt sich zum ersten Mal im Alter von etwa fünfzehn Wochen. Angstgefühle in Gegenwart von Fremden treten in geringerem, kontrolliertem Maß auch noch während der Kindheit, ja sogar bei Erwachsenen auf. Diese Gefühle schlagen leicht in dauernde Furcht und Feindseligkeit um und fördern die Tendenz, in kleinen vertrauten Gruppen zusammen zu leben. Solche Reaktionen nehmen an Stärke zu, wenn der Fremde die betreffende Person anstarrt. Augen und augenähnliche Mu-

ster haben im allgemeinen eine stärkere emotionalisierende Wirkung auf Menschen aller Altersgruppen als andere Teile des menschlichen Gesichts. Die Augen sind auch der Hauptgrund dafür, daß sich der Säugling mehr für das Gesicht als für andere Körperteile des Menschen interessiert, die er wahrnimmt, und sie spielen später bei der Kommunikation eine entscheidende Rolle.

- Die dem Menschen angeborene Tendenz zum Erlernen ganz bestimmter Sachverhalte, mit anderen Worten die Gen-Kultur-Weitergabe, wird vielleicht am eindringlichsten durch die Phobien illustriert. Das sind schwere Angstzustände, die zu Übelkeit, Schweißausbrüchen und anderen Reaktionen des autonomen Nervensystems führen können. Zu solchen Phobien kommt es oft nach einer einzigen unangenehmen Erfahrung, und sie lassen sich nur schwer wieder beseitigen, auch wenn der davon Betroffene einer sorgfältigen psychiatrischen Behandlung unterzogen wird. Es ist auffallend, daß solche krankhaften Angstzustände am ehesten durch die Gefahren ausgelöst werden, die den Frühmenschen in seiner natürlichen Umwelt am stärksten bedroht haben, etwa durch geschlossene Räume, tiefe Abgründe, Gewitter, fließendes Wasser, Schlangen und Spinnen. Ebenso bemerkenswert ist es, daß Phobien nur selten durch die größten Gefahren verursacht werden, denen wir in unserer modernen, von der Technik bestimmten Welt ausgesetzt sind, wie etwa durch Schußwaffen, Messer, Automobile, Sprengstoff und elektrische Steckdosen. Nichts könnte besser die eigenartigen und gelegentlich überholten Regeln illustrieren, nach denen der menschliche Geist sich entwickelt, oder die Tatsache, daß der Mensch sich nur sehr langsam den Gefahren anpaßt, die seine eigenen technologischen Triumphe geschaffen haben.

Der Einfachheit halber haben wir beschlossen, die in der Entwicklung auftretenden regelmäßigen Erscheinungen als *epigenetische Regeln* zu bezeichnen. Epigenese ist ein biologischer

Begriff und bedeutet die Summe aller Wechselwirkungen zwischen Genen und Umwelt, aus denen die individuellen Merkmale eines Organismus hervorgehen. So entsteht das Farbvokabular eines Menschen durch das Zusammenwirken der Gene, welche die Wahrnehmung der Farben durch die Augen und das Gehirn bestimmen, mit der Umwelt, in der dieser Mensch sich entwickelt hat. Diese Umwelt reicht von den embryonalen Bedingungen, die Augen und Gehirn entstehen ließen, bis zur späteren Integration in die Kultur. Die epigenetischen Regeln des Farbensehens und der Farbenklassifikation sind streng genug, um Kulturen auf der ganzen Erde zu veranlassen, die Grundfarben so zu klassifizieren, wie das aus den Experimenten von Berlin und Kay hervorgeht. Sie sind aber nicht stark genug, um jeder Kultur und jedem Individuum eine völlig identische Klassifizierung aufzuzwingen.

Die epigenetischen Regeln der geistigen Entwicklung beziehen sich auf eine Vielfalt zum großen Teil bisher noch nicht erforschter Phänomene. Während der vergangenen zwanzig Jahre haben Psychologen und Gehirnforscher den Nachweis dafür erbracht, daß es auch für die Entwicklung der subtilsten und komplexesten Formen geistiger Aktivität bestimmte Regeln gibt. Die Menschen wenden überraschende und manchmal erstaunlich unwirksame Verfahren an, um sich an etwas zu erinnern, um andere Menschen zu beurteilen, Risiken abzuschätzen und strategische Pläne zu entwickeln. Zu den Eigenarten der Entscheidungsprozesse gehört die Verwendung einer erstaunlich großen Zahl von stereotypen Vorstellungen. Läßt man zum Beispiel den Beruf eines Menschen raten, der schüchtern, hilfsbereit und kleinlich ist, dann werden die meisten Befragten sagen, der Betreffende sei Bibliothekar, auch wenn ihre persönlichen Erfahrungen dem widersprechen. Die meisten Menschen und sogar einige erfahrene Statistiker erwarten intuitiv, daß kleine Zufallsstichproben ein getreues Abbild der Gesamtpopulation darstellen, der sie entnommen wurden, obwohl das nachweisbar bei einem großen Prozentsatz der Fälle nicht zutrifft. Andere Untersuchungen zeigen, daß der Mensch auch im Umgang mit entscheidend wichtigen Ereignissen, bei denen es um Tod oder Leben geht, intuitiv ein schlechter Statistiker ist. Die meisten Menschen neigen dazu, Ereignisse mit geringer Wahrscheinlichkeit und geringen Auswirkungen mit Ereignissen gleichzusetzen, die eine ebenso geringe Wahrscheinlichkeit, aber schwerwiegende Folgen haben. Deshalb unterschätzen sie die möglichen Folgen von Katastrophen. Diese Fehlurteile beziehen sich insbesondere auf die Auswirkungen von Kriegen, Überschwemmungen, Stürmen, Dürreperioden und Vulkanausbrüchen, obwohl die Menschheit solche Ereignisse wiederholt erfahren hat und die Erinnerung daran über viele Generationen wachgehalten wird. Andere Beispiele für in bestimmte Richtungen beeinflußte Entwicklungstendenzen beim Spracherwerb, in der Logik und einfachen Arithmetik sollen im nächsten Kapitel behandelt werden, wo wir ausführlicher über die Anfänge der Evolution des Geistes sprechen wollen.

Die meisten geistigen Eigentümlichkeiten der Spezies Mensch sind von den Psychologen nicht als rein kulturell bedingt gedeutet worden. Alle bisher gesammelten Daten zeigen vielmehr deutlich, daß die Gene den Geist nicht in dem Sinne aus ihrer Kontrolle entlassen haben, daß eine ausschließlich kulturelle Vermittlung möglich wäre. Denken und Kultur bleiben in einem gewissen Maße von den Genen abhängig, und darin könnte nach unserer Auffassung das Geheimnis der beschleunigten Evolution des menschlichen Gehirns liegen.

Während wir versuchten, die uns zur Verfügung stehenden Erkenntnisse zu einem Gesamtbild zusammenzufügen, gelangten wir zu der Überzeugung, daß diese Deutung der kulturellen Weitergabe, systematisiert und richtig auf die psychologischen Daten angewandt, vollständigere Modelle der geistigen Evolution liefern könnte als bisher. Mit diesem System ließ sich das Dilemma Natur/Erziehung augenscheinlich nicht nur befriedigender lösen als mit irgendeinem anderen, auf das wir gestoßen waren, sondern es gab uns auch die Mittel an die Hand, eine exakte Analyse der Wechselwirkungen zwischen Genen und Kultur durchzuführen.

Zwischen den Genen und der Kultur! Wenn man sich die Brücke vorzustellen sucht, welche diese gewaltige Kluft auf einmal überspannen soll, dann läßt einen die eigene Vorstellungskraft im Stich. Die vollständige Kette von Ursachen und Wirkungen verläuft kreisförmig von der DNS über das Entstehen des Nervengewebes und der Drüsen, welche die Hormone absondern. Die exakte Konfiguration der Gehirnzellen und die Art, in der sie von den Hormonen beeinflußt werden, bestimmen in erster Linie die epigenetischen Regeln. Diese Regeln bestimmen ihrerseits die endgültigen Formen der Kultur.

Mit mühevollen und gewissenhaften Untersuchungen, über die hundert wissenschaftliche Zeitschriften unterrichten, haben Wissenschaftler begonnen, dieser komplizierten Sequenz nachzuspüren. Sie haben überzeugende Beispiele dafür vorgelegt, wie das Gehirn unter der Anleitung der Gene aufgebaut wird. Ein anschauliches Beispiel zeigt, wie die Fortbewegung durch Relaisstationen im Kleinhirn, dem aus drei Lappen bestehenden Nervengewebsknoten an der Rückseite des Gehirns, reguliert wird. Bei Mäusen hat man eine Reihe seltener rezessiver Gene entdeckt, welche die Feinstruktur des Kleinhirns verändern. Kommt bei einer Maus statt eines einfachen Satzes – oder der völligen Abwesenheit – ein doppelter Satz eines dieser mutierten Gene vor, dann verändert sich die Anordnung der wichtigsten Schichten von Nervenzellen im Kleinhirn während der Entwicklung des Embryos derart, daß es zu entscheidenden Abweichungen vom Normalzustand kommt. Andere durch Mutation entstandene Gene verändern die Struktur von Teilen des inneren Ohrs und andere Regionen des Gehirns, welche die Bewegungskoordination steuern. Die Mäuse zeigen je nachdem, welche Gene vorhanden sind, die verschiedensten bizarren Abweichungen im Bewegungsablauf. Diese Veränderungen sind von den Genetikern wie folgt beschrieben worden: als Walzertanzen, Rotieren, Taumeln, Zittern, Stolpern, Schütteln, Zickzacklauf, Beben, Pirouettieren, Watscheln und Zappeln.

Vergleichbare Mutationen, verschiedene Bereiche des Erkennungsvermögens betreffend, sind auch beim Menschen in vielen Abstufungen entdeckt worden. Ein einziges von den 23 Chromosomenpaaren in der menschlichen Erbmasse bestimmt das Geschlecht. Wenn der Fötus mit zwei X-Chromosomen ausgestattet ist, wird sein Geschlecht weiblich, sind es ein X- und ein Y-Chromosom, dann wird sein Geschlecht männlich. Ganz selten hat ein Embryo nur ein einziges X-Chromosom. Das Ergebnis ist ein weibliches Kind, das in seinem Wachstum zurückbleibt und sexuell nicht ausreifen wird. Frauen, die an diesem Chromosomenmangel leiden, besitzen im allgemeinen eine große Sprachgewandtheit, können aber nicht räumlich denken, was sich darin äußert, daß sie sich zum Beispiel nicht nach einer Straßenkarte orientieren können.

Die genaue Feststellung der genetischen Ursachen solcher Erscheinungen ermöglicht schließlich das »genetische Sezieren« des Gehirns und des Verhaltens, wobei die zahlreichen Entwicklungsprozesse nach den verschiedenen Gengruppen unterschieden werden, die sie lenken. So hat man zum Beispiel kürzlich ein Gen entdeckt, das die Leistungen der Versuchspersonen bei drei psychologischen Standardtests zum räumlichen Denken verändert, nicht aber die Ergebnisse bei drei anderen Tests über das räumliche Denken und bei sieben Tests, welche die Ausdrucksfähigkeit mit Worten, die Wahrnehmungsgeschwindigkeit und das Gedächtnis prüfen. Mit der Intensivierung der genetischen Forschung wird man wahrscheinlich noch weitere Mutationen feststellen. 1980 hatte man bereits 3100 menschliche Gene von den etwa 50 000 vorhandenen identifiziert, welche zur primären, »strukturellen« Gruppe gehören. 340 dieser Gene hat man auf dem einen oder anderen der 23 Chromosomenpaare lokalisiert. Hunderte von ihnen beeinflussen, wie man heute weiß, das Verhalten zumindest indirekt.

Vielleicht beunruhigt es uns zunächst, wenn wir daran denken, daß ein einziges Gen das Verhalten in einer ganz bestimmten gezielten Weise verändern kann, vor allem, wenn es um das Verhalten des *Menschen* geht. Viele kluge Menschen wehren sich gerade an diesem Punkt gegen die Vorstellung, daß es zwischen den Genen und der Kultur eine so enge Beziehung gibt: Mit Sicherheit bin *ich* – das innere Selbst mit meinem starken Willen und freien schöpferischen Denken – nicht wirklich nur das Produkt einer beliebigen Ansammlung von Genen. Diesen durchaus legitimen Vorbehalten können wir dadurch begegnen, daß wir diese Frage noch einmal anatomisch und von Verhaltenselementen ausgehend behandeln. Ob jemand seine Zunge zusammenrollen und damit eine Röhre bilden kann oder ob die Zunge bei dem Bemühen, das zu tun, zu zittern anfängt, aber flach liegenbleibt, wird von einem einzigen Gen bestimmt. Man biege einen Daumen so weit zurück wie möglich; ob sich nun das obere Daumenglied um 45 Grad gegen das untere zurückbiegen läßt oder ob es nur allmählich und in einem stumpferen Winkel zurückgebogen werden kann, wird ebenfalls von einem einzigen Gen bestimmt. Nun lege man die Hand flach auf den Tisch und spreize die Finger. Ob sich dabei der kleine Finger gerade ausstrecken läßt oder sanft in Richtung auf die anderen Finger gebogen ist, bestimmt ein einziges Gen.

Von solchen einfachen Beispielen können wir zu anderen übergehen, die mehr in den Bereich der Psychologie gehören. Man hat kürzlich einzelne Gene entdeckt, welche die Fähigkeit, einen bestimmten Moschus- oder Blumenduft wahrzunehmen, an- oder abschalten. Sogar die Willenskraft kann beeinflußt werden. Das Lesch-Nyhan-Syndrom, ein sehr seltener Zustand, der durch ein einziges Gen hervorgerufen wird, führt zu äußerst aggressivem Verhalten. Die daran leidenden Menschen fangen an zu schimpfen, ohne solche Wutausbrüche beherrschen zu können, schlagen um sich, ohne provoziert worden zu sein, und beißen und zerren sogar an den eigenen Lippen und Fingern.

Hunderte oder Tausende von Genen sind an Aufbau und Erhaltung eines jeden Organs oder bestimmter Verhaltensmuster beteiligt. Aber eine chemische Veränderung in irgendeinem Gen kann eine Variante bewirken, so die Fähigkeit, das erste Daumenglied um 45 Grad zurückzubiegen, oder das Lesch-Nyhan-Syndrom. Mit der Entdeckung und Analyse zahlreicher durch einzelne Gene gesteuerter Unterschiede läßt sich allmählich ein zutreffendes Bild von der genetischen Gesamtstruktur zusammenstellen. So hat sich die Genetik seit der Zeit, als Mendel an seinen Blumenbeeten die ersten Entdeckungen auf diesem Gebiet machte, zu der umfassenden Wissenschaft entwickelt, die sie heute ist.

Wir stehen am Anfang der Genetik des menschlichen Verhaltens, sobald man beginnt, jene Gene zu entdecken und zu beschreiben, welche die komplexeren Formen des Verhaltens und Denkens steuern. Hier geht es zum Beispiel darum, wie das menschliche Gesicht die Grundemotionen der Furcht, der Ablehnung, des Zorns, der Überraschung und des Wohlbefindens ausdrückt. Diese Ausdrucksformen zeigen sich schon in einem sehr frühen Alter und mit nur sehr geringen Variationen in allen Kulturen. Es ist sehr wohl möglich, daß es hinsichtlich des Gesichtsausdrucks Mutanten gibt, solche Veränderungen sind bisher jedoch noch nicht entdeckt worden, weil sich die Wissenschaft nicht dafür interessiert hat. Es würde uns nicht überraschen, Gene zu finden, die einzelne Menschen veranlassen, mit steinerner Miene dazusitzen, ständig zu lächeln oder das Gesicht in auffallender Weise zu verziehen.

Um noch weiter zu gehen und die zwischen den Genen und dem bewußten Denken bestehenden Beziehungen noch gründlicher zu verstehen, müssen wir von der philosophisch wichtigen Erkenntnis ausgehen, daß der Geist eine materielle

Basis besitzt. Solange es eine Geistesgeschichte gibt, streiten zwei einander fundamental widersprechende Ideen um die Vorherrschaft; der Dualismus, der erklärt, der Geist sei eine immaterielle Substanz, die vom Gehirn geschaffen werde, aber außerhalb des Gehirns existiere, und der Materialismus, der behauptet, der Geist sei nichts anderes als eine physische Aktivität des Gehirns. Der Dualismus verlor ebenso wie das mit ihm verwandte Konzept des *élan vital* (der immateriellen Essenz des Lebens) wegen entgegengesetzter empirischer Forschungsergebnisse immer mehr an Boden und ist heute schon fast verschwunden. Sein Scheitern liegt auch daran, daß sich niemand vorstellen kann, wie eine immaterielle Kraft Muskeln in Bewegung setzen und das Verhalten steuern kann – wenigstens nicht ohne gegen die Gesetze der Physik zu verstoßen. Dennoch ist der gefeierte Neurophysiologe John Eccles gegen den Strom geschwommen und hat – in Übernahme des Drei-Welten-Theorems von Karl Popper – erklärt, es gebe nicht nur zwei, sondern sogar drei Ebenen der Realität. Das sind die Welt der physischen Objekte, die Welt der geistigen Aktivität und die Welt der Kultur und der Erkenntnis des Menschen. Aber dieses ontologische Schema ist nicht sehr überzeugend. Es gründet sich weniger auf konkrete Forschungsergebnisse als auf eine persönliche Vorstellung, es gebe ein getrennt existierendes reines Ego und eine spirituelle Natur, mit welcher das Individuum »den evolutionären Ursprung seines Körpers und seines Gehirns transzendiert«.

Die materialistische Konzeption des Geistes hat ihre befriedigendste moderne Form in der sogenannten Theorie der zentralen Zustandsidentität gefunden. Die grundlegende Behauptung lautet, daß geistige Vorgänge mit physiologischen Vorgängen im Gehirn identisch seien, höchstwahrscheinlich auch mit dem kodierten Schema, nach dem sich bestimmte Gruppen von Nervenzellen elektrisch entladen. Der größte Vorzug dieser durchaus vernünftigen Vorstellung liegt darin, daß sie rein seelischen Vorgängen eine physische Basis gibt.

Auf diese Weise werden die Beschränkungen des Behaviorismus aufgehoben, und zum ersten Mal seit der Zeit, als William James um die Jahrhundertwende so altmodische Vorstellungen untersucht hat, ist die Erforschung der innersten Vorgänge des Denkens und Fühlens zu einer seriösen Angelegenheit geworden. Die Identitätstheorie ist im Verlauf der vergangenen fünfzehn Jahre durch den »Funktionalismus« untermauert worden, eine Konzeption des Geistes, die geistige Vorgänge nicht nur als Aktivitäten von Nervenzellen auffaßt, sondern als Tätigkeit eines beliebigen informationsverarbeitenden Apparats, gleichgültig ob es sich dabei um Nervenzellen, Siliziumchips oder irgendeine ungeahnte Form der Intelligenz handelt, die sich von irgendeinem fernen Stern aus mit uns verständigen möchte. Funktionalisten haben ihre tiefsten Einsichten aus Untersuchungen von Computern und intelligenten Maschinen gewonnen, und dabei kommt es ihnen mehr auf die Software als auf die Hardware an, mehr auf die Details des Computerprogramms und weniger auf die physische Beschaffenheit der Schaltungen. Für sie ist eine psychische Handlungsabsicht nicht Gegenstand von Erörterungen zum Vergnügen der Philosophen, sondern sie sehen in ihr ein reales Verfahren, das sich in die Nervenzellen des Gehirns einprogrammieren läßt, und zwar entweder von Menschenhand oder durch die organische Evolution. Sobald die psychische Absicht als technisches Problem gelöst ist, sollte die Wissenschaft in der Lage sein, Veranlagungen, Neigungen und sogar Stimmungen zu erklären. Dann geht es in erster Linie darum, festzustellen, welches Computerprogramm der Tätigkeit des menschlichen Geistes am nächsten kommt. Wenn es wirklich gelingt, ein Gerät herzustellen, das sich ebenso verhält wie das menschliche Gehirn, dann wird das die materialistische Auffassung über den menschlichen Geist und seinen Ursprung bestätigen.

Viele werden diese Vorstellung für den Ausdruck des durch nichts zu übertreffenden Dünkels der Wissenschaft halten. Es ist noch nicht lange her, daß Skeptiker diesen Ansatz mit dem Argument ablehnten, beim Leib-Seele-Problem werde man immer auf Vermutungen angewiesen bleiben, weil man die physische Basis der geistigen Aktivität nicht direkt beobachten könne. Aber sogar diese unüberwindlich scheinende Barriere beginnt allmählich zusammenzufallen. Mit verfeinerten Techniken können die Forscher heute elektrische Ströme über der gesamten Oberfläche des Gehirns messen und die momentanen Veränderungen feststellen, während sie den Verhaltensänderungen nachspüren, die mit dem Älterwerden und als Folge von Geisteskrankheiten eintreten. Eine andere Technik besteht darin, die Blutzirkulation an der Oberfläche verschiedener Gehirnregionen zu messen. Zur medizinischen Diagnose wird das schwach radioaktive Edelgas Xenon 133 in eine der Hauptarterien injiziert. Während der Patient bestimmte körperliche und geistige Aktivitäten vornimmt, wird die Zunahme der Durchblutung der Oberfläche verschiedener Regionen der Hirnrinde am Anstieg der vom Xenon 133 ausgehenden Gammastrahlung festgestellt. Noch tiefer gehende Untersuchungen des lebenden Gehirns sind mit Hilfe der geheimnisvollen Technik namens PET (Positron-Emissions-Tomographie) möglich geworden. Chemische Substanzen, die im Stoffwechsel des Gehirns eine Rolle spielen, werden zunächst mit dem radioaktiven Isotop Fluor 18 gekennzeichnet. Dabei tritt in den Stoffwechselsubstanzen an die Stelle eines Wasserstoffatoms ein Fluoratom. Wenn das Fluor 18 zerfällt, emittiert es Positronen (positiv geladene Elektronen), und diese Positronen geben Gammastrahlen ab, wenn sie sich mit Elektronen vereinigen. Die Gammastrahlen werden dann von Strahlungsdetektoren außerhalb des Körpers angezeigt und die Hauptursprungspunkte mit Hilfe von Computern geortet (dieses Rastersuchverfahren nennt man Tomographie). Obwohl die Auflösung bei diesem Verfahren noch verhältnismäßig gering ist, konnte mit seiner Hilfe in den Regionen des Gehirns, die optische Reize verarbeiten, Aktivität gemessen

Geistige Aktivitäten lassen sich physisch lokalisieren. Stummes Lesen und Zählen aktiviert bestimmte Regionen des Gehirns, die hier durch die dunkel abgebildeten Bereiche der Hirnrinde dargestellt sind. Für diese Erhebungen wurde eine Technik entwickelt, bei der das radioaktive Isotop Xenon 133 verwendet wird. Die Intensität der Strahlung, erkennbar am Ausmaß der Verdunklung, zeigt, wie stark die physiologische Aktivität an dieser Stelle ist.

werden, während die Versuchsperson an Bilder denkt. Es konnte sogar festgestellt werden, an welchem Punkt im Gehirn das musikalische Erinnerungsvermögen liegt, ohne daß während des Versuchs Töne erzeugt wurden. Versuchspersonen aktivierten beim Versuch, sich an eine bestimmte Melodie zu erinnern, Teile der rechten Hirnhälfte, während solche, die sich die Noten einer Partitur vorstellten, die linke Hirnhälfte aktivierten.

Das Seelische entsteht in einem Neuronenapparat, der seinerseits dem genetischen Plan entspringt, aber es wächst in einer Umwelt, die von der präexistenten Kultur geschaffen wurde. Sie wiederum ist in das Gedächtnis und in die Archive derjenigen eingebettet, die sie weitergeben. Deshalb kommt es bei der Entstehung der Kultur entscheidend darauf an, wie das Erinnerungsvermögen im Menschen angelegt und organisiert ist. In den letzten Jahren haben die Psychologen wesentlich zum besseren Verständnis dieses Problems beigetragen. Sie unterscheiden grundsätzlich zwischen Kurzzeit- und Langzeitgedächtnis. Das Kurzzeitgedächtnis ist der Bereitschaftszustand des Bewußtseins. Das Bewußtsein kann gleichzeitig nur etwa sieben Worte oder andere Symbole aufnehmen. Es braucht etwa eine Sekunde, um sie ganz zu erfassen, und vergißt den größten Teil des so Aufgenommenen innerhalb von 30 Sekunden. Das Langzeitgedächtnis braucht längere Zeit, um etwas in sich aufzunehmen, aber seine Aufnahmefähigkeit ist fast unbegrenzt, und ein großer Teil dessen, was es sich aneignet, bleibt während des ganzen Lebens im Gedächtnis haften. Das Bewußtsein ruft die Informationen aus dem Speicher des Langzeitgedächtnisses ab und behält sie während eines kurzen Intervalls im Kurzzeitgedächtnis. Während dieser Zeit verarbeitet es die Informationen, und zwar etwa ein Symbol pro 25 Millisekunden, um Entscheidungen zu treffen.

Darüber hinaus haben die Psychologen zwei Formen des Langzeitgedächtnisses entdeckt. Das episodische Gedächtnis bringt spezifische Ereignisse in Erinnerung, indem es bestimmte Personen, Gegenstände und Handlungen für kurze Zeit ins Bewußtsein holt. So zeigt es etwa das Bild eines Läufers, der über eine Hürde springt. Im Gegensatz dazu erzeugt das semantische Gedächtnis *Bedeutungen,* indem es gleichzeitig Erfahrenes begrifflich aufeinander bezieht. So wird etwa das Feuer mit weiß, rot, gefährlich, kochend usw. in Verbindung gebracht. Ein lauter Aufschrei weckt die Vorstellung von Furcht oder Feindseligkeit. Begriffe sind die Knoten- oder Bezugspunkte des Langzeitgedächtnisses. Viele dieser Begriffe werden mit bestimmten Worten der Umgangssprache in Verbindung gebracht, andere wieder nicht.

Die beiden Formen des Langzeitgedächtnisses stehen in enger Beziehung zueinander. Die semantischen Erinnerungen entstehen in wirklichen Episoden, während ein Bezugspunkt des semantischen Gedächtnisses – etwa der Duft einer Rose oder der von einem bellenden Hund erzeugte Laut – oft Erinnerungen an frühere Ereignisse weckt, die aus diesem und anderen Bezugspunkten in bestimmter zeitlicher Anordnung bestehen.

Die Bezugspunkte des Langzeitgedächtnisses sind fast immer mit anderen Bezugspunkten verknüpft, so daß das Bewußtwerden eines Bezugspunkts gewisse andere Bezugspunkte bewußt werden läßt. Die Psychologen haben festgestellt, daß die Bezugspunkte oder Knoten auf verschiedene Weise miteinander verknüpft sein können. Attributive Verknüpfungen legen Objekten oder Vorgängen bestimmte Eigenschaften bei: So verknüpft sich mit einem Läufer die Schnelligkeit, mit einem Boxer die Gewalttätigkeit und mit einem *pas de deux* die Eleganz. Begriffliche Verknüpfungen rufen Worte oder andere Symbole wach, während emotionale Verknüpfungen Assoziationen an Gefühle wecken, die meist »schwer in Worte zu fassen« sind.

Das Langzeitgedächtnis beruht also, wie einige Psychologen es zutreffend bezeichnet haben, auf Knoten-Verknüpfungs-Strukturen. Diese komplexen Strukturen enthalten die Ideen,

Die Entstehung der Kultur aus Strukturen, die sich im Langzeitgedächtnis durch die Verknüpfung bestimmter Vorstellungen bilden. Die Kung-Jäger verbinden verschiedene Tierarten und Ereignisse mit Merkmalen und Namen, die in dem Diagramm als durch gerade Linien verbundene Kreise dargestellt sind. Außerdem verknüpfen sie solche Vorstellungen auch mit

Gefühlen, symbolisiert durch wellenförmige Linien. Nachdem sie aus ihrer Erfahrung solche aus Knotenverbindungen entstandene Gedächtnisstrukturen hergestellt haben (links), bringen sie sie in einen zeitlichen Zusammenhang, um sich an gewisse Ereignisse zu erinnern und darüber Geschichten zu erzählen (rechts).

Kriterien und Aktionspläne, die zusammen die geistige Aktivität ausmachen. In einer 1967 veröffentlichten, vielbeachteten Studie hat M. Ross Quillian eine Theorie der »fortschreitenden Aktivierung« für das Langzeitgedächtnis entwickelt, die ebenfalls Knoten-Verknüpfungs-Strukturen voraussetzt. Seine ursprüngliche Absicht war es, auf der Grundlage eines Modells des Gehirns ein besseres Computer-Suchverfahren zu entwickeln, aber später sind er und andere Forscher über dieses grundlegende Verfahren zu einer eher spezifisch psychologischen Theorie gelangt. Im wesentlichen sagt die Theorie, daß das Gehirn dadurch lernt, daß es ein ständig wachsendes Netz von Begriffen konstruiert. Wenn etwas Neues erfahren wird, etwa eine Melodie, eine Frucht oder ein mathematisches Verfahren, dann wird es in der Weise verarbeitet, daß innerhalb des Netzwerks nach Verknüpfungen zu bestehenden Knoten oder Bezugspunkten gesucht wird. Eine neuartige Frucht wird sofort nach äußerer Gestalt, Farbe, Oberflächenstruktur, Geschmack und den Umständen klassifiziert, unter denen sie gefunden wurde. Sie wird nicht nur mit anderen Früchten in Verbindung gebracht, sondern mit einem ganzen Repertoire von Gefühlen und von Erinnerungen an Eßgewohnheiten und früher gemachte ähnliche Entdeckungen. Nach der Theorie von der fortschreitenden Aktivierung ist der Geist zu einem wesentlichen Teil ein ungeheuer kompliziertes und sich ständig veränderndes Netzwerk aus Bezugspunkten und Verknüpfungen. Untersuchungen darüber, wie das Langzeitgedächtnis gespeichert wird, besonders auf der Ebene der Nervenzellen und der Physiologie, stecken noch in den Anfängen. Einstweilen faßt die Knoten-Verknüpfungs-Struktur sehr anschaulich zusammen, was wir bis heute darüber wissen.

Wir kommen jetzt auf die epigenetischen Regeln zurück, die während der geistigen Entwicklung festlegen, daß bestimmte geistige Operationen eher stattfinden als andere. Diese Regeln können aufgefaßt werden als eine starke Tendenz zum Aufbau bestimmter Knoten-Verknüpfungs-Strukturen. Uns allen vertraute Beispiele sind das erstaunlich rasche Entstehen der Bindung zwischen Mutter und Kind, die Spezifität von Phobien, die Vorliebe neugeborener Säuglinge für Zucker und der starke voraussagbare Zusammenhang von Augenbewegungen mit bestimmten Arten der Kommunikation mit Hilfe des Gesichtsausdrucks. Einige Bezugspunkte kann das Gehirn müheloser in seinem Langzeitgedächtnis speichern als andere, und außerdem verknüpft es sie leichter mit bestimmten schon vorhandenen Bezugspunkten als mit anderen. Auf diese Weise lenken die epigenetischen Regeln den Aufbau des menschlichen Geistes. Die bei diesem Entwicklungsvorgang geltenden Gesetzmäßigkeiten erzeugen das, was man von außen als die allgemeinsten Merkmale der »menschlichen Natur« wahrnimmt. Die Gene des Menschen bestimmen die epigenetischen Regeln, welche das Verhalten entlang den charakteristischen menschlichen Denkformen kanalisieren.

Nach unserer Überzeugung lassen sich die epigenetischen Regeln im Sinne der Entwicklungspsychologen mit den Knoten-Verknüpfungs-Strukturen der Gedächtnisforscher vereinbaren. Kombiniert man diese beiden wichtigsten Elemente, die epigenetischen Regeln und die Knoten-Verknüpfungs-Strukturen, dann entsteht ein Bild von der geistigen Entwicklung, das für die theoretische Behandlung dieses Problems zunächst ausreicht. Natürlich kann dieses Modell noch nicht die ganze Komplexität des geistigen Lebens erfassen. Es sagt kaum etwas über den spirituellen Bereich, Träume und Erscheinungen. Aber seine Aussagen über das Gedächtnis und das Gefühlsleben sind umfassend genug, um Kultur als die kollektiven Erfahrungen und Überzeugungen einer Gesellschaft analysieren zu können.

Unsere Denker behaupten seit je, das Kennzeichen, das den Menschen vom Tier unterscheide, sei seine Plastizität: Der Mensch sei das einzige schöpferische Wesen, er habe sich von den Fesseln des rein Animalischen befreit und ringe darum, sich geistig über seine niedrige Natur zu erheben. Wie alle simplen Verallgemeinerungen, die uns zunächst vernünftig erscheinen und die uns schmeicheln, ist auch dies nur eine Halbwahrheit. Die Gen-Kultur-Koevolution hat zu einer Erweiterung des menschlichen Geistes geführt, hat ihn jedoch nicht, konnte ihn nicht und *sollte* ihn wohl auch nicht vollständig von allen Fesseln befreien. Im Verlauf der stürmischen Entwicklung bis zum *Homo sapiens* hat die Spezies Mensch auf fast allen Gebieten des Denkens und Verhaltens gewisse Gewohnheiten und Vorurteile angenommen. Geistige Fähigkeiten und emotionale Reaktionen haben sich so entwickelt, daß ein hohes Maß an Neugier und Optimismus ebenso begünstigt wurde wie ein selbstbezogenes Denken, eine hartnäckige Tendenz, die Welt als eine ganz besondere Mischung aus Licht, Geräuschen und Gerüchen zu sehen, und die ausgesprochene emotional bestimmte Vorliebe für gewisse kulturelle Alternativen. Die Folge, mit der die Menschen heute leben müssen, ist, daß ihre geistige Entwicklung ganz allgemein eine gewisse Vorprägung aufweist. Der Mensch ist weder genetisch noch kulturell determiniert. Er liegt irgendwo dazwischen, und das macht die Sache wesentlich interessanter.

Wir haben erklärt, daß es bei der Evolution einer mit Intelligenz begabten Spezies fast unmöglich sei, einen Geist zu entwickeln, der ein unbeschriebenes Blatt ist und nur von Umwelteinflüssen bestimmt wird. Das Gehirn, das sich auf diesen extremen Zustand hin entwickelte, wäre eine sinnlose Rechenmaschine mit einer sehr begrenzten Überlebensfähigkeit. Hätte die Evolution des Menschen irgendwie diesen Schlußpunkt erreicht, dann gäbe es keine menschliche Natur, keine Leidenschaft und nichts wirklich Einmaliges in der Art, wie einzelne Menschen denken und fühlen, sondern nur die Rechenverfahren, die ihnen durch äußere unabhängig wirkende Kräfte einprogrammiert wären. Der Philosoph David Hume, der im 18. Jahrhundert gelebt hat, sagt, der Verstand sei der Sklave der Leidenschaften, und fügt mit bemerkenswertem Weitblick hinzu, so sollte es auch sein. Mit anderen Worten, es ist die Menschennatur und nicht der abstrakte Verstand, die uns vor allen anderen Lebewesen auszeichnet.

Während unserer ersten, 1979 in Harvard geführten Gespräche haben wir uns um »Plausibilitätsargumente« bemüht – um Ideen, welche nur ganz allgemein die Natur beschreiben und die Probleme lösen. Wir waren überzeugt, die Theorie von der Gen-Kultur-Koevolution könnte, richtig verstanden, die Evolution des Menschen im wesentlichen erklären. Zu den Voraussagen dieser Theorie gehörten eine rasche Zunahme des Gehirnvolumens, die überall anzutreffende gemischte Form der Weitergabe von Kultur (durch Gene und die Kultur selbst) und die Existenz kultureller Vielfalt, bei der es große Unterschiede zwischen den Verhaltenskategorien gibt.

Plausibilitätsargumente sind aber erst der Anfang der Wissenschaft. Wir standen vor einer viel schwierigeren Frage: Was konnten solche Ideen *leisten*? Die konventionelle Gesellschaftstheorie, die so beeindruckende Lehrgebäude umfaßt wie den Marxismus, den Strukturalismus und die theoretische Psychoanalyse, stützt sich ebenfalls auf Plausibilitätsargumente. Ihre oft kunstvollen Konstruktionen sind in sich folgerichtig. Ihre Behauptungen überzeugen und erregen die Menschen und haben sogar den Lauf der Geschichte beeinflußt. Aber das heißt noch nicht, daß sie richtig sind. Schwerer wird der Soziologie die Aufgabe fallen, sich der menschlichen Natur ebenso zu stellen, wie die Naturwissenschaften sich der physischen Welt gestellt haben, und plausible Modellvorstellungen in konkrete Phänomene und exakte Voraussagen umzusetzen. Je detaillierter solche Voraussagen sind, desto leichter sind sie zu überprüfen, und desto überzeugender wird die Theorie sein, aus der sie abgeleitet sind, wenn sie sich bewahrheiten.

Die Theorie vom Wesen des Menschen, die sich am Ende durchsetzt, wird jene sein, die das Sozialverhalten und die Geschichte mit allem in Einklang bringt, was man über die

Biologie des Menschen weiß. Es wird die Theorie sein, welche die erforschte Funktionsweise des menschlichen Geistes und die Strukturen der kulturellen Vielfalt in der einzig richtigen Weise beschreibt. Das ist der Heilige Gral, um dessen Besitz sich viele Gelehrte mühen, auch wenn sie Enttäuschungen und Demütigungen hinnehmen müssen. Hier geht es um die äußersten Grenzen der Naturwissenschaften. Werden alle Mühen vergeblich sein? Ist es ausgemacht, daß die Sozialwissenschaften ein gesondertes Forschungsgebiet bleiben? Wer die Biologie mit den Sozialwissenschaften zu verknüpfen versucht, kann leicht an den zahllosen technischen Problemen scheitern und sich dabei dem Vorwurf aussetzen, er beschäftige sich mit Fragen, für die er nicht zuständig ist, es fehlten ihm die notwendigen Sachkenntnisse, und er sei anmaßend. Aber die Möglichkeiten, die sich hier eröffnen, sind so reizvoll, daß sich das Risiko zu lohnen scheint. Die Zeit ist reif, wie Peter Reynolds gesagt hat, sich der Biologie zu stellen und einen neuen Beginn zu wagen.

Versuch einer Rekonstruktion der Welt des ersten »wirklichen« Menschen, des Homo habilis.

4. Die sozialen Lebensräume des *Homo*

Die einzigartigen Qualitäten des menschlichen Geistes haben sich während der zwei Millionen Jahre entwickelt, in denen aus dem *Homo habilis* der moderne Mensch entstanden ist. Der wichtigste Faktor – die komplexen epigenetischen Regeln, welche die geistige Entwicklung steuern – wird erst jetzt so aufmerksam von den Wissenschaftlern beachtet, wie er es verdient. Für den *Homo habilis,* den ersten wirklichen Menschen, müssen ebenfalls ganz bestimmte Regeln gegolten haben, wenn sie auch weniger kompliziert gewesen sind. Wenn es uns gelänge, die Folge der Ereignisse zu rekonstruieren, die von der geistigen Entwicklung des *Homo habilis* zu der des modernen *Homo sapiens* geführt haben, dann könnten wir tiefere Erkenntnisse über den Ursprung der spezifischen Veranlagungen des Menschen gewinnen. Dazu wäre es notwendig, festzustellen, wie sich die epigenetischen Regeln in gewissen zeitlichen Abständen weiterentwickelt haben, und dabei ähnlich zu verfahren wie die Paläontologen, welche die Sedimentschichten freilegen, um Fossilien zu finden, an denen sich die Evolution der Lebewesen ablesen läßt.

Natürlich ist es schon schwierig genug, die Evolution der menschlichen Anatomie zu erkennen, wenn einem nur wenige Knochenfragmente zur Verfügung stehen. Eine unendlich viel mühsamere und weniger erfolgversprechende Aufgabe ist es, die Geschichte der geistigen Evolution anhand der verhältnismäßig geringen Erkenntnisse der Entwicklungspsychologie zu rekonstruieren. Aber das Unternehmen ist nicht ganz aussichtslos, und die Frage ist viel zu wichtig, als daß man den

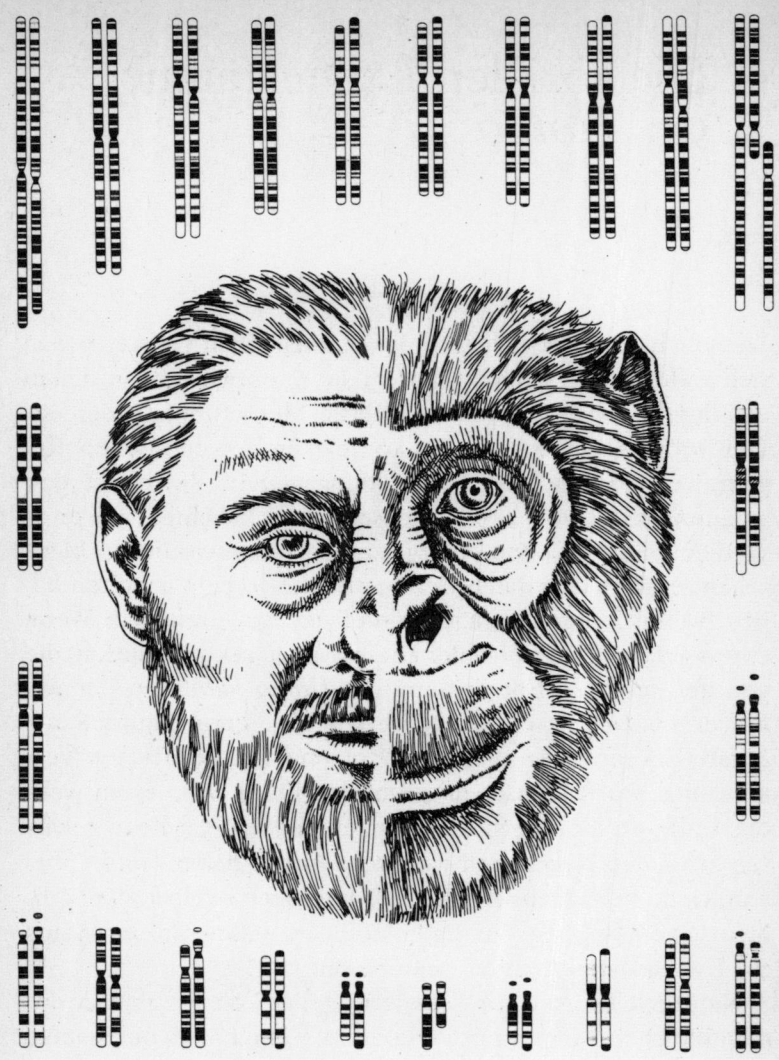

Die große Ähnlichkeit ihrer Chromosomen, welche die Gene enthalten, läßt vermuten, daß Mensch und Schimpanse einen späten gemeinsamen Vorfahren haben. In jeder Zelle gibt es 24 Arten von Chromosomen (22 sowie das X- und das Y-Chromosom, die gemeinsam das Geschlecht bestimmen). Die Chromosomen des Menschen sind jeweils auf der linken Seite dargestellt, die des Schimpansen rechts daneben. (Chromosomen-Diagramme: Copyright 1980 by American Association for the Advancement of Science.)

Versuch aufgeben dürfte, ohne alle Daten und Anhaltspunkte sorgfältig geprüft zu haben. Wenn sich die Wissenschaftler in diesem Bereich auf schwankenden Boden begeben haben, so haben sie dennoch sehr gute Gründe, entschlossen weiterzugehen – wenn auch mit vorsichtigen Schritten.

Die Evolutionsbiologen rekonstruieren eine ausgestorbene Spezies mit Hilfe eines ganz unkomplizierten und bewährten Verfahrens. Sie ordnen sie zwischen der Spezies ein, die aus ihr hervorgegangen ist, und anderen primitiveren, aber noch heute lebenden Spezies. Verschiedene biologische Merkmale lassen den Schluß zu, daß der Mensch von einer primitiven afrikanischen affenartigen Spezies abstammt, aus der sich auch der Schimpanse entwickelt hat. Der *Homo sapiens* (der Mensch) und *Pan troglodytes* (der Schimpanse) sind, was die Details ihrer Anatomie, Physiologie, Chromosomenstruktur und der chemischen Zusammensetzung der Enzyme betrifft, einander so ähnlich, daß man sie in dieser Beziehung mit zahlreichen eng miteinander verwandten Tierspezies, etwa unter den Fruchtfliegen und den Vögeln vergleichen kann, von denen man mit Sicherheit weiß, daß sie etwa vor einer Million Jahren aus derselben Spezies hervorgegangen sind. Die Forscher glauben, daß die Schimpansen und die frühesten Affenmenschen vor fünf bis zwanzig Millionen Jahren denselben Vorfahren hatten, so daß man mit einiger Berechtigung annehmen darf, daß beide Linien einen gemeinsamen Ursprung haben. Die Einordnung erfolgt in diesem Fall auf folgende Weise. Man nimmt an, daß die Merkmale, die sich beim Schimpansen und beim modernen Menschen feststellen lassen, wahrscheinlich auch beim *Homo habilis* vorhanden waren. Der Stammbaum sieht daher wahrscheinlich etwa so aus wie ein Y, wobei die Spezies, auf die es uns ankommt, die hier gezeigten Positionen einnehmen:

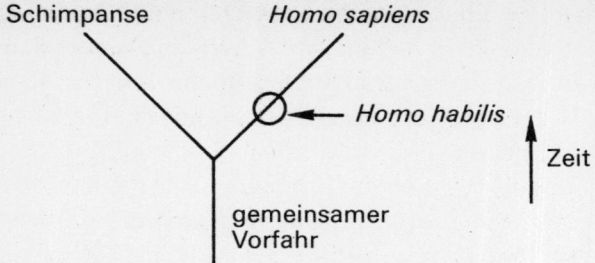

Aus diesen Überlegungen geht hervor, daß die beim Schimpansen und beim modernen Menschen *(Homo sapiens)* gemeinsam vorhandenen Merkmale wahrscheinlich auch bei dem gemeinsamen Vorfahren und beim *Homo habilis,* der Spezies, die zwischen dem gemeinsamen Vorfahren und dem modernen Menschen liegt, anzutreffen waren. Die Überschneidung von Merkmalen ist noch kein Beweis (in der Evolutionsbiologie gibt es kaum sichere Beweise), aber man darf mit ziemlicher Sicherheit annehmen, daß diese Merkmale auf der ganzen Länge der beiden Arme des Y anzutreffen waren. So lassen sich Verhalten und geistige Fähigkeiten einer ausgestorbenen Spezies wenigstens zum Teil rekonstruieren.

Was sind nun diese gemeinsamen Merkmale? Wir haben sie mit den Erkenntnissen über die Ernährung und die Lagerstellen des *Homo habilis,* die man bei der Ausgrabung fossiler Reste gewonnen hat, zu einem spekulativen Porträt des Frühmenschen und seiner Umwelt zusammengestellt.

Während über dem Gipfel des Ngorongoro in Ostafrika der Morgen graut, zieht ein Dutzend Männer, Frauen und Kinder der Spezies *Homo habilis* einen ausgetrockneten Flußlauf westwärts hinunter zu einem Lager am Seeufer, das von einer größeren Gruppe von Artgenossen bewohnt wird. Die Mitglieder beider Gruppen begegnen einander mit einem gewissen Mißtrauen. Einige Erwachsene erkennen einander wieder, aber das letzte Zusammentreffen liegt Monate zurück, und man hat es schon fast vergessen. Die älteren Männer gehen aufeinander zu. Einige starren sich mit zusammengepreßten Lippen an, bei allen Primaten ein Zeichen von Aggressivität; andere spitzen den Mund und verraten damit ihre Erregung. Ein Anführer der größeren Gruppe nimmt eine deutlich feindselige Haltung ein. Er fordert die Ankömmlinge auf, sich zu entfernen, indem er den rechten Arm nach vorn schwingt, als wolle er etwas nach ihnen werfen. Aber diese Geste wird nicht beachtet. Zuerst gehen die Erwachsenen aufeinander zu, dann folgen die Kinder. Sie strecken die Hände aus und berühren einer den anderen. Dabei sprechen sie leise und in versöhnlichem Ton miteinander. Die Laute, die sie von sich geben, haben eine ganz bestimmte Bedeutung, es sind aber wahrscheinlich noch keine richtigen Worte, aus denen sich ganze Sätze bilden ließen. Während das Mißtrauen schwindet, fangen die Mitglieder beider Gruppen an zu lächeln, und hin und wieder hört man ein kurzes Auflachen. Die Kinder laufen spielerisch hintereinander her und tun so, als wollten sie miteinander kämpfen.

Die größere Gruppe verfügt über einen reichlichen Fleischvorrat. Am Tage zuvor haben die jagenden Männer im Fluß ein noch frisches, totes junges Flußpferd gefunden. Darauf haben sie einige Basaltbrocken zusammengetragen, um Werkzeuge daraus zu machen. Einer von ihnen nahm sich einen ungefähr sechs Zentimeter dicken Stein, den er bequem in der Hand halten konnte, um ihn als Hammer zu benutzen. Dann schlug er damit mehrmals gegen andere Steine, von denen sich unregelmäßig geformte, aber scharfkantige Splitter lösten. Diese Splitter ließen sich als Messer benutzen, während die Kernstücke der zerschlagenen Steine zum Zerstampfen der Nahrung verwendet werden konnten. Mit diesen Werkzeugen bearbeiteten die Jäger das Flußpferd und schnitten große Fleischstücke heraus. Dann schlugen sie dem Tier die Schädeldecke ein, um das Gehirn herauszuholen, öffneten den

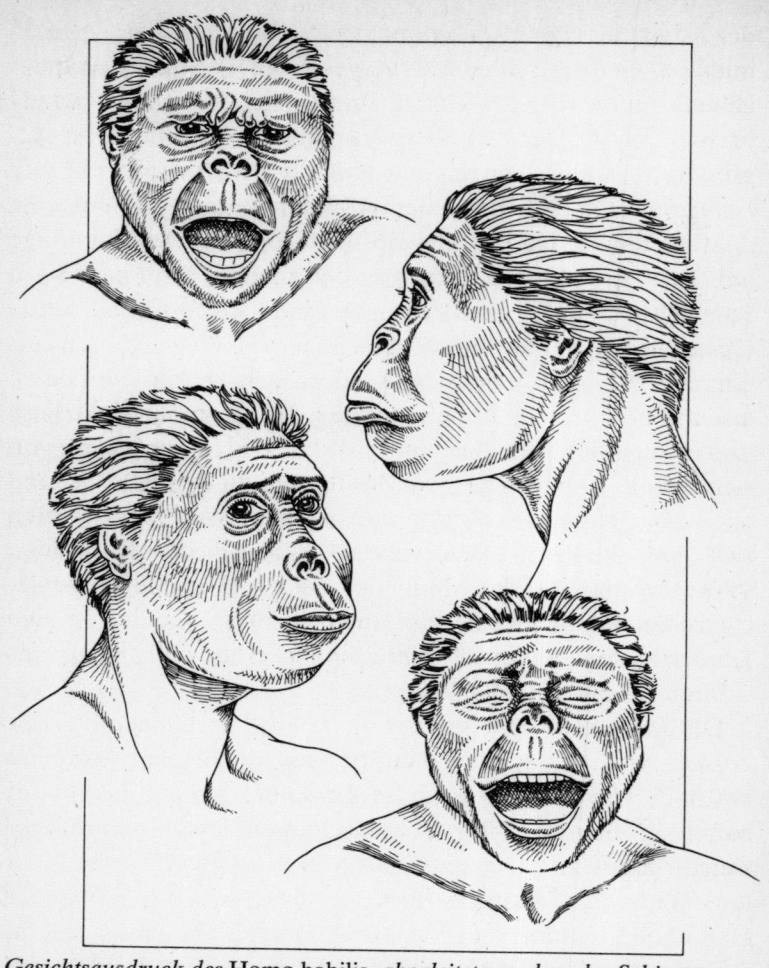

Gesichtsausdruck des Homo habilis, *abgeleitet von dem des Schimpansen und des heutigen Menschen. Von oben nach unten: Wut, Schmollen, Gelassenheit, Lachen.*

Brustkorb, rissen Herz und Lungen heraus, zertrümmerten die Röhrenknochen, um an das Mark zu gelangen, und schnitten die dicke Bauchhaut auf, um Nieren, Leber und Milz freizulegen. Die besten Stücke verzehrten sie roh an Ort und

Stelle. Dann durchtrennten sie die zähen Sehnen, um eine Keule herauszulösen und ins Lager mitzunehmnn. Die Steinwerkzeuge ließen sie bei dem vom Fleisch befreiten Gerippe liegen, wo sie nach hunderttausend Generationen von den Nachkommen dieser Jäger entdeckt werden sollten.

Jetzt, am Tage darauf, teilt die größere Gruppe ihr Fleisch mit den Mitgliedern der kleineren. Die Erregung bei der Mahlzeit ist groß, und alle Teilnehmer unterhalten sich mit lauter Stimme und beredten, raschen Gesten. Einige der Besucher können von den Fleischstücken, an denen ihre Gastgeber nagen, unauffällig ein paar Brocken ergattern. Aber die meisten müssen um ihren Anteil betteln, indem sie die Handfläche nach oben öffnen und winselnde Laute ausstoßen. Am Nachmittag wird die kleinere Gruppe von ihrem Anführer, der ruhelos auf und ab geht und mit der Hand auf ein in der Ferne gelegenes Waldstück zeigt, zum Aufbruch aufgefordert. Die Gruppe macht sich auf den Weg. Es werden keinerlei Abschiedsworte gewechselt, denn das Vokabular des Frühmenschen kennt solche Worte noch nicht.

Gemeinsame Mahlzeiten, wie sie in rudimentärer Form auch schon bei den Schimpansen zu beobachten sind und wie sie sich beim modernen Menschen zu einem komplexen Ritual entwickelt haben, spielten im gesellschaftlichen Leben des *Homo habilis* wahrscheinlich eine entscheidende Rolle und bezeichneten ebenso wie die Weiterentwicklung anatomischer Merkmale den Beginn ihres sich über Jahrmillionen hinziehenden evolutionären Aufstiegs. Die Anthropologen glauben, der *Homo habilis* habe, anders als andere Primaten – vielleicht mit Ausnahme der Affenmenschen –, die Nahrung nicht nur gesammelt, sondern sie auch über weite Strecken transportiert. Er zeichnete sich auch dadurch aus, daß er beim Jagen und Sammeln sehr große Mengen tierischer Nahrungsmittel zusammentrug. Seine Ernährung war sehr vielseitig.

Von Zeit zu Zeit, vielleicht aber auch täglich, verließen Gruppen von Sammlern das Lager, um Früchte, Beeren, Nüsse, Knollen und Fleisch zu sammeln. Einiges muß schon an Ort und Stelle verzehrt worden sein, aber eine gewisse Menge wurde ins Lager zurückgebracht und mit denen geteilt, die es in der Zwischenzeit bewacht hatten. Das waren vermutlich kranke Erwachsene und die Mütter mit kleinen Kindern. Die Gebrauchsspuren an den Steinwerkzeugen zeigen, daß der *Homo habilis* seine Werkzeuge dazu benutzt hat, große Knollengewächse und das Fleisch von Tieren zu zerschneiden. Wir dürfen annehmen, daß die Erwachsenen beider Geschlechter sich am Sammeln beteiligt haben, daß jedoch die Männer größere Strecken zurücklegten und sich mehr auf das Jagen konzentriert haben. Das ist die Arbeitsteilung bei praktisch allen noch heute bestehenden Gesellschaften von Jägern und Sammlern. Und in dieser Hinsicht läßt sich der *Homo habilis* auch auf der gegenüberliegenden Seite des wie ein Y geformten Stammbaumes unterbringen: Wenn Schimpansen in Gruppen junge Paviane und Baumaffen jagen, wird die Führung gewöhnlich von den männlichen Tieren übernommen.

Obwohl uns der *Homo habilis* nur seine fossilen Knochen, geringe Spuren seiner Nahrung und die kreisförmig angeordneten Steinbrocken hinterlassen hat, welche die Lagerplätze markieren, muß er sich auch mit der Herstellung einer großen Vielzahl »weicher« Gebrauchsgegenstände beschäftigt haben. Schimpansen zeigen ein erstaunliches Geschick bei der Erfindung und Verwendung vergänglicher Werkzeuge. Sie zerknüllen Blätter, die sie wie einen Schwamm benutzen, um Wasser aus hohlen Bäumen aufzusaugen, und streifen Blätter von Zweigen, um mit den kahlen Zweigen Termiten aus ihren Bauten zu holen. Sie reißen auch junge Bäume aus, um ihre Feinde damit zu schlagen, und benutzen kleine Stöckchen als Zahnstocher. Der *Homo habilis* mit seinem größeren Gehirn und der unbestrittenen Fähigkeit, Steine zu bearbeiten, hat höchstwahrscheinlich über ein mindestens so vielfältiges Repertoire verfügt. Glynn Isaac, ein führender Fachmann auf dem Gebiet der Rekonstruktion steinzeitlicher Lebensräume, hat erklärt, Jagd und Transport von Nahrungsmitteln seien starke Anreize für die Erfindung anderer einfacher Werkzeuge gewesen, die auch intelligente Menschenaffen ohne weiteres hätten herstellen können. Er glaubt, die primitivsten Menschen hätten Stöcke als Jagdspeere und Grabwerkzeuge benutzt und ihre Nahrung in Schildkrötenpanzern, Gefäßen aus Baumrinde und Tiermägen transportiert.

Schimpansen haben andere und manchmal überraschende Fähigkeiten. Unter bestimmten Versuchsbedingungen können sie aus Zweigen und Ranken einfache Muster weben, sind aber nicht in der Lage, Knoten zu lösen. Sie können Gegenstände nach Größe und Farbe klassifizieren und ordnen, Fotos von Menschen erkennen und sie von Tierfotos unterscheiden und sogar Kreise und andere Grundformen zeichnen, nicht aber symbolträchtige Bilder. Wenn ein Schimpanse in den Spiegel sieht, erkennt er sich und weiß, daß er etwas anderes ist als die übrigen Mitglieder seiner Spezies. Bei dem ersten Versuch, der diese Fähigkeit erkennen ließ, kennzeichnete der Psychologe Gordon G. Gallup die Köpfe narkotisierter Schimpansen mit roten Farbflecken und ließ sie sich nach dem Aufwachen im Spiegel betrachten. Darauf berührten die Affen sofort die mit Farbe gekennzeichneten Stellen mit der Hand. So dürfen wir annehmen, daß ein Narziß unter den *Homines habiles,* der sein Ebenbild in einer Wasserpfütze erblickte, genau wußte, daß das Gesicht, das ihn daraus anstarrte, sein eigenes und nicht das eines anderen geisterhaften *Homo habilis* war. Vielleicht hat er sogar – ohne es mit Worten auszudrücken – gedacht: Das bin ich, der als Einzelwesen neben dieser lärmenden Horde existiert und eines Tages sterben wird. Die Wissenschaft könnte, läßt man ihr genug Zeit, ergründen, ob das so gewesen sein kann, um etwas über die Entwicklungsgeschichte des Selbst und der Seele auszusagen.

Biologen und Psychologen sind übereinstimmend der Auffassung, daß Flexibilität ein Merkmal der fortgeschrittenen Evolution ist, und es stimmt, daß Schimpansen und die großen Menschenaffen ihr Verhalten stärker variieren als die Baumaffen. Gibt man ihnen ein Spielzeug oder einen anderen Gegenstand, den sie noch nicht kennen, so berühren sie ihn mit mehr Körperteilen und manipulieren ihn auf vielfältigere Weise. Dabei lassen sich ihre Reaktionen weniger genau voraussagen als die der Baumaffen. Auch junge Schimpansen spielen und erforschen ihre Umwelt mehr als andere Tiere, aber viel weniger als Menschen, gleichgültig ob im Kindes- oder Erwachsenenalter. Auch hier dürfen wir vermuten, daß das Verhalten des uns so unbekannten *Homo habilis* irgendwo dazwischen lag. Das Spiel steigert die Verhaltensvielfalt erheblich und eröffnet zahlreiche Möglichkeiten für kulturelle Neuerungen bei Tieren und Menschen. John und Janice Baldwin schildern eine erstaunliche Beobachtung, die sie an dem zweijährigen Totenkopfäffchen Corwin gemacht haben. Manchmal ließ Corwin Futterkügelchen fallen, die dann auf dem Boden seines Käfigs herumhüpften. Aus diesem Zufallsereignis machte er dann ein Spiel; bewußt ließ er Kügelchen fallen, und während sie umherhüpften, jagte er ihnen nach. Eines Tages sprang er selbst in die Höhe, ein Kügelchen fiel ihm aus der Hand, hüpfte durch den ganzen Käfig und blieb dann am Boden liegen. Nun ließ Corwin absichtlich die Futterkügelchen fallen, wenn er im Käfig herumsprang, und das Spiel wurde immer komplizierter. Schließlich lernte er, die Futterkügelchen in die Luft zu werfen und sie dann mit dem Mund aufzufangen.

Solche Spiele lassen sich manchmal zu einem Verhalten ausbauen, das dem Spieler Vorteile bringt. Ein auf niedriger Rangstufe stehender männlicher Schimpanse, den Jane Goodall im Gombe-Nationalpark in Tansania beobachtet hat, lernte, zwei leere Benzinkanister gegeneinanderzuschlagen. Im Lauf der Zeit verstärkte er mit dieser auffallenden Bewegung und dem damit verbundenen Lärm seine Drohgebärden und unterwarf sich auf diese Weise in wenigen Tagen die größeren männlichen Mitglieder seines Trupps. Ein anderer von Geza Teleki beobachteter körperbehinderter Schimpanse kompensierte seinen Körperschaden, der ihn beim Jagen benachteiligte, indem er den Kopf eines Beutetiers wiederholt gegen Baumstämme schlug. Jetzt wäre es nur noch ein kleiner Schritt bis zu einem noch menschenähnlicheren Verhalten, wobei der Stock nicht mehr mit dem Kopf des Beutetiers, sondern der Kopf mit dem Stock geschlagen würde. Der *Homo habilis* oder sein unmittelbarer Vorfahre hat diesen Schritt höchstwahrscheinlich getan. Mit ihnen begann die lange und verhängnisvolle Geschichte der Bewaffnung des Menschen, an deren Ende *Homo* sich selbst mit Hilfe von Kernwaffen vernichten und damit in schlüssiger und überraschender Weise beweisen könnte, daß die Kultur tatsächlich stärker ist als das Angeborene.

Von den für den Schimpansen geltenden epigenetischen Regeln, nach denen sich das Bewußtsein des Affen schrittweise aufbaut, wissen wir fast gar nichts. Die intellektuelle Entwicklung des Schimpansen ist teilweise von Psychologen erforscht worden, die diesen Menschenaffen in ihre Arbeiten über den Menschen einbezogen haben. Wir besitzen deshalb immer deutlichere Vorstellungen davon, wie geschickt junge Schimpansen irgendwelche Gegenstände manipulieren können. Wir kennen auch das Alter, in dem heranwachsende Schimpansen einfache Rätsel lösen, sich die Bedeutung von Symbolen merken und primitive Formen von Kunst ausüben können. Es wurde aber noch nicht untersucht, welche Entscheidungen Menschenaffen treffen, wenn sie zwischen verschieden schmeckenden Getränken, geometrischen Mustern, verschiedenen Möglichkeiten, Gegenstände zu ergreifen, oder verschiedenen Gesichtsausdrücken usw. wählen können. Das liegt daran, daß man bisher nicht erkannt hat, welchen theoretischen Wert solche Analysen auch für die auf den Menschen bezogene Verhaltensforschung haben. Es ist klar, daß es für die geistige Entwicklung dieser Tiere epigenetische Regeln gibt und daß die Tiere ebenso wie die Menschen einer bestimmten Vorprägung unterliegen. Ebenso wie der Mensch vermeidet der Schimpanse den Inzest und lehnt die Mitglieder des Trupps, mit denen er in früher Jugend am engsten zusammengelebt hat, als Sexualpartner entschieden ab. Der Schimpanse zeigt auch wenigstens eine Reaktion, die äußerlich der Phobie des Menschen entspricht. Als man einem Schimpansentrupp in der afrikanischen Wildnis einen ausgestopften Leoparden zeigte, reagierten die Tiere geradezu explosiv. Sie rannten bellend und kreischend durcheinander, umarmten und küßten sich und entleerten den Darm. Einige rissen Zweige von den Bäumen und schlugen damit auf das »Ungeheuer« ein. Als sie sich schließlich von der Harmlosigkeit des ausgestopften Tieres überzeugt hatten, kamen sie näher, um es »ehrfürchtig« zu bestaunen.

Solche Berichte sind natürlich nicht viel mehr als anregende Anekdoten. Aber sie weisen den Weg zu wissenschaftlichen Experimenten. Es sollte relativ einfach sein, die Reaktionen der Menschenaffen auf ähnliche Reize – zum Beispiel auf Leoparden im Vergleich mit Löwen und Hyänen – je nach Alter und Vorerfahrung zu untersuchen. Daraus wird der Verlauf der kognitiven Entwicklung deutlich werden, und wenn man diese Erkenntnisse Punkt für Punkt mit den rasch wachsenden Erkenntnissen über die geistige Entwicklung des Menschen vergleicht, läßt sich mit Hilfe des Einordnungsverfahrens ein vorläufiges Bild von der geistigen Entwicklungsstufe des *Homo habilis* gewinnen. So wird man die Vorgänge während des Aufstiegs vom *Homo habilis* zum modernen Menschen zuverlässiger abschätzen können.

Bisher besitzen wir recht ausführliche Informationen über das Leben des *Homo erectus,* der hominiden Spezies, die sich vor etwa 1,5 Millionen Jahren aus dem *Homo habilis* entwickelt hat und aus der eine Million Jahre später der *Homo sapiens* hervorgegangen ist.

Knochenfragmente und Steinwerkzeuge, die uns der *Homo erectus* hinterlassen hat, haben Archäologen veranlaßt, sich ein Bild von einem menschlichen Wesen zu machen, das intelligenter gewesen ist als die Menschenaffen und der *Homo habilis*. Die Trupps der Spezies *Homo erectus* haben je nach Jahreszeit verschiedene Tiere gejagt und dabei auf verschlungenen Wegen zwischen Basislagern und zeitweiligen Ruheplätzen gewechselt. Höhere Gedächtnis-, Planungs- und Führungsleistungen waren erforderlich, damit sie die Umwelt in diesem langfristigen Wechsel für sich nutzen konnten. Beachtliches Geschick war außerdem nötig, damit diese mageren Zweibeiner ohne Raubtiergebiß so große Tiere wie Elefanten erlegen oder anderen Fleischfressern ihre Beute entreißen konnten. Vielleicht sind die Elefanten nur in Sümpfe hineingeraten und konnten sich aus dem tiefen Morast nicht mehr befreien. Es ist jedoch ebenso wahrscheinlich, daß sie in solche natürlichen Fallen getrieben worden sind. Doch wie konnte eine kleine Gruppe menschlicher Wesen in Panik geratene und sehr gefährliche Tiere, zehnmal schwerer als sie selbst, in eine bestimmte Richtung lenken? Eine plausible Lösung wäre das Feuer. Man hat in den alten Jagdrevieren Reste von Holzkohle gefunden, deren Lage vermuten läßt, daß der *Homo erectus* Feuer gelegt hat, das ausgedehnte Buschbrände verursachte. Der Anthropologe F. Clark Howell schreibt: »Ich vermute, daß die Elefanten das Flußtal entlang in die Sümpfe getrieben werden sollten.« Hier haben wir offenbar ein Wesen vor uns, das den meisten intelligenten Säugetieren überlegen war und das wir mit größerer Berechtigung als menschliches Wesen bezeichnen dürfen. Einen großen Teil der uns zur Verfügung stehenden Informationen können wir in einem anderen fiktiven Szenarium zusammenfassen.

Ein Werkzeugmacher der Spezies *Homo erectus* hockt auf einem Felsvorsprung und beobachtet das sich unter ihm aus-

Die Welt des Homo erectus, *der menschlichen Spezies, die auf der Entwicklungsstufe zwischen dem* Homo habilis *und dem* Homo sapiens *steht: eine spekulative Rekonstruktion.*

breitende Gelände. In der Nähe sieht er den Rauch vom Lagerfeuer aufsteigen und erkennt die Gestalten der eben eingetroffenen Mitglieder seines Trupps, wie sie Äste herbeischleppen, die sie als Feuerholz und zum Bau von Hütten verwenden wollen. Er hört das ihm vertraute Geräusch splitternden Holzes, laute Rufe, Gelächter und das Stimmengewirr der primitiven Sprache – emotional ausgestoßene Lautsignale, vielleicht hier und da richtige Wörter. Sein Blick schweift weiter gegen den Horizont hin nach Süden über die vom Wind zerzausten Pinien und niedrigen Büsche bis zum tiefblauen Band des Mittelmeers. Er denkt kurz darüber nach, wie es auf der anderen Seite des riesigen Wassers aussehen könnte. Er weiß, er wird es nie erfahren. Es ist um die Mittagszeit an einem Tag vor einer Million Jahren.

Der Trupp ist schon seit Tagen unterwegs. Wie viele Tage, weiß der Werkzeugmacher nicht und kann es sich auch nicht vorstellen. Seine Tage haben keine Stunden, er kennt nicht den Begriff des Jahres, und größere Zahlen kann er nicht fassen. Aber wie seine Artgenossen fühlt er, wie mit dem Kreislauf der Sonne und der Sterne die Zeit vergeht, und spürt, welche Veränderungen im Zyklus der Jahreszeiten an Gras und anderen Pflanzen und bei den Wanderungen der Wildtiere eintreten. Er kennt diese Dinge sehr genau und hat darin auch nach heutigen menschlichen Maßstäben reiche Erfahrungen. Sie sind auch jetzt Inhalt seines Denkens nach einer schlaflosen Nacht, die er in großer Furcht zubrachte.

Am vergangenen Abend kurz nach Sonnenuntergang war sein Trupp von einem Rudel jagender Löwen aufgespürt worden. Die Löwinnen hatten den Lagerplatz der Menschen kurze Zeit umkreist. Dann hatten sie sich geduckt und die eng aneinandergeschmiegten Gestalten beobachtet, während sie die Schweife leicht von einer Seite zur anderen bewegten, in der typischen Haltung des hungrigen Raubtiers, das zum Sprung auf die Beute ansetzt. Aber dann hatten sich die Löwinnen ganz unerwartet erhoben und waren gemeinsam davongetrottet. Aber nicht sehr weit. Durch das Dunkel der Nacht hörte der Trupp hin und wieder ihr tiefes Grollen, ein Knistern im Gebüsch und hier und dort das Herabfallen von Zweigen. Die Löwinnen befanden sich noch auf der Jagd, wagten sich aber nicht in die Nähe des rauchenden Lagerfeuers. Die dort versammelten Menschen fragten sich wahrscheinlich, was außer den Löwen da draußen noch auf sie lauerte. Vielleicht waren es die eigenartigen Katzen mit kurzem Schweif und säbelartigen Zähnen, ein Rudel heimtückischer Hyänen oder andere unaussprechliche Schrecken, die mehr der Phantasie als der Wirklichkeit entsprachen, die Vorläufer der Kobolde, Teufel und Gespenster. Es war besser, sich im Dunkeln zu fürchten und vor dem Unbekannten ängstlich und erregt zurückzuschrecken, als sich diesen drohenden Gefahren einzeln zu stellen. In dieser Nacht zur Zeit des *Homo erectus* nehmen die Menschen eine paradoxe Stellung innerhalb des Ökosystems ein. Mit Hilfe ihrer Werkzeuge und ihrer organisierten Jagdzüge entwickeln sie sich zu den gefährlichsten Raubtieren aller Zeiten, und doch werden sie mit ihren mageren Körpern und langsamen Bewegungen zur Beute der stärksten ihrer fleischfressenden Rivalen.

Der Werkzeugmacher nimmt einen Schlagstein in die Hand. Es ist ein etwas mehr als faustgroßer Quarzitbrocken, der sich zu einer stumpfen Kante verjüngt. Mit der linken Hand nimmt er einen runden, unbearbeiteten Stein gleicher Größe auf. Eine Gruppe von Kindern hat ihn beobachtet, unterbricht ihr Spiel und kommt den Hang herauf, um ihm zuzusehen. Der Werkzeugmacher wägt und wendet die beiden Steine in seinen Händen. Er überlegt, wählt aus, denkt an das Endprodukt und wozu es nötig ist, wem er es geben und wie es verwendet werden wird. Eine Fülle von Möglichkeiten, die sich gegenseitig ausschließen, schwirrt ihm jetzt durch den Kopf. Dann kommt Ordnung in seine Gedanken. Visuelle und auditive Vorstellungen dringen als zeitliche Abfolge, wie Perlen auf einer Perlenschnur gleitend, in sein Bewußtsein. Vielleicht verbindet er mit den Vorstellungen, die ihm durch den Kopf gehen, stumme Worte, als wollte er sagen: »Schlagen... drehen... scharfe Kante... Axt... geben... Bruder... Pferd.« Er will eine Axt herstellen und sie seinem Bruder geben, der ein Pferd damit schlachten kann. Diese Ursprache ist, wenn sie verwendet wird, nur ein schwaches Abbild der farbigen und vielgestaltigen Vorstellungen, denen im Verlauf der Evolution des Menschen die Wörter aufgepfropft werden. Erst nach Millionen Jahren wird sich eine komplexe und ausdrucksstarke Sprache aus diesem Stammeln entwickelt haben.

Der Werkzeugmacher hält den unbearbeiteten Stein in seiner nach oben gewendeten Handfläche und umfaßt ihn mit den Fingern. Er hebt den Arm, legt ihn an die Brust, spannt die Muskeln an und schlägt kräftig mit dem Steinhammer zu. Ein Splitter fliegt zur Seite und hinterläßt eine konkave Vertiefung und eine scharfe Kante an der Schmalseite des Steins. In der nächsten Stunde wiederholt der Werkzeugmacher diesen Vorgang fünfzigmal. Er wendet den Stein, prüft ihn, erfaßt den Steinhammer und schlägt zu. Mit immer kürzeren, präziseren Schlägen erzeugt er an zwei gegenüberliegenden Seiten scharfe Kanten. Schließlich ist eine mandelförmige Handaxt entstanden. Sie ist ein hervorragender Beweis für die handwerkliche Geschicklichkeit des *Homo erectus* und typisch für die Kultur des Acheuléen, elegant im Vergleich mit den groben Faustkeilen des *Homo habilis,* aber immer noch viel primitiver als die später vom *Homo sapiens* hergestellten Steinwerkzeuge. Der Werkzeugmacher beendet seine Arbeit aus irgendwelchen Gründen nach fünfzig Schlägen und verzichtet darauf, den Stein mit hundert oder mehr Schlägen zu einem noch besseren Werkzeug zu machen. Vielleicht kann er sich etwas Vollkommeneres gar nicht vorstellen. Seine Phantasie reicht nicht weiter als bis zu dem Werkstück, das er jetzt in Händen hält.

Der Werkzeugmacher geht den Hang hinunter zum Lager, gefolgt von den Kindern, die ihm zugesehen haben. Die einfachen runden Hütten sind fertiggestellt. Eine Gruppe von Sammlern und Jägern verläßt das Lager, um Knollen und Beeren zu suchen, kleine Tiere zu jagen und nach Möglichkeit auch größeres Wild aufzuspüren. Die Beute wird mit allen Angehörigen der Gruppe geteilt, und die vorhandenen Werkzeuge stehen jedem zur Verfügung.

Nach wenigen Tagen wird der Trupp weiterziehen, um sich an einer verabredeten Stelle mit einem befreundeten Trupp zu treffen. Man kennt die Gesichter dieser Leute. Die Erwachsenen sind zum Teil Blutsverwandte. Wie dies überall bei den frühen Hominiden üblich war, wird es zu einem Austausch junger Frauen kommen. Man wird sich viel zu sagen haben und mit Lauten und Gesten verständigen. Vielleicht benutzt man auch schon einige richtige Worte, kurze Lautverbindungen, die jeweils einen bestimmten Gedanken oder Gegenstand ausdrücken.

Einige Männer werden Streifzüge über weitere Entfernungen organisieren, um Großwild zu jagen. Wenn die Jäger auf diesem Marsch an einen größeren Fluß kommen, der ins Meer fließt, werden sie gewisse Vorsichtsmaßnahmen treffen. Der Fluß bildet die Grenze zum Gebiet eines fremden Stammes. Bei Überfällen auf das eigene Gebiet haben diese Fremden Angehörige des Trupps getötet, und auch von ihnen sind einige gefallen. Zwar unterscheiden sich die Fremden im Aussehen nicht von ihnen (auch sie gehören der Spezies *Homo erectus* an), aber sie sind böse und verhalten sich nicht wie richtige Menschen. Man weiß über sie nicht viel mehr als über die dunklen Mächte, die einen in der Nacht beunruhigen. Wenn diese Fremden vernichtet oder vertrieben werden könnten, dann wäre das für den ganzen Trupp ein Anlaß zu großer Freude. Man würde sich den Körper mit Ockerstreifen bemalen und tanzen.

Während der eine Million Jahre währenden Übergangsperiode des *Homo erectus* nahmen die geistigen Fähigkeiten des Menschen ständig zu. Doch obwohl die Evolution des *Homo erectus* viel schneller vonstatten ging als die anderer Organismen, erfolgte sie doch ungeheuer langsam im Vergleich mit der Beschleunigung, die sie in der Zeit vom Paläolithikum bis zu den Anfängen der Zivilisation beim *Homo sapiens* erfuhr. In einigen Gegenden war bei den hier hergestellten Werkzeugen im Verlauf von einigen hunderttausend Jahren anstelle von Verbesserungen sogar ein gewisser Rückschritt festzustellen. Diese Abweichungen lassen sich dadurch erklären, daß die ganze Population des *Homus erectus,* die ein riesiges Gebiet bevölkerte, das sich von Afrika bis nach Ostasien erstreckte, aus Tausenden von Gruppen bestand, die durch Flüsse, Gebirgszüge und riesige Entfernungen voneinander getrennt waren. Zu den einzelnen Trupps gehörten im Durchschnitt wahrscheinlich nicht mehr als dreißig bis vierzig Mitglieder, und wahrscheinlich sind nur wenige von ihnen geschickte Werkzeugmacher gewesen. War der beste Handwerker bei einem Jagdunfall gestorben, blieb er viele Jahre lang unersetzbar.

Das Gehirnvolumen des *Homo erectus* nahm jedoch im Verlauf von einer Million Jahren stetig zu. Wie der Anthropologe Ralph L. Holloway richtig sagt, darf man diese Evolution nicht allein dem Werkzeuggebrauch zuschreiben. Die zunehmende Differenziertheit der Werkzeuge des Steinzeitmenschen vermittelt uns nur eine ungefähre Vorstellung von seiner beachtlichen geistigen Entwicklung. Viel wichtiger waren die komplexen sozialen Beziehungen, die in der Periode des *Homo erectus* entstanden. Heute sind auch die primitivsten Gesellschaften der Jäger und Sammler oder Ackerbauer, die verhältnismäßig einfache Geräte aus Holz, Stein und Knochen benutzen, in ihrer Zusammensetzung mindestens ebenso komplex wie die von Börsenmaklern und Universitätsprofessoren. Ihr tägliches Leben ist eine Choreographie aus Reden

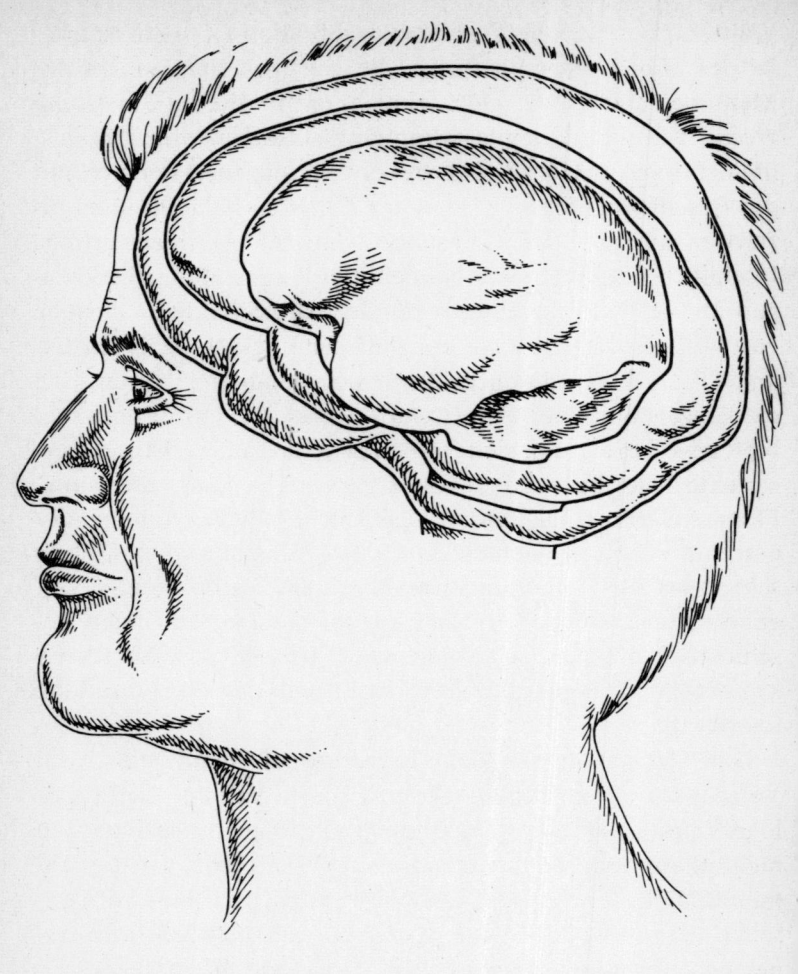

Die Zunahme des Gehirnvolumens über die drei aufeinander folgenden menschlichen Spezies: Homo habilis, Homo erectus, Homo sapiens. *Die Formen der beiden kleineren Gehirne (des* habilis *und des* erectus*) entsprechen den Abgüssen des Inneren fossiler Schädel.*

und Gesten, die von den Gesetzen der Blutsverwandtschaft, der Rangordnung, der Tabus und der sozialen Verpflichtungen beherrscht wird. Die peinlich genaue Beachtung und Bewahrung dieser Formen könnte durchaus als wichtigster Faktor die Evolution der geistigen Entwicklung beeinflußt haben. Vor etwa 500 000 Jahren betrat der erste *Homo sapiens* als verbesserte Ausgabe des *Homo erectus* die Bühne dieser Welt. Sein Gehirnvolumen hatte erheblich zugenommen, sein Wortschatz war wesentlich erweitert. Vor etwa 40 000 Jahren beschleunigte sich die Evolution der materiellen Kultur in spektakulärer Weise. Es entstanden die ersten Kunstwerke in der Form von Skulpturen aus Ton und Stein neben einfachen, aber oft erstaunlich schönen Malereien auf Höhlenwänden. In einigen Gegenden Europas entstand vor etwa 32 000 Jahren eine elementare Form der Schrift. Das waren auf Knochen, Ton und Steinen eingeritzte Ornamente. Die hier eingeritzten Zeichen waren sich häufig wiederholende Motive wie Mäander, Fische und parallele Linien. Alle diese Erfindungen wurden gegen Ende der anatomischen Evolution zum *Homo sapiens* gemacht. Einige Anthropologen, unter ihnen Clive Gamble von der University of Southampton und Alexander Marshack aus Harvard, glauben, der Mensch habe schon seit 500 000 Jahren eine erstaunlich hoch entwickelte Intelligenz gehabt, doch sei die Nutzung der latenten Fähigkeiten erst spät durch besondere Aufforderungen der Umwelt provoziert worden. Aus den fossilen Funden geht hervor, daß der Beginn der künstlerischen Phase mit einem ungewöhnlich rapiden Wachstum und einer raschen Ausbreitung der menschlichen Population auf der nördlichen Erdhalbkugel zusammentraf. Die Symbole und Erzeugnisse der darstellenden Kunst sind vielleicht Ausdruck der Zugehörigkeit zu einer bestimmten Rangstufe, Abzeichen für Status und gesellschaftliche Stellung gewesen. Aber wie können wir hier Ursache von Wirkung unterscheiden? Die äußeren Umstände der explosionsartig voranschreitenden kulturellen Entwicklung in der jünge-

Die soziale Welt heutiger Menschen ist auch in relativ »primitiven« Gesellschaften sehr kompliziert. Ein typisches Beispiel ist der patrilineale Haushalt des Stammes der Tallensi in Ghana. Außerhalb des geschlossenen Raumes der Siedlung steht auf dieser verallgemeinernden Zeichnung der heilige Baum und der konische Ahnenschrein. An diesem Platz versammeln sich die Männer zu Beratungen. Hinter dem Eingang steht der Patriarch im Viehpferch. Dieser Raum ist seine besondere Domäne. Die Geister seiner Ahnen wohnen in dem daneben gelegenen Viehstall mit dem flachen Dach. Der Kornspeicher unmittelbar hinter ihm wird von ihm persönlich verwaltet. Die Siedlung besteht, wenn wir vom Eingang im Uhrzeigersinn herumgehen, aus einem Raum für die heranwachsenden Knaben, dem Schlafzimmer, dem Vorratsraum, einer Küche ohne Dach für die Mutter des Patriarchen und den Aufenthaltsräumen für den Patriarchen, seine Frau und seine Kinder.

ren Steinzeit bleiben eines der Schlüsselmysterien in der Evolution des Menschen.

Drei Attribute unterscheiden den modernen Menschen vom Tier. Es sind ein äußerst leistungsfähiges Langzeitgedächtnis, die Fähigkeit, in Symbolen zu denken, und die Sprache. Die erste dieser Fähigkeiten muß jedoch sofort erläutert werden. Das Gedächtnis des Menschen ist in Wirklichkeit sehr stark spezialisiert. Der Mensch kann sich Symbole und ganze Sätze unvergleichlich viel rascher merken als die meisten intelligenten Tiere einschließlich des Schimpansen. Aber sein kinästhetisches Gedächtnis, also die Fähigkeit, sich bloße Laute und Bewegungen zu merken, ist viel weniger gut ausgeprägt. Buckelwale, die auf diesem Gebiet Weltmeister sind, können ein dreißig Minuten dauerndes »Lied« vortragen und es Note für Note wiederholen, sooft sie wollen, eine Leistung, die sogar einem Opernsänger schwerfallen würde. Auch das räumliche und zeitliche Gedächtnis des Menschen ist nur mäßig ausgebildet. Nach ein paar Übungsflügen erinnert sich die Arbeitsbiene genau an die Lage von bis zu fünf Blumenbeeten und an die Tageszeit, zu der die auf diesen Beeten blühenden Blumen Nektar absondern.

Einige Verhaltensforscher glauben, das rudimentäre Denken in Symbolen ginge der Entwicklung der menschlichen Sprache voraus. Der Schimpanse und der Orang-Utan können den Begriff einer Frucht nach ihrem Geruch und ihrer äußeren Form, die sie beim Berühren feststellen, vergegenwärtigen und diesen Ansatz eines Gedankens auf eine Abbildung der Frucht beziehen. Wir verwenden hier den Begriff »Gedanke« ziemlich großzügig. Die Menschenaffen scheinen, wenn sie den Geruch einer Orange oder eines Apfels wahrnehmen und auf die Abbildung dieser Frucht zeigen, das gleiche zu tun wie Menschen, wir vermögen aber nicht festzustellen, was dabei in ihren Köpfen vorgeht. Schimpansen können auch einzelne Worte, etwa »Orange«, lernen und sie mit dem Geruch, der ertasteten Gestalt oder dem Abbild der betreffenden Frucht in Verbindung bringen. Man kann sie sogar kurze Sätze lehren, und gelegentlich erfinden sie selbst ein neues Wort oder eine Phrase. Aber selbst unter der sorgfältigsten Anleitung durch den Menschen können sie nicht sinnvolle neue Begriffe oder grammatisch richtige Sätze bilden. Das sprachliche Training verschafft den Schimpansen höchstens eine neue Möglichkeit, um auszudrücken, was sie bereits wissen.

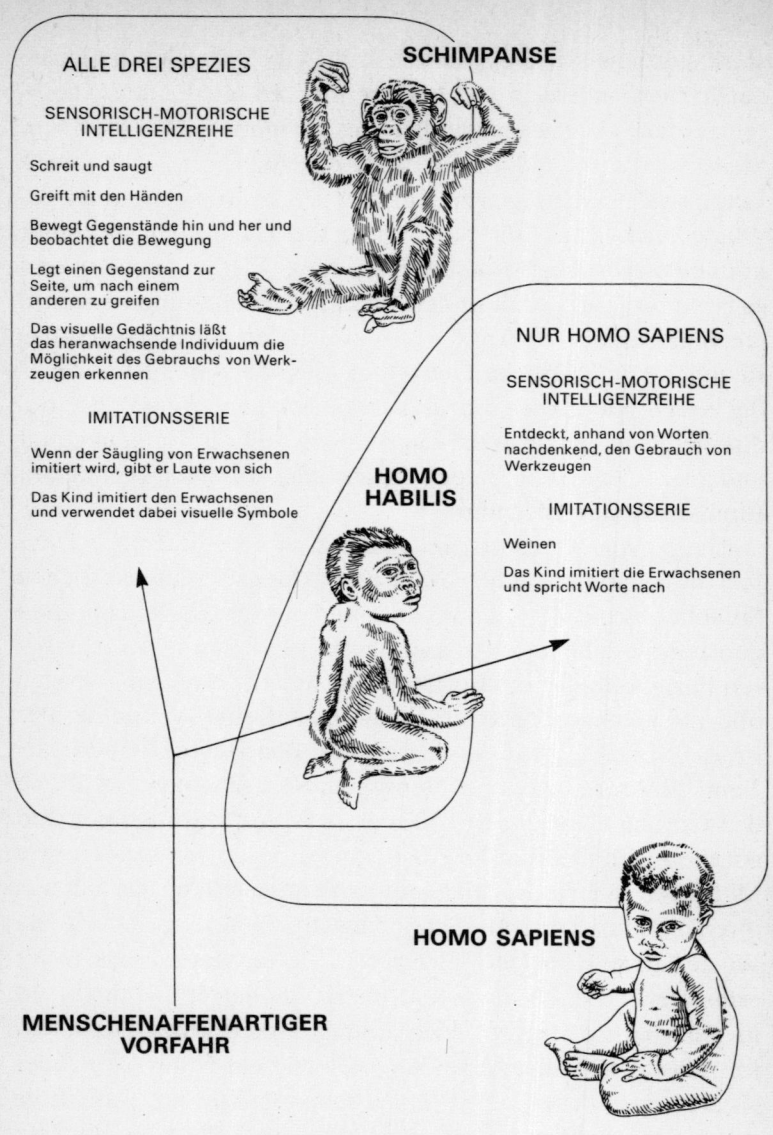

Die Stufen der geistigen Entwicklung beim Schimpansen und beim Homo sapiens; *das Diagramm zeigt die Gemeinsamkeiten, die wir daher auch als für den* Homo habilis, *den Vorfahren der Spezies* Homo, *zutreffend annehmen müssen.*

Es gibt aber auch andere wesentliche Unterschiede. Junge Schimpansen haben ein ausgesprochenes Bedürfnis, sich mitzuteilen, aber sie tun es in einer ganz besonderen Art und innerhalb enger Grenzen. Sie plappern, wie die Psychologen sagen, mit Gesten, das heißt, sie erfinden und erproben Körperhaltungen, Handbewegungen und Gesichtsausdrücke und stoßen dabei gelegentlich Laute aus. Im Lauf von Monaten wird diese chaotische Mischung aus Gebärden und Tönen zu dem für die erwachsenen Schimpansen typischen Repertoire, wobei der einzelne bestimmte, für ihn typische Eigenarten zeigt. Im Gegensatz dazu beschäftigen sich kleine Kinder mit *verbalem* Plappern. Schon in sehr frühem Alter entsteht in ihnen der Antrieb, neue Wörter, Bedeutungen und Sätze zu schaffen und auszuprobieren. Dieses Stadium ist so charakteristisch, daß man hier von einer besonderen Kindersprache spricht, die ihren eigenen Rhythmus und ihre eigene Syntax hat. Schon die ersten Anfänge dieser Kindersprache gehen weit über die sprachliche Ausdrucksfähigkeit eines ausgewachsenen Menschenaffen hinaus. Und wo der Menschenaffe zum Gebrauch der Sprache gedrängt und angeleitet werden muß, sagt man dem kleinen Kind sehr oft, es solle doch endlich den Mund halten. Darüber hinaus folgt das Kind bei seiner geistigen Entwicklung epigenetischen Regeln, die es sehr bald dazu bringen, gewisse grammatische Formen gegenüber anderen zu bevorzugen. Diese Regeln führen den jungen Menschen zu den komplexeren Operationen der Satzbildung und des Denkens. So vollzieht sich der Übergang von der Kindersprache zur Erwachsenensprache ohne die geringsten Schwierigkeiten.

Während der einen Million Jahre, in denen sich der *Homo habilis* (wortlos? im Denken noch auf dem Niveau des Menschenaffen?) zum *Homo sapiens* entwickelt, nimmt das Volumen des Neokortex, in dem die für die Assoziation und das Denken wichtigsten Gehirnzentren liegen, um mehr als das Doppelte zu. Zwar lassen sich aus der Gestalt des Inneren fossiler Schädel keine eindeutigen Schlüsse ziehen, aber während dieser Zeit müssen ganz entscheidende architektonische Veränderungen erfolgt sein. Die Brocasche Windung, deren Vergrößerung sich einwandfrei nachweisen läßt, ist ein wichtiges Sprachzentrum am Stirnlappen. Wenn dieses Zentrum durch eine Kopfverletzung stark gelitten hat, behält der Patient zwar die Fähigkeit, einzelne Wörter und Phrasen zu verstehen, hat jedoch große Schwierigkeiten, Sätze zu konstruieren. Er spricht im Telegrammstil und ohne die grammatischen Regeln zu beachten. Ein Schaden am Scheitellappen des dahinterliegenden Wernickeschen Zentrums hat die entgegengesetzte Wirkung: Der Patient kann noch grammatisch korrekte Sätze bilden, aber die Worte, die er verwendet, sind bedeutungslos. Der Patient macht viele Fehler und verwechselt etwa die Worte »Stuhl« und »Tisch«, ohne zu begreifen, was daran falsch ist. Diese Erkenntnisse der medizinischen Forschung lassen vermuten, daß sich das charakteristische menschliche Sprachvermögen nicht durch ein bloßes Anhäufen von Neuronen in der Großhirnrinde entwickelt hat. Sprache ist nicht bloß ein unvermeidliches Nebenprodukt von Intelligenz schlechthin, sondern das spezifische Ergebnis einer erst in den letzten Entwicklungsphasen eintretenden Arbeitsteilung zwischen spezialisierten Regionen des Gehirns und neuen epigenetischen Regeln.

Die wesentlichen Veränderungen, die dazu geführt haben, daß aus dem *Homo erectus* der *Homo sapiens* wurde, werden in der Fachliteratur zur Evolution des Menschen als *Sapientisierung* bezeichnet. Den genauen Zeitplan dieser letzten Entwicklungsphase kennen wir noch nicht. Sie begann irgendwann während der langen Periode, in welcher der *Homo erectus* diese Erde bevölkerte, und könnte ihre Ursprünge sogar schon in der Evolution seines Vorfahren, des *Homo habilis*, haben. Doch über die Ergebnisse der Sapientisierung kann es kaum Meinungsverschiedenheiten geben; es waren die Sprache, das symbolische Denken und die Intensivierung des

Langzeitgedächtnisses, mit dessen Hilfe eine sehr große Zahl brauchbarer Informationen gespeichert wurden. Systematiker haben die drei Spezies des *Homo* auf Grund gemeinsamer anatomischer Merkmale zusammengefaßt. Diese Merkmale sind die Form des Gebisses und der Kieferknochen sowie das vergrößerte Gehirnvolumen und die vergrößerten Assoziationszentren im Gehirn. Die Affenmenschen bilden eine zweite Gattung mit der Sammelbezeichnung *Australopithecus*. Die Gattung *Australopithecus* und die Gattung *Homo* gehören zur Familie der Hominiden. Diese Zusammenfassung ist sinnvoll, soweit es um die anatomischen Ähnlichkeiten geht. Andererseits ist sie eine absurde Verzerrung. Hätte man die epigenetischen Regeln und die Verhaltensmerkmale anstelle grober anatomischer Kennzeichen zugrunde gelegt und außerdem die wahrscheinlichen mikroskopischen Unterschiede in der Struktur des Gehirns berücksichtigt, dann wäre man sicherlich zu dem Schluß gekommen, daß der *Homo sapiens* eine eigene systematische Familie darstellt. Der *Homo habilis* und der *Homo erectus* könnten ebenfalls von den Affenmenschen unterschieden und als eine besondere Familie bezeichnet werden.

Die Tatsache, daß innerhalb von drei oder vier Millionen Jahren drei Säugetierfamilien aufeinander folgten, bedeutet, daß die Evolution in diesem Fall ungewöhnlich rasch vorangeschritten ist. Eines der ganz entscheidenden Ereignisse war die Erfindung von Worten, von Lauten, die Begriffe aus dem Langzeitgedächtnis abrufen. Die Begriffe sind wiederum die Wissensstrukturen des Geistes, mittels deren Vorstellungen gebildet und miteinander verknüpft werden, um so den Strom des Bewußtseins zu erweitern. Die traditionelle Auffassung der Sprachwissenschaftler ist, daß Sprache zunächst in Gestalt purer Symbolik entstanden ist und den tierischen Lauten und Gesten unserer vormenschlichen Vorfahren angefügt wurde. Die Verständigung der Tiere untereinander ist bildhaft; sie imitiert den Gegenstand oder die Aktion, die erwünscht oder

Die Welt des Homo sapiens *mit seiner wesentlich verfeinerten Kultur und einer Reihe von ihm hergestellter Gebrauchsgegenstände.*

beabsichtigt ist. Der junge Singvogel im Nest hebt den Kopf und sperrt den Schnabel weit auf, wenn er gefüttert werden will, während der Rhesusaffe, wenn er eine Drohgebärde einnimmt, sein Gegenüber anstarrt und mit den flachen Händen auf den Boden schlägt. Komplizierte Signale entstehen in der tierischen Kommunikation durch die Ritualisierung, wobei die Gesten ihre ursprüngliche Bedeutung verlieren und immer auffälliger und stereotyper werden. Das Männchen des europäischen Kormorans umwirbt das Weibchen, indem es mit den Flügeln schlägt und den Kopf hebt, als wolle es im nächsten Augenblick abfliegen. Afrikanische Chamäleons verteidigen ihre Territorien, indem sie die Körperseiten durch übertriebene Atmungsbewegungen aufblähen und wieder einziehen. Zugleich bewegen sie den Kopf hin und her oder stoßen ihn nach vorn. Die Ritualisierung geht oft so weit, daß die ursprüngliche Funktion nicht mehr zu erkennen ist. In solchen Fällen gleicht die Kommunikation, oberflächlich betrachtet, der puren Symbolik, die angeblich jede menschliche Sprache kennzeichnet.

Die vergleichende Sprachwissenschaftlerin Mary LeCron Foster meint, die menschliche Sprache sei durch die Ritualisierung der Bewegungen des Mundes und der Zunge sowie primitiver Laute entstanden. Mit vielen zeitgenössischen Anthropologen glaubt sie, die menschliche Sprache sei erst etwa 50 000 Jahre alt und gleichzeitig mit der Kunst und der rapiden Evolution der technischen Kultur entstanden. Wenngleich die modernen Sprachen sich innerhalb nur weniger tausend Jahre in der Konstruktion ihrer Worte und Sätze verändern, erfolgt die Veränderung der einsilbigen Laute, aus denen die Wörter zusammengesetzt sind, sehr viel langsamer. Aus der Untersuchung einzelner Zweige der großen indo-europäischen Sprachfamilie (Germanisch, Italisch, Hellenisch, Slawisch, Indoiranisch) haben Sprachwissenschaftler eine Ursprache abgeleitet, das Proto-Indoeuropäische, das von unseren Vorfahren im dritten Jahrtausend vor Christus gesprochen wurde. Man kann die Entwicklungsgeschichte der einzelnen Wörter zurückverfolgen und feststellen, daß sich bestimmte Laute bis heute erhalten haben. Diese Urelemente scheinen wenigstens zum Teil bildhafter Natur zu sein. In der Vorstellung der steinzeitlichen Erfinder der Sprache könnte die Art, wie der Mund bewegt und die Teile des Atemwegs benutzt werden, unmittelbar mit der Bedeutung des Lauts in Verbindung gebracht worden sein. So entsteht zum Beispiel der Konsonant »m« dadurch, daß die Lippen zusammengepreßt werden, während die Luft durch die Nase strömt und die Stimmbänder vibrieren. Dieser Konsonant wird von vielen Sprachen in Wörtern verwendet, die berührende, pressende und zusammenhaltende Oberflächen bezeichnen. Mit solchen Wörtern wird ein Zerdrücken oder Anlehnen ausgedrückt. Oft beziehen sie sich auf die Tätigkeiten des Befestigens, Kauens und Schluckens. Bekannte Beispiele dafür sind das englische Wort *mouth* (Mund), das spanische Wort *mano* (Hand) beziehungsweise das französische Wort *main* (Hand). Laute, die im Inneren des Mundes und der Nase entstehen und mit der Zunge, den Zähnen oder dem Zahndamm gebildet werden, haben zumeist etwas mit dem Innenleben des Menschen zu tun, also mit dem Gefühlsleben.

Bei der Weiterentwicklung der Sprachen haben die meisten Wörter ihren unmittelbaren Darstellungsinhalt verloren und wurden zunehmend ritualisiert, bis ihr figurativer Ursprung völlig verlorenging, wie dies auch bei der Evolution der am höchsten entwickelten Kommunikationsformen der Tiere geschehen ist. Aber an diesem Punkt hört die Ähnlichkeit auf. Während die Tiere an das Repertoire ihrer Spezies gebunden bleiben und nur über bestimmte Laute und Gesten als Ausdrucksformen verfügen, erfindet der Mensch immer wieder neue Signale und verleiht ihnen neue Inhalte. Die primitiven Sprachen der Jäger und Sammler in der Steinzeit sind vielleicht aus bildlichen Vorstellungen in Zusammenhang mit den Bewegungen des Mundes, der Zunge und der Stimmbänder

Eine Cro-Magnon-Frau bildet den Laut »m« als Ausdruck des Ergreifens eines Gegenstandes mit den Fingern. Dieses Beispiel gründet sich auf die spekulative Rekonstruktion der frühen Entwicklung der menschlichen Sprache.

entstanden. Aber ein Willensakt oder eine bloße Laune kann zu Wortneubildungen führen und jeden Bezug zu den archaischen Lauten aufheben.

Doch trotz des beträchtlichen Spielraumes, den der menschliche Geist gewährt, wird nicht jede beliebige Sprache mit gleicher Mühelosigkeit entstehen. Der Geist wird von epigenetischen Regeln gelenkt, die so mächtig sind, daß alle Sprachen der Welt und wahrscheinlich alle Sprachen, die sich auch noch in der Zukunft entwickeln könnten, nur einen winzigen Bruchteil aller denkbaren verbalen Sprachen ausmachen. Diese Regeln verbieten das Eindringen in den größten Teil dieses theoretisch vorhandenen Bereichs. Um zu unserem ursprünglichen Bild zurückzukehren: Das Kind im Irrgarten wird viel schneller zur Sprache der Erwachsenen geführt, als es möglich wäre, wenn sich jeder Laut und jede grammatikalische Regel gleich leicht erlernen ließe.

Seit Noam Chomsky Ende der 1950er Jahre erklärt hat, er könne beweisen, daß es dem Menschen angeborene grammatische Regeln gebe, ist die Forschung bei der Feststellung solcher Lenkungsmechanismen und ihrer Auswirkungen auf die Sprache ein großes Stück vorangekommen. Ein großer Teil der von den Sprachwissenschaftlern gewonnenen Erkenntnisse ist nur für Fachleute interessant, aber wir können daraus entnehmen, auf welche Weise Kinder Wissen über ihre Muttersprache erwerben und es in zusammenhängende Sätze umsetzen (»Transformationsgrammatik«). Diese Vorgänge entsprechen dem, was wir als die epigenetischen Regeln der geistigen Entwicklung bezeichnet haben, und zwar hinsichtlich der Art und Weise, mit der Worte aneinandergereiht werden, um eine bestimmte Bedeutung zu gewinnen.

Die Einschränkungen, denen die Entwicklung der Sprache unterworfen ist, stehen im engen Zusammenhang mit noch tiefer liegenden Gesetzen, die unseren Realitätsbegriff beeinflussen. Die Philosophen bezeichnen mit dem Wort »Ontologie« Anschauungen darüber, was existieren und was nicht existieren kann. Dieses abstrakteste aller Forschungsgebiete ist in jüngster Zeit zu einer regelrechten Wissenschaft geworden. Psychologen wie Frank C. Keil haben damit begonnen, die geistigen Schritte zu untersuchen, in denen die menschliche Realitätswahrnehmung entsteht. Dabei haben sie sich ganz besonders mit den Prädikaten der Sprache beschäftigt – Aussagen, die sinnvoll erscheinen, ohne weiteres akzeptabel sind und deshalb im Langzeitgedächtnis gespeichert werden. So kann man zum Beispiel das Prädikat »ist ehrlich« auf Napoleon anwenden. Ob nun der französische Kaiser wirklich ehrlich gewesen ist, ob er es immer war oder nur gelegentlich, die Behauptung hat zumindest einen Sinn. Unter dieses Prädikat können untergeordnete Prädikate gebracht werden, die als nähere Bestimmungen aus dem ersten zu folgen scheinen, wie zum Beispiel »ist zuverlässig«, »ist aufrichtig« usw. Im Gegensatz dazu paßt das Prädikat »ist geometrisch« nicht in diesen Zusammenhang. Es kann mit dem Begriff »ehrlich« nicht in eine Reihe gestellt werden, ohne das Realitätsverständnis zu verletzen. Das führt zu der sogenannten M-Hemmung im menschlichen Denken, einer Erscheinung, die zum ersten Mal von dem Philosophen Fred Sommers behandelt worden ist. Kurz gesagt, besteht sie darin, daß sich zwei Prädikate nicht mit drei Begriffen verbinden lassen, wenn jedes Prädikat in Verbindung mit nur einem Begriff einen vernünftigen Sinn ergibt. Deshalb läßt sich die folgende Verbindung nicht herstellen:

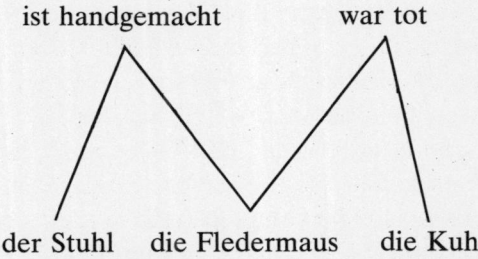

Mit so unvereinbaren Gegensätzen konfrontiert, will der menschliche Geist die M-Struktur auflösen. Er trennt die Prädikate und Begriffe voneinander und entwickelt andere Diagramme, die nicht mehr die Form eines M haben. Als Keil dreihundert englisch- und spanischsprechende Kinder testete, stellte er fest, daß bei ihnen allen die M-Hemmung bestand. Wenn der Mensch älter wird, konstruiert er komplexere Zusammenhänge zwischen den Prädikaten, und so entsteht das Gerüst seines Denkens. Ohne daß er den Vorgang klar durchschaut, gehorcht er der M-Hemmung.

Auf eine Weise, die noch kein Philosoph oder Wissenschaftler ergründet hat, hat die Verwendung diskreter Symbole auch dazu geführt, daß Hemmungen im Hinblick auf die Auffassung von Quantitäten entstehen, und aus dieser Symbolisierung von Quantität hat sich die Mathematik der Menschen entwickelt. Schon im frühesten Alter, in dem solche Fragen untersucht werden können, also mit etwa zweieinhalb Jahren, erwerben Kinder vier Gewohnheiten beim Zählen, von denen sie während ihres ganzen Lebens nicht mehr abweichen:

- *Die Isomorphieregel:* Beim Zählen einer Gruppe von Gegenständen kann jedem einzelnen Gegenstand nur eine Zahl (oder genauer gesagt nur eine Abzählmarke) zugeordnet werden.
- *Die Regel der stabilen Reihenfolge:* Zahlen müssen in einer Reihenfolge benutzt werden, die sich von einem Zählvorgang zum anderen nicht ändern darf.
- *Die Kardinalitätsregel:* Die letzte Abzählmarke eines Zählvorgangs bezeichnet eine Kardinalzahl, welche die Quantität der gezählten Objekte oder Vorgänge darstellt.
- *Die Regel von der Irrelevanz der Ordnung:* Die Zuordnung von Objekten zu Zahlen ist beliebig, wenngleich die Richtung eines Zählvorgangs beibehalten werden muß; mit anderen Worten, es kommt nicht auf die Ordnung der Objekte an, die abgezählt werden.

Andere intelligenzbegabte Spezies haben nicht notwendigerweise die gleichen Quantitätsvorstellungen wie der Mensch. Besonders in den ersten Phasen ihrer geistigen Evolution werden sie andere Vorstellungen haben. Stellen wir uns, als eine von unendlich vielen Möglichkeiten, die Eidylons während der Evolutionsphase vor, in der sie Jäger und Sammler sind. Das Zählen erfolgt nur unter ganz bestimmten Voraussetzungen und ist Teil eines Rituals. Die Regeln sind genetisch festgelegt (wir erinnern uns, daß die Eidylons nur eine einzige Kultur weitergeben können). Wenn die Jäger das erbeutete Wild ins Lager bringen, werden die Beutetiere von den Schamanen nach dem folgenden Verfahren gezählt: Die toten Tiere werden nach ihrer Größe geordnet und numeriert, wobei die Nummer Eins das größte Tier, die Nummer Zwei das nächstgrößte usw. bezeichnet. Damit wird die Regel von der Irrelevanz der Ordnung, die für den Menschen gilt, verletzt. Wenn zwei Tiere gleich groß zu sein scheinen, erhalten sie die gleiche Nummer, und das verstößt gegen die Isomorphieregel. Um dem tiefen Glauben an die Einheit der Natur gerecht zu werden, werden einige der kleinsten Beutetiere beiseite gelegt und in umgekehrter Reihenfolge gezählt, was einer Verletzung der Kardinalitätsregel entspricht. Die Arithmetik der primitiven Eidylons folgt genau den für ihre geistige Entwicklung geltenden epigenetischen Regeln; es würde ihnen außerordentlich schwerfallen, nach den für den Menschen geltenden Regeln zu verfahren. Dennoch hat ihr Verfahren große Vorteile für sie – ebenso wie das unsere für uns.

Man kann sich also ohne weiteres irgendwo im Universum intelligente Wesen vorstellen, deren Geist ganz anders arbeitet als der menschliche und mehr oder auch weniger leistet als dieser. Das menschliche Gehirn ist so konstruiert, daß es mit der Sprache, der Realität und der Quantität in einer für den Menschen spezifischen Weise umgeht, und nicht anders. Daß diese Eigentümlichkeit dem Geist, der innerhalb ihrer Grenzen funktioniert, selbstverständlich erscheint, sollte uns nicht daran hindern, sie als etwas Sonderbares zu empfinden, wenn wir uns einmal von unserer Selbstbezogenheit gelöst haben und in ihr ein Ergebnis der organischen Evolution erkennen.

Die für die höhere Intelligenz geltenden epigenetischen Regeln entspringen der Entwicklung dieser Intelligenz selbst. Sie ist die letzte Phase in der Evolution des Menschen und hat vielleicht erst vor 50 000 bis 100 000 Jahren begonnen. Die allein für den *Homo sapiens* geltenden epigenetischen Regeln kamen zu denen hinzu, die für die geistige Entwicklung des *Homo erectus*, des *Homo habilis* und ihrer Vorfahren galten. Zu jener Grundlage gehören die Inzestvermeidung, das Farbsehen, die Art der Mutter-Kind-Bindung, die Formen des Gesichtsausdrucks sowie die anderen Formen der Wahrnehmung und des Sozialverhaltens, von denen wir oben gesprochen haben.

Der Geist des heutigen Menschen ist ein biologischer Palimpsest: Über Tausende von Generationen sind die alten Schriftzeichen der epigenetischen Regeln zum Teil ausradiert worden, um für die neuen Platz zu machen. Wenn wir die zum Teil unleserlich gewordenen Zeilen sorgfältig untersuchen und dabei die Techniken verschiedener wissenschaftlicher Disziplinen anwenden, dann sollte es möglich sein, sowohl die für die Gegenwart geltende Botschaft zu entziffern als auch den historischen Hintergrund zu rekonstruieren, auf dem sie gewachsen ist.

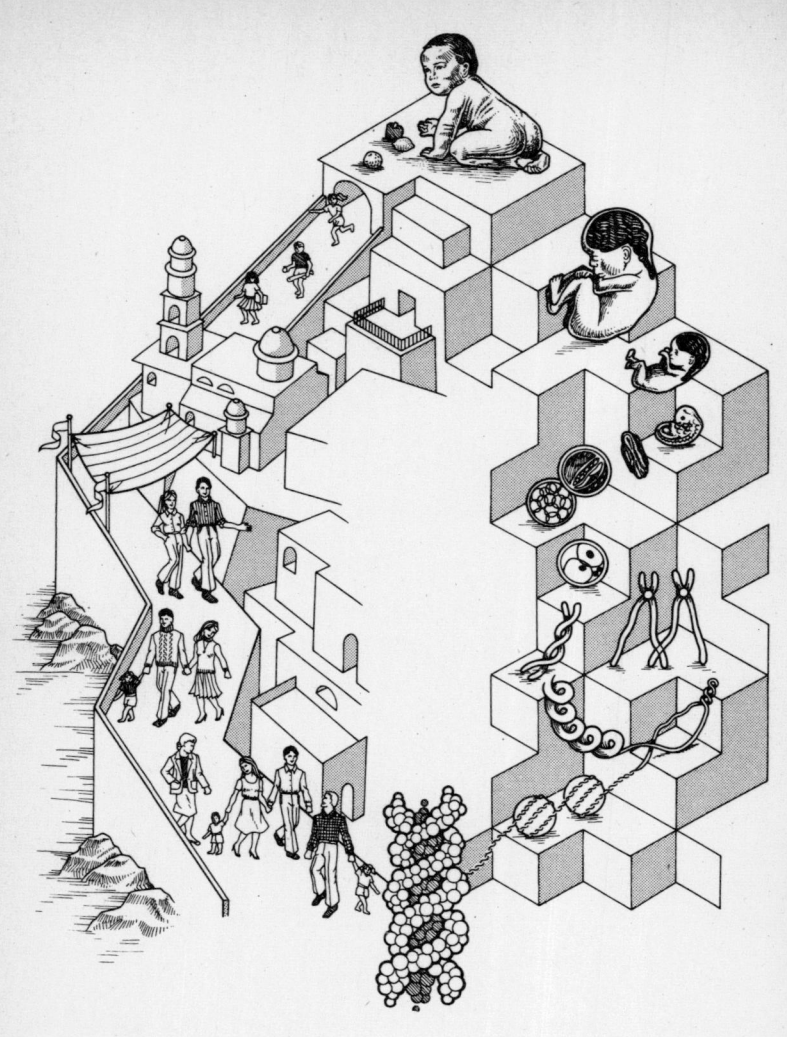

Der Kreislauf der Gen-Kultur-Koevolution.

5. Das Feuer des Prometheus

Wir wenden uns jetzt wieder der vorrangigen Frage zu; sie bringt uns dem prometheischen Geheimnis näher. Angesichts der Tatsache, daß die epigenetischen Regeln auf allen Ebenen der geistigen Entwicklung gelten und daß die Kultur den wichtigsten Teil der menschlichen Umwelt ausmacht, wollen wir ergründen, wie Erbanlagen und Kultur miteinander verknüpft sind.

Es besteht eine unauflösliche Verbindung zwischen den Genen und der Kultur. Veränderungen in einem Bereich erzwingen Veränderungen im anderen, und das Ergebnis ist, was wir als Gen-Kultur-Koevolution bezeichnet haben. Dieser nur am Menschen zu beobachtende Entwicklungsprozeß ist ein magischer Kreis, in den die Spezies hineingeriet und in dem sie sich bis zum Ende ihrer Existenz bewegen wird. Eine Generation um die andere wiederholt unaufhörlich die nachstehende Abfolge:

- Die Gene bestimmen die Regeln der Entwicklung (die epigenetischen Regeln), nach denen sich der Geist des Individuums gestaltet.
- Der Geist wächst, indem er sich Elemente der schon bestehenden Kultur aneignet.
- Die Kultur wird in jeder Generation durch die Summe der Entscheidungen und Entdeckungen aller Mitglieder der Gesellschaft neu geschaffen.
- In einigen Individuen wirken epigenetische Regeln, die sie befähigen, innerhalb ihrer gegenwärtigen Kultur besser zu

überleben und sich fortzupflanzen als andere Individuen.
- Die epigenetischen Regeln, die den größeren Erfolg bringen, breiten sich mit den Genen, in denen sie verschlüsselt sind, in der Population aus; mit anderen Worten, die Population erfährt eine genetische Evolution.

Das heißt, die Kultur wird durch biologische Vorgänge geschaffen und gestaltet, während die biologischen Vorgänge gleichzeitig von den kulturellen Veränderungen beeinflußt werden.

Vielleicht hat die Gen-Kultur-Koevolution beim *Homo habilis* auf diese Weise begonnen. Diese, unsere Vorfahren aus einer längst vergangenen Zeit, hatten ein Gehirn, das etwas größer war als das des heutigen Schimpansen. Aus den spärlichen archäologischen Funden entnehmen wir, daß der *Homo habilis* über längere Zeitabschnitte in Lagern gelebt und die allerprimitivsten Steinwerkzeuge hergestellt hat. Seine Intelligenz war so weit entwickelt, daß er eine etwas größere Zahl von Dingen und Zusammenhängen über eine etwas längere Zeit im Gedächtnis behalten konnte als der Schimpanse. Vielleicht hatte er auch schon die erste Version einer Sprache entwickelt, indem er seinen primitiven Lauten und Gebärden eine bestimmte Bedeutung gab. So hatte der *Homo habilis,* auch wenn er nach heutigen menschlichen Maßstäben zum Teil noch ein Affe war, den Schimpansen kulturell bereits überholt. Wenn diese Interpretation richtig ist, dann hatte er eine ungeheuer wichtige Schwelle überschritten. Zum ersten Mal in der Geschichte des Lebens war der koevolutionäre Mechanismus in Gang gesetzt worden.

Nun experimentierte der primitive *Homo* mit der Sprache und mit dem Sozialverhalten. Zunächst hielten die Gene die Weiterentwicklung auf diesen Gebieten in engen Grenzen, denn sie ließen nur ein begrenztes Gedächtnis und einen winzigen Wortschatz zu. Die Musik, die Künste und die Mythologie lagen noch in ferner Zukunft, jenseits der geistigen Leistungsfähigkeit des *Homo habilis,* der noch nicht einmal eine Prädisposition besaß, solche Dinge zu erfinden. Aber schon sehr früh muß ihn die kulturelle Neugier in den Stand gesetzt haben, grundlegende Informationen weiterzugeben, die für Überleben und Fortpflanzung entscheidende Bedeutung besaßen. Dazu gehörten die Lage von Futterplätzen und Wasserstellen, die Eigenschaften benachbarter Trupps, ob feindlich oder freundlich, ob stark oder schwach, der Verwandtschaftsgrad und das Verhalten von Mitgliedern des eigenen Trupps.

Während diese Fähigkeit über Tausende von Generationen zunahm, entwickelte sich der *Homo habilis* zu dem über ein weites Gebiet verbreiteten *Homo erectus.* Die primitiven Kulturen eroberten, begünstigt durch das Zunehmen des Erinnerungsvermögens, allmählich neue Möglichkeiten von Sprache und Sozialverhalten. Sie zogen am genetischen Band und begannen, es zu verändern. Mit einer wachsenden, genetisch bedingten Intelligenz ergaben sich zusätzliche Alternativen für die Wahrnehmung, die gedankliche Verarbeitung dieser Wahrnehmungen und das dadurch beeinflußte Verhalten. Aber wie wir gesehen haben, war diese Intelligenz nicht die eines Automaten, sie nahm vielmehr einen ganz besonderen, speziell hominiden Charakter an. Wenn einzelne Mitglieder eines Trupps bestimmte Entscheidungen trafen und sich etwa entschlossen, Steinwerkzeuge herzustellen, verbesserten sie damit ihren Überlebenserfolg und Fortpflanzungserfolg. Folglich waren diejenigen, deren epigenetische Regeln sie zu vorteilhafteren Entscheidungen veranlaßten, in den folgenden Generationen stärker repräsentiert. Die Gene, durch welche die besten epigenetischen Regeln weitergegeben wurden, verbreiteten sich im Verlauf vieler Generationen in der ganzen Population. Die menschlichen Populationen entwickelten sich also auf jene Formen des erlernten Verhaltens hin, welche ihnen die besten Chancen zum Überleben und zur Fortpflanzung gaben.

Die Gen-Kultur-Koevolution, wie wir sie verstehen, wird in elementarer Form sehr gut durch den Inzest illustriert, zumal durch den Inzest unter Geschwistern, dessen einzelne Aspekte gründlich untersucht worden sind. Im Verlauf seiner geistigen Entwicklung trifft das Individuum eine Wahl zwischen zwei Arten von Sexualpartnern: zwischen seinen Geschwistern und anderen. Aus der Verbindung von Geschwistern gehen als Folge der Inzucht mehr geistig behinderte Kinder hervor. Die epigenetischen Regeln, die eine Aversion gegen den Inzest bewirken, führen überdies zu kulturellen Gegebenheiten, welche diese Regeln verstärken – zu Tabus und abschreckenden Mythen. Hier wird der koevolutionäre Prozeß in Gang gesetzt: Personen, die sich von der Aversion gegen den Inzest leiten lassen und die Tabus befolgen, haben eine gesündere Nachkommenschaft; die Gene, welche diese Aversion veranlassen, verbreiten sich vermehrt in der Population, und diese Veranlagung wird als epigenetische Regel erhalten und weitergegeben. Beide Vererbungssysteme haben eine gleich gerichtete Evolution erfahren – die Gene, welche die epigenetischen Regeln geschaffen haben, und die Kultur, welche die Alternativen bereitstellt, auf die Regeln einzuwirken. Alle diese Ereignisse sind in einer Kausalkette miteinander verbunden, die von den Genen über die Regeln der geistigen Entwicklung zur Kultur und wieder zurück zu den Genen verläuft.

Dieser Kreislauf läßt sich noch zutreffender als eine Spirale bezeichnen, die sich in die Zeit erstreckt. Auf dieser Bahn verläuft die Evolution des Menschen. Doch so wichtig die einzelnen Stationen dieser Bahn an sich auch sein mögen, ihre genauere Betrachtung können wir zunächst beiseite lassen. Es ist in erster Linie die Gen-Kultur-Koevolution, und es sind weniger die einzelnen Ereignisse in der Geschichte der Spezies, woraus der menschliche Geist entstanden ist. Erst wenn wir den ganzen Kreislauf der Gen-Kultur-Koevolution verfolgen, begreifen wir die Einzigartigkeit der Evolution des Menschen.

Wir glauben, der Ursprung des Geistes wird sich erst ergründen lassen, wenn drei Voraussetzungen erfüllt sind. Die erste besteht darin, den koevolutionären Kreislauf in dem Abschnitt zu erforschen, der für uns am zugänglichsten ist, nämlich von den Funktionen des individuellen Geistes bis zur Kultur. Die zweite Voraussetzung wäre, den Kreislauf zurückzuverfolgen, und zwar von der Kultur bis zu den Genen und dem Geist des Individuums. Die dritte Voraussetzung bestünde darin, zu erklären, warum nur der Mensch sich auf diesen Weg begeben hat.

Die erste Herausforderung: Vom Geist zur Kultur

Der entscheidende erste Schritt besteht in der Untersuchung des Vorgangs, der von den individuellen Entscheidungen zum Entstehen der Kultur führt. Auf dieser Ebene erzeugen die Menschen ihre eigene Geschichte. Es entsteht der Eindruck, daß der freie Wille den Ablauf der Ereignisse bestimmt. Engels bemerkte dazu: »Die Menschen machen ihre Geschichte ..., indem jeder seine eignen, bewußt gewollten Zwecke verfolgt, und die Resultante dieser vielen in verschiedenen Richtungen agierenden Willen und ihrer mannigfachen Einwirkung auf die Außenwelt ist eben die Geschichte.« Wir sind an die Umsetzung des Geistes in Kultur mit Hilfe einer in der wissenschaftlichen Forschung bewährten Regel herangegangen: Theorien werden am einfachsten konstruiert und begriffen, wenn sie sich mit diskreten Elementen beschäftigen. Atome, Moleküle und Gene sind Beispiele solcher Grundeinheiten, die real und diskret zu sein scheinen. Populationen, Spezies und Ökosysteme sind Einheiten, deren Grenzen sich oft nicht genau bestimmen lassen, sie haben für die Wissenschaft jedoch einen unschätzbaren Wert.

Menschliche Kulturen bestehen aus Artefakten wie etwa Messern einer bestimmten Gestalt und Funktion, Verhaltensweisen wie Initiationsriten einer besonderen Form und mentalen Konstruktionen, die mit der Wirklichkeit wenig oder wie die Mythen nur indirekt etwas zu tun haben. Die Feststellungen der Anthropologen zeigen, daß diese Einheiten sich gegenseitig beeinflussen und dabei zusammenhängende größere Einheiten bilden.

Nach sorgfältiger Untersuchung dieser Feststellungen haben wir erkannt, daß solche Elemente eine natürliche Basis für die Entwicklung einer Theorie über die Gen-Kultur Koevolution darstellen. Um die einzelnen Einheiten noch klarer definieren zu können, wendeten wir die in der Archäologie gebräuchliche statistische Methode an, nach der die Artefakte in Typen eingeteilt werden. Der Archäologe, dem eine Sammlung verschiedener Schwerter oder anderer Zeugnisse einer alten Kultur vorliegt, nimmt genaue Messungen vor, stellt die Größenverhältnisse fest und erfaßt alle Gegenstände in einer Statistik, die den Namen *multidimensional scaling* trägt. Die einander ähnlichsten Gegenstände bilden sogenannte Cluster und werden danach zum gleichen Typus gezählt. Wir bezeichneten die Grundeinheit als das *Kulturgen* (den kulturschaffenden Faktor) und definierten diesen Begriff als eine relativ homogene Gruppe geistiger Konstruktionen oder ihrer Produkte. Nach unserer Klassifizierung ist die Herstellung oder Verwendung eines Artefakts, das einem bestimmten Typus zugeordnet werden kann, ein Kulturgen. Das gleiche statistische Verfahren kann angewendet werden, um andere Verhaltensweisen und mentale Vorgänge als Kulturgene zu klassifizieren. Man kennt auch psychologische Tests, die den Vergleich dieser Cluster mit Knoten-Verknüpfungs-Strukturen des Langzeitgedächtnisses zulassen. Der Begriff des Kulturgens, des kulturschaffenden Faktors, läßt sich sowohl in der Psychologie als auch in den Sozialwissenschaften anwenden.

Viele kulturschaffende Faktoren lassen sich ganz unabhängig von jeder Theorie deutlich erkennen. So ist der Inzest zum Beispiel eine klare Alternative zur sexuellen Partnerschaft mit Nicht-Blutsverwandten. Frauen neigen dazu, ihre Kinder an der linken Körperseite in der Nähe des Herzens zu tragen, eine Gewohnheit, die sich leicht von anderen Möglichkeiten, ein Kind zu tragen, unterscheiden läßt. Zur Begrüßung die Augenbrauen zu heben ist eine Geste, die sich von anderen durch den Gesichtsausdruck gegebenen Signalen unterscheidet. So gibt es in den meisten Kategorien des Denkens und Verhaltens sehr augenfällige Beispiele. Wo solche Unterschiede nicht so klar zu erkennen sind, kann man mit statistischen Methoden die Tendenzen verdeutlichen, und wo sich Verhaltensvariationen nicht auf andere Weise aufschlüsseln lassen, kann man sie mit Hilfe stetiger mathematischer Funktionen direkt beschreiben.

Diese Charakterisierung geistiger Vorgänge ist keine theoretische Übung um ihrer selbst willen. Solche Untersuchungen sind der notwendige erste Schritt im Abstraktionsprozeß: das direkteste Verfahren, um von der anschaulichen Vorstellung der Gen-Kultur Koevolution zu präzisen Modellen zu gelangen. Die entwickelte Theorie läßt sich dann in eine explizite Beschreibung umsetzen, die durch Messungen überprüft werden kann. Als wir mit unseren Untersuchungen begannen, rechneten wir nicht damit, sofort zu klaren Ergebnissen zu gelangen, besonders auf den komplexen Feldern der Wahrnehmung und des Verhaltens. Aber wir hofften, bessere Ergebnisse zu erzielen als andere Wissenschaftler vor uns, die nicht die Möglichkeit gehabt hatten, die Evolution der Gene und der Kultur so miteinander zu verbinden, daß dabei auch psychologische Tatsachen berücksichtigt wurden. Unser Ziel war es, einen soliden Übergang von der Welt der Psychologie in die Welt der Kulturanthropologie zu finden.

Betrachten wir nun, wie sich Kulturanthropologen verhalten, wenn sie in das Leben einer primitiven Gesellschaft eintreten. Sie verhalten sich wie Naturforscher, die auf einer neuentdeckten Insel den Wald betreten. Dort sind sie von vielfältigem Leben umgeben, und sie bemühen sich, was sie hier vorfinden, in ein Ordnungssystem zu bringen, das sie ihrer eigenen Kultur entlehnen. Dieses Verfahren läßt sich an der beispielhaften Studie von Charles Wagley über die Tapirapé-Indianer in Zentralbrasilien erkennen. Zunächst beschreibt er die kleinen Details des täglichen Lebens:

> Ich machte mir täglich Notizen über die wirtschaftlichen Aktivitäten der Männer, stellte jedoch fest, daß ein einzelner Mann an einem Tag ein Dutzend verschiedene Dinge tun konnte: Er schlief bis zehn Uhr morgens, nahm dann sein Messer und seine Axt und brach zu seinem Garten auf, um das Unterholz zu roden. Auf dem Wege dorthin hörte er den Ruf eines Yacu (eines schwarzen Waldvogels, etwa so groß wie ein Huhn, der hoch in den Ästen des tropischen Urwalds lebt) und beschäftigte sich zwei Stunden damit, diesen Vogel anzupirschen. In seinem Garten angekommen, arbeitete er eine Stunde lang und legte sich anschließend zum Schlafen hin. Dann kehrte er mit einem Yacu in das Dorf zurück und brachte den Spätnachmittag damit zu, im Takana einen Korb zu flechten.

Im weiteren Verlauf seiner Forschungen interessiert sich Wagley zunehmend für die persönlichen Beziehungen der Mitglieder des Stammes und die Nuancen ihrer Sprache. Er bleibt während der Regenzeit und der Trockenperiode bei ihnen und erlebt ihre mit den Jahreszeiten wechselnden Rituale und ihre Art, für den Unterhalt zu sorgen. Wie auf einem Foto im Entwicklungsbad treten die kulturellen Eigenarten des Stammes immer deutlicher hervor. Die Tapirapé-Indianer weinen zum Beispiel rituell, wenn sie ihre Gäste begrüßen. Sie halten sich an strenge Tabus beim Fleischgenuß: Frauen und Kinder dürfen kein Fleisch von Wildenten, Hirschen, Gürteltieren oder Jaguaren essen, aber das Fleisch der Ameisenbären und

Cebus-Affen steht allen Angehörigen des Stammes zur Verfügung. Es gibt Männergesellschaften, die nach bestimmten Vögeln benannt sind, und Geister, sogenannte Anchungas, die ungeborene Kinder, Tiere des Waldes und namenlose Schattengeister darstellen. Im Mittelpunkt der Mythologie steht der Donner. Er ist eine große übernatürliche Kraft, welche die dämonischen Geister, die sogenannten Topu, bei ihren Angriffen gegen das Volk der Tapirapé anführt. Bei den Donnerzeremonien stellen sich die Schamanen der Herausforderung und beweisen dabei ihren Mut und ihr geheimes Wissen. Ihr Kopfputz aus scharlachfarbenen Papageienfedern stellt die aufgehende Sonne dar. Sie und die Novizen rauchen Tabak und versetzen sich in Trance, um den überirdischen Feinden widerstehen zu können. In den meisten Fällen unterliegen sie ihren Gegnern, aber es ist eine ehrenvolle Niederlage. Wagleys Gewährsmann Panterí berichtet von einem typischen Abenteuer:

> Ich aß viel Rauch und rauchte dann wieder. Ich sang; ich sah eine große Sonne. Sie kam auf mich zu und verschwand. Ich sah viele kleine Sonnen. Sie kamen auf mich zu und verließen mich wieder. Ich sah den Donner. Er war klein und kam in einem kleinen Kanu. Er war das Kind des Donners (ein Topu). Er trug einen kleinen Kopfputz aus roten Papageienfedern. Er hatte einen kleinen Lippenpflock. Ich streckte die Hand aus, um den Lippenflock herauszuziehen (auf diese Weise hätte er den Topu besiegen können), aber er verließ das Haus. Dann war alles dunkel (er hatte den Topu nicht besiegt, der ihn mit einem Pfeil getroffen hatte). Ich sah viele Sonnen. Ich begab mich auf den Weg und sang, während ich weiterging. Ich sah den Donner; er ist groß, und sein Körper ist mit weißem Haar bedeckt. Er hatte viele Federn des roten Papageien. Ich sah viele Topu und in seiner Nähe viele Seelen von Schamanen. Ich sagte nichts, sondern lief schnell zurück.

Der Anthropologe dringt in die Traumwelt dieses Volkes ein. Für ihn ist es ein besonderer Triumph, als Schamane eingeweiht zu werden oder zumindest die priesterlichen Geheimnisse zu erfahren. Aus einzelnen Mosaiksteinen setzt er ein möglichst vollständiges Bild der vielschichtigen Kultur zusammen. Im Verlauf vieler Monate erkennt er immer neue Variationen des Verhaltens und kann sich manches erklären, findet aber doch nie alle Beziehungen zwischen den in seinen Notizbüchern beschriebenen Elementen. Oft hat er den Eindruck, daß die ganze Kultur eine organische Einheit bildet. Deshalb spricht der Anthropologe gern vom »Kontext« und den »ganzheitlichen« Erscheinungsformen dieser Kultur und betont die besonderen Merkmale jeder einzelnen Gesellschaft.

Man könnte an dieser Stelle die Ethnographie, das heißt die einfache Beschreibung einer Kultur verlassen, die so gegliedert ist wie der Bericht eines Systematikers über die Naturgeschichte auf einer neuentdeckten Insel. Es bleibt aber noch einiges zu tun. Der Anthropologe kann einzelne Elemente aus dem Gesamtzusammenhang, den er geschildert hat, herausnehmen und sie als Kulturgene, also als kulturschaffende Faktoren, behandeln. So läßt sich zum Beispiel die Frage, ob der Inzest grundsätzlich abgelehnt wird oder nicht, aus dem gesamten Sexualverhalten herausnehmen und genauer untersuchen. Da entsprechende Erkenntnisse über die psychologische Entwicklung aus anthropologischen Untersuchungen in anderen Teilen der Welt zur Verfügung stehen, ist es nützlich, noch mehr ins einzelne zu gehen und sich mit dem Inzest bei Geschwistern und seiner Vermeidung zu beschäftigen.

Wesentlich ist, zunächst den Prozentsatz der Individuen festzustellen, die den Inzest unter Geschwistern der sexuellen Beziehung zu nichtverwandten Individuen vorziehen oder die ihn zumindest vorzögen, wenn sie vor die Wahl gestellt wären. Der nächste Schritt besteht in der Zusammenfassung der Feldstudienergebnisse, um den Prozentsatz der sich für den Inzest entscheidenden Individuen aus vielen verschiedenen

Gesellschaften zu ermitteln. Wenn der Wissenschaftler die Tapirapé-Indianer verläßt und das Amazonas-Orinoco-Becken überquert, begegnet er den Stämmen der Kayabi, der Waurá, den Kreen-Akarore und den Juruna. Geht er noch weiter, dann trifft er auf die Jîvaro, die Siona-Secoyá, die Ye'kwana und zahlreiche andere Stämme. Wenngleich die Anthropologen nur selten wirklich so verfahren, so lassen sich doch die an einer Vielzahl von Kulturen gewonnenen Erkenntnisse theoretisch in einer *ethnographischen Kurve* zusammenfassen. Statistiker nennen so etwas eine Häufigkeitsverteilung. Die Kurve zeigt den Prozentsatz der Gesellschaften mit verschieden stark ausgeprägten Verhaltenspräferenzen. So gibt es einige Dörfer, in denen niemand sich für den Inzest unter Geschwistern entscheidet, bei mehreren anderen ist nur 1 Prozent der Dorfbewohner dafür, in einer weiteren Gruppe von Dörfern sind es 2 Prozent und so weiter. Überträgt man alle diese Werte auf ein Diagramm, dann entsteht die ethnographische Kurve.

Die Kurve ist ein einfaches, aber genaues Maß der kulturellen Vielfalt. Wie können wir nun Voraussagen über solche Zusammenhänge machen, ausgehend von der Kenntnis der geistigen Aktivitäten? Um diesen Versuch zu unternehmen, wählen wir einen Sachverhalt, der nicht so leicht zu untersuchen ist wie die statistisch erfaßbaren Präferenzen, und zwar die Gedankenwelt der einzelnen Mitglieder einer Gesellschaft ohne schriftliche Überlieferung, also etwa der Tapirapé-Indianer. Das Wissen, das in jedem Augenblick die Basis ihres Verhaltens bildet, ist in Form von Knoten-Verknüpfungs-Strukturen (anders gesagt: von Kulturgenen) in ihrem Langzeitgedächtnis gespeichert. Zusammengenommen stellt dieses Wissen die Kultur dar. An diesen Zusammenhängen ist nichts Mystisches oder Immaterielles. So komplex, vielgestaltig oder vergänglich eine Kultur auch sein mag, sie kann nicht außerhalb der physischen Struktur des Gehirns und dessen, was dieses Gehirn hervorbringt, existieren. Die folgende sexuelle

Phantasie hält sich genau an von Charles Wagley gesammelte Daten, aber die handelnden Personen sind fiktiv, und die Gedankenfolge ist spekulativ.

In der Abenddämmerung hängen die beiden Freunde Champukwi und Kamanaré ihre Hängematten nebeneinander im Männerhaus auf. Sie stellen zu ihrer Freude fest, daß sie allein sind, und legen sich entspannt mit ausgestreckten Beinen und halbgeschlossenen Augen auf den Rücken. Ihr Gespräch plätschert leicht dahin, und sie unterhalten sich über Themen, die ihren Geist beruhigen; über den Ort, an dem die Geister wohnen, Iungwera, über Erscheinungen des Jaguars der Himmel, über Streit und legendäre Schlachten gegen die gefürchteten Kayapó. Dann kommen sie auf den Sex zu sprechen. Champukwi spricht freimütig über alle Möglichkeiten, die bei den Tapirapé-Indianern bekannt sind. Er denkt an Situationen, die ihm am angenehmsten sind, und an seine Abenteuer und überlegt, ob seine Wünsche immer den Stammessitten der Tapirapé entsprochen haben. Vorsichtig erwähnt er gewisse Episoden und Wünsche und spricht von den Freuden des Liebesspiels vor dem Geschlechtsakt, wie er den Körper der Frau an sich drückt und ihre Lenden streichelt. Von den weißen Torí hat er etwas vom Küssen gehört, aber er und Kamanaré lachen nur darüber; ungewöhnlich und abstoßend! Das gleiche gilt für den Cunnilingus – das ist noch schlimmer! Vielleicht haben die Torí nur im Scherz davon gesprochen. Aber mit der Fellatio ist es etwas anderes. Einige tun es, andere nicht, und es scheint Spaß zu machen. Fast jede Stellung beim Verkehr mit einer Frau ist in Ordnung. Manchmal kommt es bei den Frauen zum Orgasmus, aber das ist ihm gleichgültig. Es ist Sache der Frauen. Homosexuelle sind nette Leute. Man nimmt sie gern zu den Jagdausflügen mit, und sie lassen sich dabei für den Analverkehr benutzen. Früher haben sich einige von ihnen wie Frauen angezogen und Ehemänner genommen. Dagegen ist nichts einzuwenden – es ist ihre Sache –, aber es ist doch komisch. Gelegentlich kommt es zur Massenvergewaltigung von Frauen, die von ihren Familien verstoßen worden sind. Andere Männer beteiligen sich daran, aber Champukwi will nicht zugeben, mitgemacht zu haben. Das Ganze ist etwas peinlich. Der Ehebruch ist etwas ganz Alltägliches. Einige Männer haben Verhältnisse mit vielen Frauen, besonders Champukwi. Aber es kann zu Komplikationen führen. Man darf sich nicht von seiner Frau dabei ertappen lassen – oder vom Bruder der Frau. Man kann sich vor anderen Männern damit brüsten wie etwa bei dieser Gelegenheit. Champukwi hat vier Geliebte und hat auch vorher mit vielen Frauen ein Verhältnis gehabt.

Der laute Ruf eines Steißhuhns unterbricht die Stille des Waldes, und das Gespräch verstummt für eine Weile. Champukwi denkt an die Möglichkeit sexueller Beziehungen zu seiner Schwester. Der Inzest ist mit einem stillschweigenden Verbot belegt. Keiner, den er kennt, hat ihn je praktiziert, und eine Heirat zwischen Bruder und Schwester wäre undenkbar. Für ihn ist seine Schwester in keiner Weise attraktiv, wenngleich sich andere Männer von ihr angezogen fühlen. Champukwi stellt sich kurz vor, wie es wäre, wenn er sich mit ihr irgendwo im Walde träfe und es täte. Ein unangenehmer Gedanke. Vielleicht könnte er es tun, wenn es keine anderen Frauen gäbe und er sexuell stark erregt wäre, aber er würde wenig Vergnügen daran finden, sondern ein schlechtes Gewissen haben. Bevor das Gespräch weitergeht, hat Champukwi eine Entscheidung getroffen. Er hat zwei Alternativen gegeneinander abgewogen und sich gegen den Inzest entschieden.

Bei ungezählten Gelegenheiten denkt das Individuum in jeder Gesellschaft über einander entgegengesetzte Kulturgene nach. Der Mensch stellt sich vor, diese oder jene Entscheidung zu treffen, so flüchtig und verwirrend diese Vorstellungen auch sein mögen. Er wägt den emotionalen Gewinn ab und überlegt sich, welchen Eindruck er jeweils bei anderen erwecken würde. Bei all diesen Überlegungen lehnen die meisten den Inzest ab und geben dem Geschlechtsverkehr außerhalb der engsten Familie den Vorzug. Aber eine kleine Minderheit wünscht gelegentlich den Inzest. Je nach Erregung und Gelegenheit schwanken diese Individuen in ihrer sexuellen Präferenz, und manchmal werden die inzestuösen Impulse in die Tat umgesetzt.

Psychologische Studien über ausgewählte Personengruppen können im günstigsten Fall nicht nur zeigen, wie sich der einzelne an einem bestimmten Tag entscheidet, sondern auch, wie stark seine Neigungen sind. Sie können zwischen zwei Kulturgenen wählen, zwischen dem Geschwisterinzest und dessen Ablehnung. Beide Möglichkeiten sind im Langzeitgedächtnis des Individuums gespeichert und können gedanklich oder im Gespräch gegeneinander abgewogen werden. Nehmen wir an, ein Individuum neigt zum Inzest – wie wahrscheinlich ist es, daß es seine Haltung ändert? Ein anderes lehnt den Inzest ab – unter welchen Voraussetzungen wird es diese Haltung aufgeben und sich für den Inzest entscheiden? Der Anthropologe, der das Verhalten aller Bewohner eines Dorfs beobachtet, wird feststellen, daß sich die Haltung der einzelnen ändern kann: An einem bestimmten Tag bleibt ein Teil der Dorfbewohner bei der einmal getroffenen Entscheidung, während andere ihre Haltung in dieser oder jener Richtung ändern. Und wenn der Anthropologe seine Untersuchungen auf mehrere Dörfer ausweitet, erkennt er, daß sich auch in diesen größeren Gemeinschaften alles im Fluß befindet. So kann sich zum Beispiel der Prozentsatz der Dörfer, in denen alle Bewohner den Inzest ablehnen, am Montag von 59 auf 60 Prozent erhöhen, während es am Dienstag wieder 59 Prozent sind.

Wir überlegten uns, daß die Wahrscheinlichkeit einer bestimmten Entscheidung und die Häufigkeit, mit der sich die Präferenzen verändern, Ausdruck der epigenetischen Regeln sind, welche die geistige Entwicklung der Individuen steuern.

Als wir mit unseren Untersuchungen begannen, waren die Erkenntnisse über die epigenetischen Regeln begrenzt, und Genaueres wußte man nur darüber, welche Entscheidungen Säuglinge und Kleinkinder in der allerersten Phase des Lernens und in der sozialen Konditionierung treffen. Ihre Erfahrungen während dieser Periode beeinflussen ihre späteren sexuellen Neigungen und ihr sonstiges Verhalten als Erwachsene. Aber solche Daten können auch irreführen. Der menschliche Geist arbeitet nicht automatisch wie bei einem Insekt, das von Anfang an auf eine einzige Verhaltensweise geprägt wird. Das menschliche Bewußtsein beschäftigt sich immer wieder mit fast allen Möglichkeiten, die in seinem Langzeitgedächtnis gespeichert sind. Die Optionen, die den epigenetischen Regeln am stärksten widersprechen, werden sofort ausgeschlossen, wenn es den einzelnen auch gelegentlich reizen mag, mit dem Gedanken an eine solche Möglichkeit zu spielen. Andere Verhaltensweisen, die solchen Regeln eher entsprechen, werden über längere Zeit in Betracht gezogen. Das Bewußtsein schwankt zwischen den verschiedenen Möglichkeiten hin und her, bevor der endgültige Entschluß gefaßt und in die Tat umgesetzt wird. Der menschliche Geist sucht auch nach neuen Lösungen und erfindet gelegentlich weitere Kulturgene, die das schon vorhandene Repertoire ergänzen. Aufgrund einer ungeheuer großen Zahl solcher Entscheidungen bezüglich vieler Möglichkeiten des Denkens und Verhaltens wächst die Kultur und verändert im Lauf der Zeit ihre Gestalt. Die dynamische Entwicklung der Kultur beinhaltet einen unaufhörlichen Strom von Veränderungen bei den individuellen Entscheidungen.

Das Problem der Umsetzung von Geist in Kultur läßt sich mit dem Problem »Teil oder Ganzes« vergleichen, mit dem es Wissenschaftler zu tun haben, die aus subatomaren Partikeln, Atomen und Molekülen bestehende Aggregate erforschen. Ein Zweig der theoretischen Physik, die statistische Mecha-

Die einzelnen Phasen, die von der individuellen Entscheidung zur Schaffung der Vielfalt bei den Kulturen führt, wird hier am Beispiel der Körperbemalung bei den Tapirapé-Indianern in Brasilien illustriert. Links das von den Forschern beobachtete Verhalten. Rechts werden die gleichen Vorgänge in abstrakter Form dargestellt, um sie in die quantitative Theorie der Gen-Kultur-Koevolution einzufügen. Die Reihenfolge der Vorgänge von oben nach unten: Der einzelne entscheidet, ob er seinen Körper bemalen will oder nicht, und wechselt mehr oder weniger oft von der einen Option zur anderen. Wie oft er seinen Entschluß ändert, hängt von der

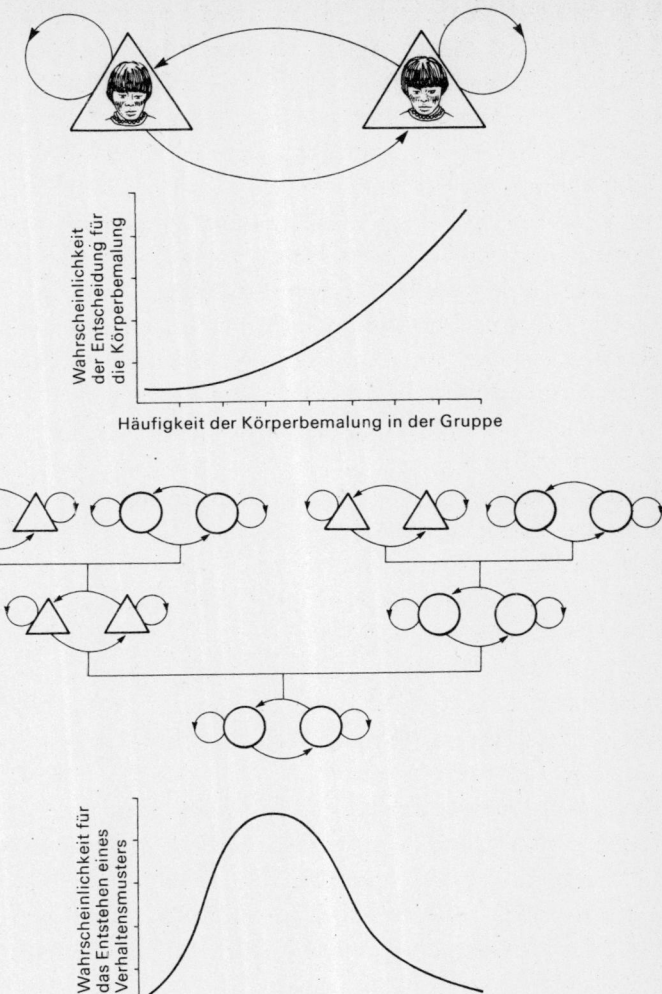

Häufigkeit ab, mit der andere sich für diese oder jene Alternative entscheiden. Jedes Individuum einer Familiengruppe (die dritte Gruppe von oben) oder Gesellschaft bemalt entweder den Körper oder nicht. Nach diesen Feststellungen kann der Anthropologe (neben der untersten Gruppe) die Wahrscheinlichkeit dafür abschätzen, daß ein bestimmter Prozentsatz der Angehörigen der Gruppe den Körper bemalt, das heißt, daß zu einem bestimmten Zeitpunkt eine bestimmte Verhaltensverteilung für die ganze Gruppe gilt.

nik, beschäftigt sich mit der Erforschung der ganzheitlichen Eigenschaften dieser Aggregate anhand ihrer Teile und der Wechselwirkungen, die zwischen diesen Teilen zu beobachten sind. Wir verfügen über mathematische Verfahren, die erstaunlich präzise Voraussagen über die Wärmekapazität, die Entropie, die Kondensierung von Gasen, magnetische Phänomene und die Diffusion von Neutronen durch Materie ermöglichen. Solchen Methoden haben wir viele der großen Triumphe der modernen Physik zu verdanken.

Auf der von uns und anderen erreichten ersten Stufe der Rekonstruktion geistiger Vorgänge war es verlockend, Modelle des kulturellen Wandels mit Hilfe ähnlicher Verfahren zu bilden, wie sie in der statistischen Mechanik verwendet werden. Aber der menschliche Geist und die Kultur sind natürlich komplizierter als Ansammlungen unbelebter Materie. Und wo bleibt dabei die Geschichte? Die geistige Entwicklung des Individuums vollzieht sich nicht unabhängig von den geistigen Einflüssen anderer. Jeder wird durch die von den übrigen Mitgliedern der Gesellschaft bereits getroffenen Entscheidungen stark beeinflußt. Daraus ergeben sich subtile und tiefgreifende Komplikationen. Hier waren wir auf ein gewaltiges technisches Hindernis gestoßen, und wie Bergsteiger, die am Fuß einer steilen Felswand angekommen sind, hätten wir mit gutem Gewissen den Rückweg antreten können. Es ist fraglos modern geworden, einzugestehen, daß die Geschichte sich jeglicher Theorie entziehe. Viele Gelehrte geben sich mit einer Kompromißlösung zufrieden, die das bunte Bild der Geschichte als gültigen Ausdruck der menschlichen Natur hinnimmt.

Alle diese Zweifel sind verständlich, aber die Methoden der Naturwissenschaften geben uns die Möglichkeit, steile Felswände zu erklimmen. Die Kletterhaken, die in die Felswand eingeschlagen werden müssen, sind die neuen Annahmen, die das ursprüngliche skelettartige Modell ergänzen. Wenn das revidierte Modell komplex und realistisch genug ist, kann der

Aufstieg fortgesetzt werden. Die Annahmen werden mit den jetzt ins Blickfeld kommenden Tatsachen verglichen. Die Beziehung, die zwischen diesen Tatsachen besteht, mit Hilfe mathematischer Überlegungen präzisiert. Und schließlich kann die Theorie, aus der das Modell abgeleitet wurde, in diesem Fall die Theorie von der Gen-Kultur-Koevolution, auf ihre Richtung überprüft werden.

Unser nächster Schritt bestand darin, die Wahrscheinlichkeit eines bewußten Wechsels von einem Kulturgen zum anderen (etwa vom Inzest zu sexuellen Beziehungen mit nichtverwandten Partnern) beim Individuum irgendwie mit der kulturellen Umwelt in Zusammenhang zu bringen. Um diese komplexen Vorgänge zu beschreiben, entwickelten wir Gleichungen, wie sie in der statistischen Mechanik benutzt werden, und führten Funktionen ein, welche die Empfindlichkeit von Individuen gegenüber den Meinungen und dem Verhalten anderer zum Ausdruck brachten. Dabei gingen wir von den verschiedensten Annahmen aus. Einige waren offensichtlich und wahrscheinlich zutreffend, andere unwahrscheinlich. In einem dieser Modelle war die Wahrscheinlichkeit eines Wechsels vom ersten Kulturgen zum zweiten konstant, aber gering, bis ein bestimmter Prozentsatz der Angehörigen dieser Gesellschaft schließlich dem zweiten Kulturgen den Vorzug gab; anschließend nahm die Wahrscheinlichkeit, daß die Individuen ihre Neigung änderten, sprunghaft zu. In anderen Modellen wurde eine graduelle Abstufung in der Orientierung an den anderen Mitgliedern der Gesellschaft angenommen; die Wahrscheinlichkeit, daß eine Person sich für das zweite Kulturgen entschied, nahm stetig zu, je mehr Personen diese Entscheidung getroffen hatten. In wiederum anderen Modellen wurde die umgekehrte Beziehung angenommen – einzelne Personen wechselten am bereitwilligsten zu dem anderen Kulturgen über, wenn die wenigsten Mitglieder ihrer Gesellschaft es akzeptierten: Sie rebellierten gegen den allgemeinen Trend. Oder sie faßten diesen Entschluß am raschesten, wenn eine nicht zu große und nicht zu kleine Zahl von Mitgliedern ihrer Gesellschaft das zweite Kulturgen bevorzugte: Sie verhielten sich kompromißlerisch.

Jede in diesen Modellen beschriebene Kombination von Einflüssen könnte in irgendwelchen menschlichen Gesellschaften existieren. Wahrscheinlich ist die genaue Form der Funktion – die Intensität der Außeneinwirkung, bei der die Übergangsgewohnheiten sich zu ändern beginnen, sowie die Richtung und Häufigkeit der Änderung selbst – nicht für alle Denk- und Verhaltensweisen dieselbe. Einstellungen zur mütterlichen Fürsorge werden sich gegen einen Druck von außen und gegen Veränderungen besser behaupten als Einstellungen zu Kleidung und Ernährung. Wir haben in der sozialpsychologischen Literatur nach den wirklich existierenden Verhaltensmustern gesucht, aber nur wenige wertvolle Informationen gefunden. Da man bisher noch keine Theorie entwickelt hat, die solche Daten braucht, haben die Psychologen im allgemeinen noch nicht die entsprechenden Untersuchungen durchgeführt.

Eine Ausnahme war ein Experiment, das Solomon Asch mit kleinen Gruppen von freiwilligen Versuchspersonen vorgenommen hat. Dabei stellte er fest, daß niemand gern als einziger eine andere Haltung einnimmt als die ganze Gruppe und der einzelne oft gegen eigenes besseres Wissen handelt, um sich den Auffassungen der anderen anzupassen. Die Wahrscheinlichkeit, daß sich das Individuum der Haltung der Majorität anschließt, nimmt stetig zu, wenn die Zahl derer, die ihm widersprechen, wächst. Der Sozialpsychologe Stanley Milgram ist bei seinen Untersuchungen über die Anziehungskraft von Menschenmengen zu ähnlichen Ergebnissen gekommen. Unter Milgrams Leitung begaben sich Gruppen von Freiwilligen auf eine belebte Straße in New York City. Auf ein Zeichen hin blickten ein bis fünfzehn Freiwillige zu einem hohen Gebäude hinauf. Die Zahl derjenigen, die gleichzeitig nach oben sahen, wurde vorher festgelegt. Besonders eingeteilte Beobachter zählten die Passanten, die daraufhin ebenfalls den Blick nach oben wendeten. Die ansteckende Wirkung des Hinaufstarrens entsprach der graduellen Zunahme der Orientierung an den anderen: 4 Prozent der Passanten blickten nach oben, wenn eine Person sie dazu anregte, 16 Prozent folgten dem Beispiel von 5 Personen, 22 Prozent dem Beispiel von 10 und 40 Prozent dem Beispiel von 15 Personen. Diese und andere fragmentarische Forschungsergebnisse konnten nicht direkt auf die von uns entwickelten Kulturmodelle angewendet werden, aber sie zeigten uns deutlich, welche Art von Funktionen es gibt. Sie illustrierten außerdem, wie Kleingruppenexperimente allgemein angelegt sein müssen, um uns auf diesem Gebiet weiterzubringen.

Wir verfügten jetzt über eine Reihe von mathematischen Funktionen und sehr begrenzte Forschungsergebnisse der Sozialpsychologie, um einen der wichtigsten Schritte der Koevolution zu erklären – von den epigenetischen Regeln der geistigen Entwicklung zum Entstehen der Kultur in der Gesellschaft. Zumindest grundsätzlich konnten reale Erkenntnisse der Psychologie dazu verwendet werden, reale Informationen aus der Anthropologie vorauszusagen und umgekehrt. Wenn Psychologen bei der Erforschung von Entscheidungsprozessen in einer sozialen Umwelt geeignete Daten über die Häufigkeit des Einstellungswandels und die Auswirkungen des von der Gruppe ausgehenden Drucks ermitteln würden, könnten sie den Anthropologen sagen, welche statistischen Verteilungen des Entscheidungsverhaltens bei vielen Gesellschaften zu erwarten sind. Umgekehrt könnten die Anthropologen aus solchen Kulturdaten auf die individuelle geistige Entwicklung schließen, ohne daß psychologische Untersuchungen erforderlich wären.

Waren nun die Modelle des Zusammenhangs von Psychologie und Kultur immer noch zu einfach? In diesem Fall konnten wir weitere Kletterhaken in die Felswand schlagen und die Beschreibung der grundlegenden mentalen Prozesse noch komplexer gestalten. Befanden wir uns damit auf dem richtigen Weg? Wenn nicht, dann würden durch die größere Komplexität nur detailliertere Beschreibungen entstehen, die sich immer weiter von der Wahrheit entfernen. Wir mußten das System dadurch überprüfen, daß wir einen konkreten Fall untersuchten. Die Voraussetzungen für einen solchen Probelauf waren die folgenden. Die mentalen Prozesse und das Verhalten mußten einfach und leicht darzustellen sein. Wir brauchten Daten über die Wahrscheinlichkeit von Verhaltensänderungen im Rahmen der den Individuen gegebenen Alternativen. Der Einfluß anderer Personen und der kulturellen Umgebung auf die Wahrscheinlichkeit von Verhaltensänderungen mußte meßbar sein. Schließlich sollten Untersuchungsergebnisse aus vielen Gesellschaften über den Prozentsatz der Individuen vorliegen, die ein Kulturgen gegenüber einem anderen bevorzugten.

Alle diese Variablen der kulturellen Evolution sind wichtig genug, um jeweils für sich erforscht zu werden. In der psychologischen und sozialwissenschaftlichen Fachliteratur fanden wir aufschlußreiche Berichte über die meisten dieser Variablen. Aber die ermittelten Daten standen unverbunden nebeneinander und für den Zusammenhang vom Beginn der geistigen Entwicklung bis zur Entstehung von kulturellen Mustern waren Ursachen und Wirkungen nicht in einer Weise geklärt, wie dies für die Überprüfung quantitativer Modelle erforderlich gewesen wäre. Es war die alte Geschichte, die man in der wissenschaftlichen Forschung immer wieder erlebt: Das Fehlen einer Theorie verhindert das Entwickeln einer Theorie.

Es gab jedoch ein Problem, das wir mit einigem Erfolg klären zu können glaubten, und das war der Geschwisterinzest. Wir hatten den Eindruck, die meisten Mosaiksteine richtig zusammengefügt zu haben und die noch fehlenden bald finden zu können. Man erinnere sich an die wichtigsten Gründe für die Inzestvermeidung unter Geschwistern. Die entscheidende epigenetische Regel scheint wirksam und eindeutig zu sein: Wenn Kinder während der ersten sechs Lebensjahre in enger Gemeinschaft aufwachsen, entstehen automatisch psychische Hemmungen, die sexuelle Beziehungen nach Erlangung der Geschlechtsreife verhindern. Diese Regel gilt nicht absolut, aber Daten aus mehreren Gesellschaften, besonders aus Israel und Taiwan, zeigen, daß sie in etwa 90 Prozent der Fälle befolgt wird. Wir kennen nicht exakt die Wahrscheinlichkeit eines Wechsels in der sexuellen Präferenz. Wir wissen aber aus den Untersuchungen in Taiwan, daß Personen, die geschlechtliche Beziehungen mit Partnern außerhalb der Familie unterhalten, in der überwiegenden Mehrheit daran festhalten, während jene, die das psychologische Äquivalent des Inzests praktizieren (und sexuelle Beziehungen mit nichtverwandten Personen unterhalten, die im gleichen Haushalt aufgewachsen sind), die entschiedene Neigung haben, ihr Verhalten zu ändern. Wir können also getrost davon ausgehen, daß die Wahrscheinlichkeit eines Wechsels in beiden Fällen sehr verschieden ist. Daß eine Person, die zunächst den Inzest bevorzugt hat, diese Neigung aufgibt und sexuelle Beziehungen mit nichtverwandten Partnern aufnimmt, ist viel wahrscheinlicher als eine Verhaltensänderung in der entgegengesetzten Richtung. Außerdem zeigte sich, daß diese Präferenzen kaum von gesellschaftlichem Druck beeinflußt wurden.

Über Taiwan ist im einzelnen folgendes zu berichten: Vor der japanischen Okkupation arrangierten viele Familien „Kinderehen" für ihre Söhne: Sie adoptierten Mädchen im frühen Kindesalter, um sie später nach Erlangung der Geschlechtsreife mit ihren Söhnen zu verheiraten. Mit anderen Worten, die künftigen Eheleute wuchsen in enger Gemeinschaft auf wie Geschwister, wenngleich von Anfang an klar war, daß sie später heiraten sollten. Dieses Verfahren bewährte sich im Vergleich mit den in herkömmlicher Weise geschlossenen Ehen im gleichen Dorf sehr schlecht. In vielen

Fällen kam es zur Scheidung, und die eheliche Untreue war an der Tagesordnung. Aus den so geschlossenen Ehen gingen auch weniger Kinder hervor. Im allgemeinen bevorzugten die in solchen Kinderehen miteinander verbundenen Partner geschlechtliche Beziehungen mit anderen Personen ihrer eigenen Wahl gegenüber den »inzestuösen« Beziehungen, obwohl die Gesellschaft diese Kinderehen guthieß und die Verwandten oft versuchten, die Ehepartner zum Vollzug der Ehe zu zwingen. Eine solche Verschlossenheit gegenüber den Präferenzen anderer kommt wahrscheinlich nur bei sehr wenigen anderen Kategorien des menschlichen Denkens und Verhaltens vor. Doch dies war ein extremes Beispiel, geeignet, an den Anfang unserer Untersuchungen gestellt zu werden. Es hat die Analyse wesentlich erleichtert und uns erste Abschätzungen eines konkreten Falles der Umsetzung der individuellen geistigen Entwicklung in ein kulturelles Muster erlaubt.

Die Ergebnisse unserer Arbeit werden durch das folgende Diagramm veranschaulicht. Die Kurven zeigen ethnographische Verteilungen – die Prozentsätze der Gesellschaften, in denen der Geschwisterinzest oder wenigstens seine Duldung mehr oder weniger häufig zu erwarten ist. Einige der auf dem Diagramm verdeutlichten Feststellungen sind von besonderem Interesse. Erstens ist es ein wichtiges naturwissenschaftliches Arbeitsprinzip, daß eine sorgfältig entwickelte Theorie alle zu erwartenden Möglichkeiten zuläßt und nicht ein bestimmtes Ergebnis vorwegnimmt. Unter Berücksichtigung der Wahrscheinlichkeit eines Wechsels zwischen Inzest und sexuellen Beziehungen zu nichtverwandten Partnern entstehen verschiedene ethnographische Kurven. Die Überprüfung der Theorie beruht darauf, daß, wenn die Wahrscheinlichkeiten durch direkte Beobachtungen ermittelt worden sind (in diesem Fall durch die Untersuchung der Entwicklung im Kindesalter), das Ergebnis auf der nächsthöheren Ebene (in diesem Fall der Kultur) feststeht und mit den Tatsachen verglichen werden kann.

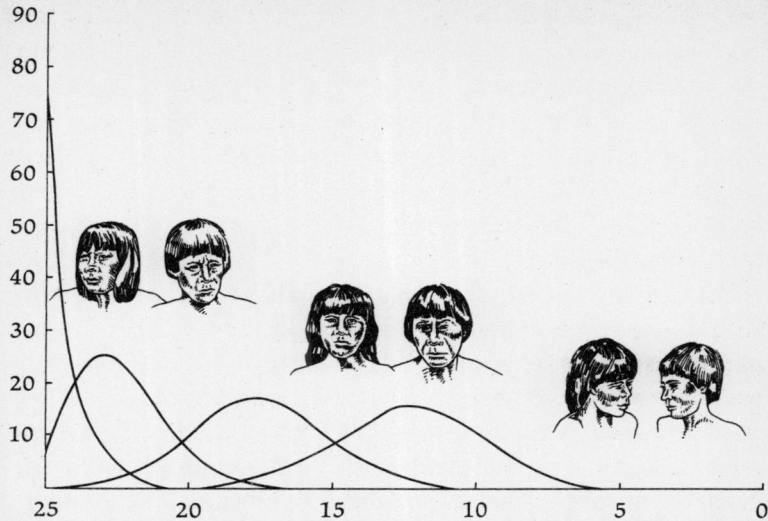

Die Häufigkeitsverteilung des Geschwisterinzests über viele Kulturen, wie sie sich aufgrund der Theorie über die Gen-Kultur-Koevolution voraussagen läßt. Nach rechts hin geben die meisten Personen dem Geschwisterinzest den Vorzug; nach links bevorzugen die meisten Personen Geschlechtspartner, mit denen sie nicht verwandt sind. Dieses Modell fußt auf einer willkürlich gewählten Gruppenstärke von 25 Mitgliedern und soll so den Gedanken der ethnographischen Häufigkeitsverteilung allgemein veranschaulichen. Dieses Modell fußt auf einer willkürlich gewählten Gruppenstärke von 25 Mitgliedern und soll so den Gedanken der ethnographischen Häufigkeitsverteilung allgemein veranschaulichen.

Bei der Erwägung aller dieser Möglichkeiten können wir uns zunächst eine menschliche Population vorstellen, in der die Individuen bei der Wahl ihrer Geschlechtspartner von Natur aus neutral sind. Geschwister werden als sexuell ebenso attraktiv empfunden wie nicht zur Familie gehörende Personen. Die für diesen Fall zu erwartende Kurve ist die mittlere, mit einem Tendenzwert von 0,5. Mit anderen Worten, wenn das den Inzest bevorzugende Individuum vor die Wahl gestellt wird, entscheidet es sich in 50 Prozent der Fälle für einen nichtverwandten Partner, und in 50 Prozent der Fälle wird es am Inzest festhalten. In anderen vorstellbaren Populationen beeinflussen die genetisch gesteuerten epigenetischen Regeln das Individuum gegen den Inzest. Hier kann die Übergangswahrscheinlichkeit mäßig zugunsten eines nichtverwandten Partners überwiegen (mit dem Faktor 0,7 wie bei der zweiten Kurve von rechts), oder diese Tendenz ist sehr stark (0,9 oder 0,99). Für jede dieser Wahrscheinlichkeiten entsteht eine andere ethnographische Kurve.

Hier kehren wir zu dem fundamentalen Konzept der Gen-Kultur-Koevolution und der ihr zugrunde liegenden Kraft der natürlichen Auslese zurück. Die Inzucht unter so nahen Verwandten wie Geschwistern führt bei deren Kindern zu einer größeren Häufigkeit angeborener Defekte und einer entsprechend niedrigeren Fortpflanzungsrate. In verschiedenen Ländern haben voneinander unabhängig arbeitende Genetiker festgestellt, daß solche Schäden gewöhnlich bedeutend sind und oft katastrophale Folgen haben. Man erwartet deshalb, daß die natürliche Auslese dazu führt, das Vorkommen des Geschwisterinzests zu verringern. Die Übergangsrate, mit der die Individuen vom Inzest Abstand nehmen (sie ist aus dem Diagramm zu ersehen), ist der Faktor, der sich als Folge der natürlichen Auslese über viele Generationen hinweg verändert. Die natürliche Auslese wird, wenn genetische Defekte selten vorkommen, voraussichtlich nur in geringem Umfang erfolgen, das heißt die Übergangswahrscheinlichkeit wird auf ihrem Stand bleiben oder nur geringfügig zugunsten der Partnerwahl außerhalb der Familie ansteigen. Wenn die natürliche Auslese sehr streng ist, dann kann man damit rechnen, daß die Übergangswahrscheinlichkeit vom Inzest zur Wahl nichtverwandter Sexualpartner ansteigt, etwa auf 0,9 oder darüber. Das Ergebnis wären Kulturen, in denen Geschwisterinzest relativ selten vorkommt.

Wo finden wir nun in diesem Spektrum theoretischer Möglichkeiten die menschliche Spezies? Die Daten über die individuelle Entwicklung lassen Übergangswahrscheinlichkeiten für die Abwendung vom Inzest größer als 0,9 vermuten. Jetzt können wir untersuchen, wie häufig der Geschwisterinzest in den verschiedenen Kulturen vorkommt, um zu sehen, ob unser Modell der Realität entspricht. Wiewohl anthropologische Studien nur wenige exakte Daten ergeben haben, gibt es anekdotische Berichte aus so verschiedenartigen Kulturen wie Tikopia und Neu-Guinea im Südpazifik, Ghana in Westafrika, Israel und den Vereinigten Staaten. Aus ihnen geht hervor, daß die ethnographische Kurve in der Realität eher jener gleicht, mit der gerechnet werden muß, wenn die individuelle Entwicklung einen starken Einfluß hat. Auf dem Diagramm läge die Kurve näher an der theoretischen Kurve mit einer Übergangswahrscheinlichkeit von 0,99 (Verhaltensänderung zugunsten sexueller Beziehungen mit Nichtverwandten) als an den drei anderen mit den Faktoren 0,5 bis 0,9. So gibt es zumindest in dem einen Fall, in dem die Theorie überprüft werden kann, eine ungefähre Übereinstimmung zwischen Tatsachen und Theorie. Zukünftige Erhebungen werden eine noch genauere Überprüfung der Theorie ermöglichen.

Ein ebenso wichtiger Effekt, der sich aus der Theorie ergibt, ist das Entstehen von Vielfalt zwischen den einzelnen Kulturen, und zwar auch dann, wenn die Merkmale der individuellen geistigen Entwicklung genetisch determiniert sind. Man betrachte dazu die Kurve für die Aversion gegen den Inzest mit einem Faktor von 0,99, die, wie man annimmt, im Bereich dessen liegt, was beim Menschen tatsächlich der Fall ist. Nun wollen wir annehmen, daß dieser Schlüsselparameter genau bei 0,99000 ... bis auf viele Dezimalstellen festgelegt ist und für jeden Menschen auf der Welt gilt. Mit anderen Worten, das Gehirn eines jeden Individuums ist so konstruiert, daß es genau mit dieser Größe und keiner anderen arbeitet. Daraus scheint zu folgen, daß auch die Gesellschaften vollkommen gleichförmig zusammengesetzt sind, daß also 99 Prozent der Mitglieder jeder Gesellschaft gegen den Geschwisterinzest sind, während ein Prozent sich dafür entscheidet. Aber das wäre falsch, denn allein der Zufall wird für erhebliche kulturelle Vielfalt sorgen. In den einzelnen Kulturen wird es im Lauf der Zeit Veränderungen in beiden Richtungen geben. Wenn wir eine Reihe von Gesellschaften mit jeweils 25 Mitgliedern zugrunde legen, gäbe es in etwa 80 Prozent der Gesellschaften keinerlei Inzestneigung, während es in den restlichen 20 Prozent jeweils ein oder zwei Individuen gäbe, die den Inzest bevorzugen.

Wenn die einzelnen Gesellschaften eine größere Population aufweisen, wird die Zahl jener Gruppen, deren Mitglieder einheitlich gegen den Inzest sind, weiter abnehmen. Von den aus 75 Personen bestehenden Gruppen werden nur 46 Prozent frei von Inzest sein. Wenn die Vorbestimmtheit abnimmt, erhöht sich die Vielfalt: Nehmen wir an, die Spezies *Homo* wäre genetisch bei der Wahl des Geschlechtspartners auf völlige Indifferenz fixiert, dann läge die Wahrscheinlichkeit für eine Veränderung des Verhaltens bei 0,5000 . . ., auf viele Dezimalstellen genau. Aber nicht 50 Prozent der Personen würden sich in allen Gesellschaften für den Inzest entscheiden und 50 Prozent dagegen. Es gäbe vielmehr, wie auf dem Diagramm gezeigt, einen weiten Spielraum für mögliche Entscheidungen.

Diese statistische Streuung wird den Mathematiker nicht überraschen, der täglich mit solchen Problemen umgeht, sie widerspricht jedoch dem intuitiven Gefühl vieler anderer Wissenschaftler, die sich professionell mit dem menschlichen Verhalten beschäftigen. Daß diese statistische Streuung richtig gedeutet wird, ist für die Gesellschaftstheorie von entscheidender Bedeutung. Viele Wissenschaftler behaupten, die bloße Existenz der kulturellen Vielfalt beweise, daß die biologischen Gegebenheiten für das Sozialverhalten des Menschen keine entscheidende Rolle spielen können. Es ist jedoch klar, daß kulturelle Vielfalt auch dort erzeugt werden kann, wo eine strenge genetische Steuerung erfolgt. Nicht eine bestimmte soziale Reaktion wird determiniert, sondern die für viele Gesellschaften geltende statistische Häufigkeitsverteilung der Reaktionen. Nur quantitative Modelle, die Aussagen über die Entwicklung enthalten, können diese Häufigkeitsverteilung voraussagen, und um die Richtigkeit dieser Modelle zu überprüfen, braucht man exakte ethnographische Informationen, gewonnen durch anthropologische Feldstudien. Darauf gründet sich die symbiotische Beziehung zwischen Psychologie und Anthropologie. Die Strukturen der kulturellen Vielfalt sollten nicht herangezogen werden, um den biologischen Einfluß zu bestreiten, sondern um ihn zu klären.

Nun kann man fragen, was geschieht, wenn geschichtliche Vorgänge eine wichtigere Rolle spielen als im Falle des Inzests. Gesellschaften reagieren auf die erkannten Aufforderungen verschiedener natürlicher Umwelten, und sie werden entscheidend von kulturellen Faktoren beeinflußt, die von früheren Generationen an sie weitergegeben worden sind. Ihre Reaktionen auf solche Umwelteinflüsse können die kulturellen Unterschiede zwischen den einzelnen Gesellschaften über das Maß hinaus verstärken, das man als Folge von Zufälligkeiten erwarten würde. Man kann sich aber auch leicht Umstände vorstellen, unter denen die kulturelle Vielfalt zurückgeht.

Auch dieses Problem kann man schrittweise angehen, wie in der naturwissenschaftlichen Forschung. Die Modelle zu seiner Lösung können allmählich komplexer gestaltet werden. In der biologischen Forschung gibt es eine nach dem großen dänischen Physiologen August Krogh benannte sehr nützliche Regel: Für jede Problemstellung gibt es einen Organismus, der sich besonders gut eignet, um sie zu erforschen. Die Fruchtfliege *Drosophila* hat sich als ideales Versuchstier auf dem Gebiet der Genetik erwiesen, weil sie sich sehr leicht züchten läßt und in kurzer Zeit viele Generationen entstehen. Die Physiologie des Nervensystems läßt sich hervorragend am Tintenfisch erforschen, weil er riesige Nervenzellen hat, die sich leicht isolieren und untersuchen lassen. Der gleiche

Grundsatz läßt sich auch auf die Analyse der Kultur anwenden: Für jede neue und komplexere Stufe bei der Konstruktion einer Theorie gibt es eine Kategorie von Kulturen, die sich besonders gut dazu eignet, die Richtigkeit der Theorie zu überprüfen. Wenn wir jetzt über das Inzestproblem hinausgehen, dann müssen wir nach Problemen suchen, die etwas komplexer sind – aber nicht zu komplex.

Die logisch nächste Stufe unserer Überlegungen war, auch jetzt bei zwei kulturellen Alternativen zu bleiben, aber die Entscheidungen der Individuen von den Einflüssen der jeweiligen Kulturen abhängig zu machen. Bei den oben beschriebenen Modellen veränderte sich die Wahrscheinlichkeit für den Übergang von einer kulturellen Alternative zur anderen je nach dem Prozentsatz der anderen Mitglieder der Gesellschaft, die einer Alternative den Vorzug gaben. Folglich sind Häufigkeit und Richtung des Wandels innerhalb einer Gesellschaft spürbar von der bestehenden Kultur abhängig. Überdies können weitere historisch bedingte Elemente wie die Bevölkerungsdichte und die Ernährungsgrundlagen berücksichtigt werden, wenn es die Struktur der analysierten Kultur verlangt. Schließlich können kulturelle Neuerungen in Gestalt neuer kultureller Alternativen, die sich neben den schon bestehenden eröffnen, in die Modelle eingefügt werden.

Um diesen Ansatz so prägnant wie möglich zu erläutern, setzen wir voraus, daß die Erforschung der Geschichte im Idealfall mehr beinhaltet als die Beschreibung einer großen Zahl einzelner Ereignisse und mehr als eine Verallgemeinerung der Ursachen und Wirkungen weitreichender kultureller Veränderungen. Die Geschichtsforschung muß zudem die kulturellen Veränderungen in einzelne Elemente auflösen und diese mit Hilfe deduktiver Modelle analysieren. Bei künftigen historischen Studien wird diese Analyse die bei weitem schwierigste Aufgabe sein. Hier kommt es darauf an, die Elemente zu klassifizieren und die richtige Reihenfolge zu finden, in der sie miteinander verknüpft werden müssen.

Auf der Suche nach den besten Beispielen für das Sozialverhalten, die den idealen Organismen von Krogh entsprechen sollten, stellten wir unsere Pilotstudien auch weiterhin bei den primitiveren Gesellschaften an. Dabei gewannen wir den Eindruck, daß ein besonders interessanter und aufschlußreicher historischer Vorgang in der Vermehrung der Dörfer der Yanomamö-Indianer bestehen könnte, die der Anthropologe Napoleon Chagnon beschrieben hat. Die etwa 15 000 Yanomamö leben in den Waldgebieten des südlichen Venezuela und des benachbarten Brasilien. Sie leben zu jeweils 40 bis 250 Menschen in Dörfern, die etwa einen Tagesmarsch weit voneinander entfernt sind. Die Bewohner eines jeden Dorfes bilden eine durch Blutsverwandtschaft und Riten verbundene geschlossene Gemeinschaft und pflegen einen engen persönlichen Kontakt zueinander.

Man hat die Yanomamö als die aggressivsten Menschen auf dieser Erde bezeichnet. Etwa ein Drittel der erwachsenen Männer stirbt in den häufigen blutigen Fehden zwischen den einzelnen Dörfern. Streitobjekt bei diesen Kriegen sind fast immer die Frauen, weil wegen einer ungewöhnlich ausgeprägte Polygamie der Erwerb von Frauen durch Tausch, Raub und Entführung ein begehrtes Ziel ist. Psychologisch und biologisch besteht der größte soziale Erfolg des einzelnen darin, möglichst viele Frauen zu haben und viele Kinder zu zeugen. In der Regel haben die Häuptlinge etwa doppelt so viele Kinder wie die anderen Männer im gleichen Dorf. Als Chagnon die Yanomamö fragte, weshalb sie kämpften, bekam er die typische Antwort: »Stelle keine so dummen Fragen! Frauen! Frauen! Frauen! Das ist der Grund! Wir haben um die Frauen gekämpft!« Neben den häufigen Raubzügen kommt es auch innerhalb der Dörfer ständig zu Streitigkeiten. Dabei geht es oft um die Frauen, aber auch um Meinungsverschiedenheiten von Angehörigen beider Geschlechter hinsichtlich des Status, der Versorgung mit Nahrung und anderer interner Probleme.

Seit wenigstens hundert Jahren hat die Zahl der Yanomamö-Indianer ständig zugenommen, und sie haben dabei das von ihnen bewohnte Gebiet wesentlich vergrößert. Dies wurde diesen sehr aggressiven Leuten dadurch erleichtert, daß andere in der Nachbarschaft lebende Stämme von der vordringenden europäischen Zivilisation vernichtet wurden. Man kann die Yanomamö mit primitiven Stämmen vergleichen, die in bis dahin unbewohnte Landstriche eindringen. Auch hinsichtlich ihrer Wirtschaftsmethoden kann man sie als Modell des Frühmenschen bezeichnen, denn sie sind erst im Verlauf der letzten Jahrhunderte teilweise von einem Jäger-und-Sammler-Dasein zu einer primitiven Form des Ackerbaus auf der Grundlage der Brandrodung übergegangen.

Wenn die Bevölkerung wächst, verläßt ein Teil der Gruppe das bisher bewohnte Dorf, baut ein neues, und das gesamte von den Yanomamö bewohnte Territorium vergrößert sich. In solchen Fällen verlassen gewöhnlich aus einer oder mehreren Großfamilien bestehende Gruppen das heimatliche Dorf und siedeln sich an neuen geeigneten Stellen an. Die Spaltung erfolgt als Ergebnis zunehmender Spannungen, die in allen Dörfern zu beobachten sind, aber mit der Bevölkerungszunahme häufiger und intensiver werden. Der entscheidende Punkt ist erreicht, wenn ein Yanomamö-Dorf nicht länger durch die Bande der Blutsverwandschaft und die relativ schwache Autorität des Häuptlings zusammengehalten wird. In diesem Fall wandert ein Familienverband, getrieben von feindseligen Gefühlen und Furcht, ab, baut ein neues Dorf, und die neue Lage führt zu neuen Verbindungen mit anderen Stämmen, zu Kriegen, Bündnissen, Gegenbündnissen und Verrat. 1970 führte Chagnon, der die Sprache der Yanomamö beherrschte, mit Dede Haiwä, einem Angehörigen des Stammes der Mishimishimaböwei-teri, ein Gespräch:

»Haben sich deine Vorfahren von den Karawatari abgespalten?«
»Sie haben sich abgespalten, abgespalten, abgespalten.

Meine eigenen Vorfahren haben sich vor längerer Zeit abgespalten und die Karawatari verlassen.«
»Wo - in welchem Garten - ist das geschehen?«
»Dort drüben in jenem Gebiet, im Shihenaishiba-Garten.« Dede Haiwä streckt den Arm aus und zeigt in die Richtung des Waldes.
»Haben deine Vorfahren und die Vorfahren der Karawatari im Shihenaishiba-Garten zusammengelebt?«
»Ja! Ja! Ja! Ja! Ja! Meine richtigen Vorfahren sind im Kayurewä-Garten von den Aramamisi-teri rücksichtslos angegriffen worden. Dann sind meine Vorfahren, die angegriffen worden waren, in Angst und Schrecken von diesem Ort geflohen und an der Stelle, wo dieser Garten (Mishimishimaböwei) jetzt liegt, vorbeigezogen.«
»Sind die Aramamisi-teri und die Kohoroshitari nah miteinander verwandt?«
»Ja! Ja! Ja! Ja!« Dede Haiwä wendet sich um und zeigt zum Shanishani-Fluß hinüber. »Die Aramamisi-teri haben sie von dort verjagt.«
»Wo hat der Krieg begonnen?«
»Ganz dort oben im Quellgebiet des Shukumöna-Flusses. Jenseits der Stelle, wo der Oberlauf des Rahuawä-Flusses den Abzweigungen des Shukumöna nahekommt.«
»Haben sie früher alle in dieser Gebirgsregion gelebt?«
»Ja. Dann kämpften sie mit Pfeil und Bogen gegeneinander und führten Krieg, und dann flohen die Kohoroshitari.«

Mit wachsender Spannung werden die Auseinandersetzungen in den Yanomamö-Dörfern immer heftiger, und zwar steigert sich die Gewalttätigkeit über drei Stufen, wobei es jeweils notwendig ist, bestimmte Überlegungen und Berechnungen anzustellen und Augenblicksentscheidungen zu treffen. Die ungefährlichste Form der Konfrontation ist das Duell, bei dem sich die Gegner gegenseitig mit den Fäusten auf die Brust schlagen. Die streitenden Parteien nehmen gehässigen

Klatsch, Geiz beim Tauschhandel oder irgendeine andere Kränkung zum Anlaß, einander herauszufordern. Der Zorn legt sich, nachdem man sich Beulen und blutige Wunden beigebracht hat, und manchmal spucken die Kämpfer noch tagelang Blut. Auf der nächsten Stufe der Gewalttätigkeit werden die Kämpfe mit Knüppeln ausgetragen, ähnlich wie beim Boxkampf, nur daß jetzt eine Waffe benutzt wird. Die Knüppel sehen aus wie Billardstöcke, sind aber doppelt so groß; also zwei bis drei Meter lang. Zumeist wird ein Duell dadurch ausgelöst, daß ein Mann seine Frau beim Geschlechtsverkehr mit einem anderen Mann überrascht. Der erzürnte Ehemann fordert seinen Nebenbuhler auf, ihm mit einem Knüppel auf den Kopf zu schlagen. Er selbst steht still und hält seinen Knüppel senkrecht vor den Leib. Nachdem er den ersten Schlag abgewehrt hat, schlägt er selbst zu. Wenn nun das Blut den Kämpfern über Gesicht und Hals fließt, wird das Gefecht immer wilder, und die Kämpfer suchen einander an anderen Körperstellen zu treffen. Nun beteiligen sich auch andere an dem Kampf und ergreifen gewöhnlich für den Partei, mit dem sie verwandt sind, aber manchmal verteilen sie sich auch so, daß dadurch ein Gleichgewicht unter den Kämpfenden hergestellt wird. Noch nach Jahren werden die bei diesen Kämpfen in der Schädeldecke entstandenen Dellen stolz als Beweis der Tapferkeit und Männlichkeit vorgezeigt, wie etwa die Mensurnarben der Heidelberger Studenten.

In der äußerst angespannten Atmosphäre, welche durch häufige mit Fäusten und Knüppeln ausgetragene Kämpfe entsteht, kann ein einziger Zwischenfall zu dem Entschluß führen, die Dorfgemeinschaft aufzuspalten. Dazu genügt ein einziges mit Knüppeln ausgetragenes Gefecht, Höhepunkt einer langen Serie von Zwischenfällen. Oder die Dorfgemeinschaft bleibt lange genug zusammen, um eine noch gewalttätigere Episode auf der dritten Stufe der Aggressivität zu erleben. Das geschah bei dem Zwischenfall von Patanowä-teri, den Chagnon selbst miterlebt hat.

Es begann damit, daß ein junger Mann einem anderen die Frau stahl, weil dieser sie angeblich mißhandelt hatte. Dann fochten die beiden Rivalen ein brutales Duell mit Knüppeln aus. Da es schon vorher erhebliche Spannungen unter den Dorfbewohnern gegeben hatte, beteiligten sich bald alle Männer an dem Kampf. Der Häuptling von Patanowä-teri suchte die Auseinandersetzungen in Grenzen zu halten und befahl den Kämpfenden, sich auf Knüppel zu beschränken. Aber plötzlich schleuderte der junge Mann einen Speer auf den Ehemann und verwundete ihn. Andere Männer begannen, mit den angespitzten Enden der Knüppel aufeinander einzustechen. Erzürnt über diese Entwicklung durchbohrte der Häuptling den jungen Mann mit seinem Knüppel; der starb, als andere versuchten, ihn herauszuziehen. Die Frau wurde ihrem Mann zurückgegeben, der sie damit bestrafte, daß er ihr mit seiner Machete die Ohren abschnitt.

Die Verwandten des Toten erhielten den Befehl, Patanowä-teri zu verlassen, um weiteres Blutvergießen zu verhindern. Sie zogen zu den Dörfern der Monou-teri und Bisaasi-teri, die mit den Patanowä-teri verfeindet waren und ihnen versprachen, sie zu schützen, wenn sie ihnen einige Frauen überließen. Dort verabredeten sich die Flüchtlinge mit ihren Gastgebern zu Überfällen auf ihr heimatliches Dorf, um sich für die Vertreibung zu rächen und weitere Frauen zu entführen.

Der psychologisch entscheidende Augenblick, in dem sich eine Gruppe der Yanomamö spaltet, kommt am häufigsten, wenn die Bevölkerung eines Dorfs die Zahl von hundert Personen überschreitet. Spaltungen in Dörfern mit weniger als achtzig Bewohnern kommen ohne Rücksicht auf die dort bestehenden inneren Spannungen nur selten vor. Das liegt daran, daß jedes Dorf wenigstens über zehn kräftige Männer verfügen muß, die Raubzüge unternehmen und die anderen Bewohner verteidigen können. Sind weniger als zehn an einem Überfall beteiligt, dann müssen sie damit rechnen, im Handgemenge mit dem Feind zu unterliegen. Im Normalfall läßt sich eine so starke Gruppe von Kriegern nur aufbieten, wenn die gesamte Bevölkerung eines Dorfes aus vierzig bis sechzig Personen besteht. Deshalb muß ein Dorf wenigstens doppelt so viele Bewohner haben, das heißt etwa hundert, um sich in zwei Gruppen aufspalten zu können, die in der Lage sind, den Kampf ums Überleben zu bestehen.

Die historischen Voraussetzungen sind ein wichtiger Faktor bei der Spaltung der Dörfer. Der heutige Stamm der Yanomamö entstand im südamerikanischen Regenwald, beschäftigte sich dort mit einem verhältnismäßig produktiven Ackerbau auf Feldern, die durch Roden und Niederbrennen von Waldflächen urbar gemacht wurden, und verteilte sich auf einzelne Dörfer im Rahmen einer Organisation, die nur geringfügig komplexer war als die der Trupps von Jägern und Sammlern, wobei diese Leute kaum von anderen indianischen Stämmen oder Europäern behindert wurden. Unter diesen Voraussetzungen konnte sich die Bevölkerung wenigstens über ein paar Generationen beträchtlich vermehren. So sind die Männer dazu übergegangen, mehrere Frauen zu nehmen, ein Brauch, den man bei allen Jägern und Sammlern und primitiven Akkerbauern antrifft. Aber hier wurde die Vielweiberei so stark übertrieben, daß sie Anlaß zu häufigen Stammesfehden wurde. Variationen all dieser ethnographischen Erscheinungen findet man bei allen auf einer niedrigen wirtschaftlichen Entwicklungsstufe stehenden Völkern der Welt, aber viele umweltbedingte Einzelheiten sind nur bei den Yanomamö anzutreffen.

Auch die Einzelheiten der Expansion der Yanomamö haben einen geschichtlichen Hintergrund. Der Stamm lebt in Dörfern mit Namen wie Patanowä-teri, Reyaboböwei-teri und Iwahikoroba-teri (das »-teri« entspricht dem spanischen Wort »pueblo« und kann entweder Dorf oder Volk bedeuten). Diese Gemeinwesen mögen uns sehr klein und isoliert vorkommen, aber für Menschen, die diese Dörfer bewohnen, sind es vollständige Welten, in denen sie ein erfahrungsreiches

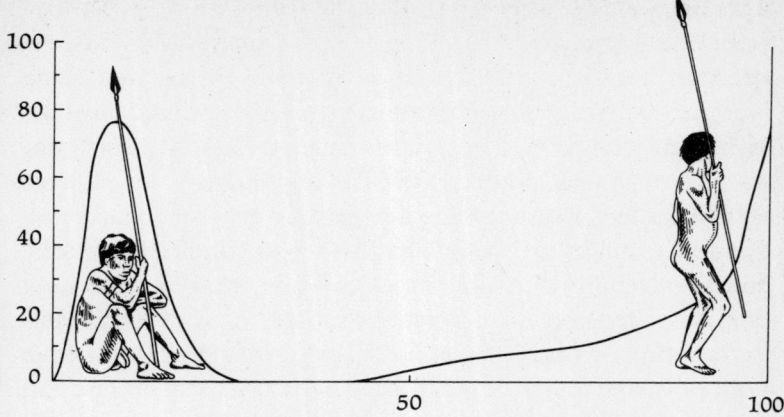

Das Aufspalten von Dorfgemeinschaften bei den Yanomamö in Südamerika. Dieser Vorgang ist hier quantitativ gemäß der Theorie über die Gen-Kultur-Koevolution dargestellt. Auf der rechten Seite des Diagramms neigen die meisten Individuen dazu, die Dorfgemeinschaft zu spalten, links wollen die meisten im Dorf bleiben und die Gemeinschaft zusammenhalten.

und erregendes Leben führen. Die Dörfer entstanden nach einer Reihe von Wanderungen, Kriegen, Epidemien, Bewährungsproben, wichtigen Heiraten, nach dem Auffinden fruchtbaren Ackerbodens und im Gefolge legendärer Heldentaten, die von den Yanomamö niemals vergessen werden. Die Geschichte von Patanowä-teri unterscheidet sich zwar in ihrer Bedeutung von derjenigen Englands, aber nicht in ihren Grundzügen, und Chagnon ist ihr Macaulay.

Gemäß dem von Krogh entwickelten Prinzip ermöglichen Maßstabsunterschiede, die Geschichte der Yanomamö-Dörfer deduktiv zu analysieren und dabei einiges über die Beziehungen zwischen individuellem Verhalten und Kultur zu erfahren. Zunächst kann man die Spaltung der Dörfer als eine Entscheidung zwischen zwei Alternativen behandeln, die von Individuen getroffen wird: zusammenzubleiben oder sich zu trennen. Für welche dieser beiden Möglichkeiten sich ein Dorfbewohner entscheiden wird, hängt sowohl von der Meinung anderer als auch von der Einwohnerzahl des Dorfes ab. Beide Optionen werden in gemeinsamen Beratungen und Diskussionen erörtert. Die einzelnen Stammesangehörigen sind eher zu bleiben geneigt, wenn das Dorf etwa hundert oder weniger Bewohner hat, wenn sich die Einwohnerzahl jedoch auf zweihundert vermehrt und es immer wieder zu gewalttätigen Auseinandersetzungen kommt, wächst die Tendenz zur Spaltung deutlich. Chagnon hat festgestellt, daß die Einwohnerzahl stetig zunimmt, bis eine »kritische Masse« erreicht ist. In kleinen Gruppen lassen sich Streitigkeiten sehr bald schlichten, und die einzelnen reagieren gelassen auf gelegentliche Meinungsverschiedenheiten. Wenn aber die Einwohnerzahl den kritischen Punkt erreicht hat, führen auch belanglose Streitigkeiten zu heftigen Auseinandersetzungen, die rasch alle Dorfbewohner erfassen. Wenn sich eine genügend große Zahl bereit findet, das Dorf zu verlassen, wandert eine Familiengruppe ab und läßt sich an anderer Stelle nieder; das Gemeinwesen hat sich in zwei Dörfer aufgespalten.

Aus den Berichten Chagnons über den Spaltungsprozeß haben wir ein Modell des Denkens der Yanomamö entwickelt, das die wesentlichen Details des individuellen Entscheidungsprozesses zu enthalten scheint. Es geht über das Inzestmodell insofern hinaus, als es auch die Auswirkungen der Meinungen anderer und die als Folge des Bevölkerungsdrucks zu beobachtende Zunahme der inneren Spannungen berücksichtigt. Die wichtigste Erkenntnis ist die folgende: Wenn die Haltung der Stammesgenossen einen bestimmten Grad der Bedrohlichkeit erreicht hat, dann wird die Wahrscheinlichkeit, daß der einzelne seine Meinung ändert, ganz plötzlich sehr viel größer oder sehr viel geringer. In einem kleinen Dorf kann man kaum damit rechnen, daß sich ein Bewohner dazu entschließen wird, es zu verlassen, es sei denn, die überwältigende Mehrheit der Dorfbewohner spricht sich für die Spaltung der Dorfgemeinschaft aus. Nachdem diese Mehrheit zustande gekommen ist, kommt es leichter zu einer solchen Aufspaltung, aber trotzdem fällt es den Dorfbewohnern nicht leicht, die bisher bestehende soziale Struktur zu zerstören. Deshalb neigen die Bewohner kleiner Dörfer, auch nachdem sie sich aufzuspalten beschlossen haben, dazu, trotzdem zusammenzubleiben. Sobald jene, die bleiben wollen, eine gewisse Minderheit erreicht haben, steigt die Wahrscheinlichkeit, daß die ganze Gruppe den Entschluß, sich zu trennen, zurücknimmt. Jeder läßt sich leicht davon überzeugen, daß es günstiger sei, die Dorfgemeinschaft nicht zu zerstören. Daher zeigt die ethnographische Kurve für ein kleines Dorf einen eindeutigen Gipfelpunkt bei solchen kollektiven Entscheidungsabläufen, in denen die Zahl derjenigen, die abwandern wollen, sehr klein ist.

In großen Dörfern ist das anders. Die an Heftigkeit zunehmenden und oft tödlich endenden Streitigkeiten führen dazu, daß die einzelnen Dorfbewohner eher geneigt sind, einer Spaltung zuzustimmen. Diese Tendenz verstärkt sich mit der Intensivierung von Spannung und Gewalt. Die Zahl der Aufbruchswilligen, die notwendig ist, um die endgültige Entscheidung herbeizuführen, wird immer kleiner. In einem durch solche Konfrontationen zerrissenen Dorf genügt schon der Anblick weniger Personen, die sich zum Aufbruch rüsten, auch andere zu diesem Entschluß zu bewegen. Die Wahrscheinlichkeit, daß Aufbruchswillige ihre Meinung ändern und im Dorf bleiben, nimmt mit wachsender Einwohnerzahl ab. Um die Wahrscheinlichkeit auch nur geringfügig zu erhöhen, daß sich unter diesen Umständen einzelne Dorfbewohner, die zunächst fortgehen wollten, wieder zum Bleiben entschließen, wäre es notwendig, daß eine sehr große Mehrheit der übrigen Dorfbewohner die Geschlossenheit des Gemeinwesens bewahren will. Unter diesen psychologischen Voraussetzungen sagte unsere mathematische Theorie über die Umsetzung des Individualverhaltens in Gruppenmuster ethnographische Kurven voraus, deren Maximum dicht um jene Dörfer entstand, in denen es als Folge von heftigen Streitigkeiten zur Spaltung gekommen war.

Es zeigt sich wieder, daß selbst dann, wenn sich die Größe der Dörfer aufgrund biologisch fixierter Abläufe des Individualverhaltens verändert, zwangsläufig eine beachtliche kulturelle Vielfalt entsteht. Diese Vielfalt läßt sich an einer ethnographischen Kurve verdeutlichen beziehungsweise an der relativen Häufigkeit von Gesellschaften mit verschiedenen Prozentsätzen von Bewohnern, die in der Dorfgemeinschaft bleiben oder abwandern wollen.

Solche anthropologischen Informationen können für allgemeinere Forschungen mit jenen Daten verglichen werden, die wir über die psychologischen Ursachen für die wichtigsten Entscheidungen gewonnen haben. Dann können die Theoretiker und die praktischen Anthropologen in gemeinsamer Arbeit noch tiefer in das Problem eindringen. Es lassen sich komplexere Modelle entwickeln, um die Theorie auszubauen und zu korrigieren. Weitere Faktoren wie das Nahrungsangebot und die Macht des Häuptlings können in die Analyse einbezogen und auf ihren Einfluß untersucht werden. Wenn nun die Forschungsarbeit immer mehr ins Detail geht und einmalige Vorgänge berücksichtigt, wird die Anthropologie sich der konventionellen Geschichtsforschung annähern.

Der Fall der Yanomamö-Indianer zeigt, was im analytischen Ansatz der Theorie von der Gen-Kultur-Koevolution steckt. Er zeigt aber auch, wie wenig sich die meisten anthropologischen Daten als Grundlage für eine quantitative Theorie eignen. Die für den Entscheidungsprozeß bei der Spaltung der Dörfer festgestellten Regeln sind höchstwahrscheinlich eine Zusammenfassung verschiedener epigenetischer Prozesse der geistigen Entwicklung, die sich auf Aggressivität, Fremdenfeindlichkeit und verwandtschaftliche Bindungen beziehen. Diese Prozesse müssen mit Hilfe genauer Untersuchungen der Sozialisierung und der Reifung der Einstellungen von

Kindern und jungen Erwachsenen voneinander isoliert werden. Bis heute läßt sich die Vielfalt der Meinungen in den Yanomamö-Dörfern nur sehr ungenau und spekulativ durch ethnographische Kurven zum Ausdruck bringen. Um sie zu präzisieren, müssen ganz neue Untersuchungen vorgenommen werden.

Einige Anthropologen haben die Befürchtung geäußert, daß ihre Wissenschaft den Höhepunkt überschritten habe und ihr Niedergang sich nicht mehr aufhalten ließe. Die meisten heute noch existierenden primitiven Gesellschaften sind bereits erforscht, und die dabei gewonnenen Erkenntnisse, die aufzuzeichnen sich lohnt, füllen ganze Bibliotheken. Aber wenn die Gen-Kultur-Koevolution gründlicher erforscht wird, wenn der Einfluß der epigenetischen Regeln auf die Kultur gemessen werden kann und wenn die Biologie daher für die Wissenschaft vom Menschen Geltung hat, dann wird die Anthropologie einen mächtigen Aufschwung erleben. Sie ist in jeder Hinsicht ein Sproß der Naturwissenschaften. Die bis heute gesammelten Fakten werden ihren Wert behalten, wir müssen unsere Erkenntnisse jedoch erheblich erweitern, um die Verknüpfung zwischen der biologischen und der kulturellen Evolution befriedigend erklären zu können. Wenn sich diese neuen Methoden weiter ausbauen lassen, wird es vielleicht möglich werden, manche Aspekte der Geschichte komplexerer Gesellschaften bis hin zu den modernen Industriestaaten entsprechend zu erklären. Aber weil es auf diesem Gebiet so leicht zu Mißverständnissen kommt, müssen wir mit aller Deutlichkeit darauf hinweisen, daß die bestehenden Theorien und Methoden nicht ausreichen, komplexere Verhaltensmuster und die Institutionen hochentwickelter Gesellschaften zu behandeln. Die Soziobiologie des Menschen befindet sich in etwa der gleichen Lage wie die Molekularbiologie in ihren allerersten Anfängen. Mit anderen Worten, einige Schlüsselmechanismen sind erkannt, und das genügt, um elementare Phänomene in einer neuen und präziseren Weise zu erklären. Unsere Erkenntnisse sind noch rudimentär, aber wenn sowohl die Biologie als auch die Kultur in Rechnung gestellt werden sollen, dann scheint dies der einzig mögliche Weg zu sein.

Die zweite Herausforderung: Von der Kultur zu den Genen

Mit Vorsicht können wir bei einigen Verhaltensweisen in primitiveren Gesellschaften den Schritt von der Biologie zur Kultur vollziehen. Doch dann stehen wir vor der viel schwierigeren Aufgabe, die Kultur in die Biologie zurückzuverfolgen. Wie wird die Evolution der Gene durch die kulturelle Umwelt beeinflußt, in welche sie eingebettet sind? Die mögliche Art dieser Wechselbeziehungen läßt sich in konreterer Form vorstellen, wenn wir uns in unserer Phantasie um 25 000 Jahre zurückversetzen, in eine Zeit, als die evolutionäre Entwicklung des Menschen in vollem Gange war. Damals entwickelten sich die Kunst, der Umgang mit Zahlen, die Religion und vielleicht auch die menschliche Sprache. Der Mensch hatte die Entwicklungsstufe des *Homo sapiens* erreicht und verbreitete sich, von Afrika und Europa ausgehend, über die ganze Erde. Sehr bald sollten einzelne Trupps die Bering-Landbrücke von Sibirien nach Alaska überqueren, um die Neue Welt zu besiedeln. Andere drangen südwärts vor und erreichten schließlich Neu-Guinea und Australien.

Während dieser kritischen Periode entwickelte der menschliche Geist neue epigenetische Regeln. Bei jeder neuen Unternehmung mußte jeder einzelne die richtigen kulturellen Entscheidungen treffen, und das mußte in kürzester Zeit geschehen. Wichtige Merkmale wie die grammatische Tiefenstruktur oder die emotionale Reaktion auf Stammeszeremonien wurden nicht den Zufällen der Kultur und der elterlichen Anleitung überlassen. Diese und andere lebenswichtige geistige Funktionen wurden durch genetische Programme im Gehirn verschlüsselt und gespeist. Mit zunehmender Komplexität des geistigen Lebens komplizierten sich auch die ihm zugrunde liegenden Algorithmen und Bahnungen.

Die Jäger und Sammler perfektionierten ihre Steinmesser und Speerspitzen. Sie stellten Angelhaken und Nähnadeln aus Elfenbeinsplittern her. Sie erfanden Namen für eßbare Pflanzen und erdachten die Mythen über Tiergeister, die sie einander am Lagerfeuer erzählten. Mit dem Aufblühen der Kultur erweiterte sich die genetische Vielfalt in den örtlichen Populationen der Spezies. Zwar unterlag die geistige Entwicklung immer strengeren und mächtigeren Gesetzmäßigkeiten, doch in den Gesellschaften stiegen Ausgewogenheit und Flexibilität. Es gibt eine Theorie, die diesen scheinbaren Widerspruch erklärt. Einige kognitive Merkmale sind so bedeutsam, daß die epigenetischen Regeln, die sie hervorbringen, derart evoluieren werden, daß sie bei allen Angehörigen der Spezies hochentwickelt sind. So darf man zum Beispiel erwarten, jeder beliebige Mensch werde derart rasch sprechen lernen, wie es bei einem Schimpansen als Wunder gälte. Der Mensch erfindet für alles, was er sieht und hört (aber nicht für Gerüche) unglaublich schnell Wörter, mit denen er seine Wahrnehmungen bezeichnet. Fast ausnahmslos essen alle Menschen gern Süßes, meiden Exkremente und heiraten Personen, mit denen sie nicht verwandt sind.

Doch es gibt auch Merkmale, die nur in Grenzen vorteilhaft sind: Mehr bedeutet nicht unbedingt besser. Es gibt im menschlichen Leben Umstände, unter denen die Mäßigung nützlich und das Übermaß schädlich sind. Die Aggressivität ist ein ausgezeichnetes Beispiel dafür. Wenn der einzelne zu wenig aggressiv ist, kommt es zur Vorherrschaft der aggressiveren Genossen, und die Handlungsfähigkeit des gesamten Stammes wird geschwächt; eine zu stark ausgeprägte Aggressivität führt zu Unbedachtsamkeit und Selbstzerstörung. Ein Kompromiß zwischen beiden Tendenzen kann nicht nur die Feindseligkeit auf ein annehmbares Maß herabsetzen, son-

Ein Ringerturnier in einem Yanomamö-Dorf.

dern auch in der Art des Umgangs mit ihr eine größere Vielfalt unter den Menschen bewirken.

Die meisten heute lebenden Gruppen primitiver Menschen kennen irgendwelche Formen organisierter Aggressivität, und wir können vermuten, daß ritualisierte Zweikämpfe und Kriege auch bei unseren Vorfahren vor 25 000 Jahren allgemein üblich waren. Bei den Yanomamö-Indianern kann man sehen, welche Kräfte zu Mäßigung und Vielfalt führen. So bei einem typischen Vorfall in der Geschichte der Monou-teri.

Die Lage wurde zusehends gefährlicher, als sich die Männer der Monou-teri, ohne eingeladen zu sein, an einem Fest der Patanowä-teri und der Bisaasi-teri beteiligten. Bei ihrer Ankunft entdeckten sie außerhalb des Hauptdorfes sieben unbewachte Patanowä-teri-Frauen. Die Versuchung war zu groß. Sie bemächtigten sich der Frauen und entführten sie in ihr eigenes Dorf. Am nächsten Morgen erschienen die Patanowä-teri-Männer, mit Knüppeln bewaffnet, bei den Monou-teri. Im Verlauf des nun folgenden Gefechts gelang es ihnen, fünf Frauen zu befreien. Die restlichen zwei hätten sie jedoch nicht ohne den Einsatz von Pfeil und Bogen zurückgewinnen können, wobei sie das Risiko hätten eingehen müssen, einige ihrer Gegner zu töten. Ihr Häuptling war jedoch nicht bereit, den Konflikt so weit eskalieren zu lassen. Er beschloß, keine gefährlicheren Waffen einzusetzen als die Knüppel, weil die Patanowä-teri schon jetzt so viele Feinde hatten, daß sie sich ihrer gerade noch erwehren konnten.

Die Monou-teri wußten natürlich, daß die Patanowä-teri auf einen Kompromiß angewiesen waren, und reagierten entsprechend. Aber ein Faktor warf ihre Berechnungen über den Haufen. Der Häuptling der Monou-teri, Damowä, war ein besonders jähzorniger und aggressiver Mann. Er war der einzige echte Waiteri (wilde Kämpfer) in seinem Dorf. Daß die Patanowä-teri so viele Frauen zurückerobert hatten, erzürnte ihn so sehr, daß er seine Monou-teri mit allen verfügbaren Waffen angreifen ließ. Seine Männer überraschten einen Patanowä-teri-Krieger, Bosibrei, in der Nähe des Dorfes, als er auf eine Palme kletterte, um ihre Früchte zu sammeln. Sie töteten Bosibrei mit einer einzigen Pfeilsalve und liefen anschließend in ihr Dorf zurück.

Jetzt mußten sich die Monou-teri auf den unvermeidlichen Gegenangriff der Patanowä-teri vorbereiten. Sie stellten Wachen auf und begannen, am anderen Ufer des Mavaca-Flusses neue Gärten anzulegen, in die sie sich notfalls zurückziehen konnten. Aber der ungestüme Damowä war so leichtsinnig, allein auf Honigsuche zu gehen, und wurde dabei von einem Trupp der Patanowä-teri gestellt und mit Pfeilen getötet.

Der Tod der beiden Männer gab der Geschichte der Yanomamö eine ganz neue Richtung. Er löste eine Reihe von politischen Ereignissen aus, die beiden einander bekämpfenden Gruppen schweren Schaden zufügten. Die Monou-teri hatten Schwierigkeiten bei der Wahl eines neuen Häuptlings und einigten sich schließlich auf Orusiwä. Damit ging die Führung von einer Familie auf eine andere über. Die Monou-teri und die Patanowä-teri mußten ihre Dörfer einige Male verlegen, um sie besser verteidigen zu können. Der Krieg zwischen beiden Gruppen setzte sich fort, und auch andere Stämme wurden hineingezogen. Dabei fielen naturgemäß die besten Kämpfer. Evolutionsbiologisch betrachtet, waren jetzt die idealen genetischen Voraussetzungen dafür geschaffen, die Aggressivität abzubauen und Konflikte zu bewältigen.

Auch außerhalb des Bereichs der Aggressivität wird der systematische Ausgleich begünstigt. In Gemeinwesen von Jägern und Sammlern wie etwa bei den Kung in der Kalahari wird der Versuch des einzelnen, seinen Status zu verbessern und den persönlichen Besitz zu mehren, lächerlich gemacht und scharf abgelehnt. Das Ergebnis ist die Aufrechterhaltung einer nahezu egalitären Gesellschaftsordnung. In ökonomisch komplexeren Gesellschaften sorgen Spezialisierung und Arbeitsteilung für Mäßigung in einer anderen Richtung. Eine Überproduktion an Gütern und Dienstleistungen jeder Art führt zur Verschärfung des Wettbewerbs, zur Destabilisierung des Marktes und schließlich zu einer Verringerung des Nettogewinns für den spezialisierten Hersteller. Steigende Verarbeitungs- und Transportkosten können den wirtschaftlichen Abschwung weiter beschleunigen. Nach mehreren Generationen wird diese Entwicklung nicht nur zu einer Vielfalt der wirtschaftlichen und sozialen Rollen führen, wie es die elementare Wirtschaftstheorie behauptet, sondern auch zu einer Diversifikation der Gene, welche dazu befähigen, je eine solche Aufgabe zu übernehmen.

Das bedeutet nicht, daß sich in den menschlichen Gesellschaften ein genetisches Kastensystem entwickelt. Die starke Tendenz, den Ehepartner außerhalb des Familienkreises zu suchen und junge Leute zwischen den Stämmen auszutauschen, spricht entschieden dagegen, daß sich ein solcher Trend durchsetzt. Die Wahrscheinlichkeit einer Aufteilung der Gesellschaft in Klassen verringert sich in höher entwickelten Gesellschaften noch weiter durch die soziale Mobilität und die vermehrten Möglichkeiten des Berufswechsels. Sogar das Kastensystem in Indien, das starrste und komplizierteste auf dieser Erde, das sich über 2000 Jahre erhalten hat, wird weitgehend durch kulturelle Konventionen aufrechterhalten. Soweit bekannt ist (diese Frage ist allerdings niemals gründlich untersucht worden), unterscheiden sich die Angehörigen verschiedener Kasten hinsichtlich der Blutgruppen und anderer meßbarer anatomischer und physiologischer Merkmale nur geringfügig voneinander. Aus der Analyse geht jedoch hervor, daß ohne weiteres eine größere Vielfalt der Entwicklungsgesetzmäßigkeiten entstehen kann, welche die ökonomische und soziale Rollenwahl des einzelnen beeinflussen. Diese Neigungen und die Erbanlagen, die sie fördern, befinden sich bei den einzelnen Populationen in ständigem Fluß. Wenngleich sich die Gesellschaften deshalb nicht ohne weiteres in biologische Untergruppen aufspalten, sorgen solche Einflüsse doch für ein größeres Ausmaß an genetischer Individualität. Die natürliche Auslese scheint ein außerordentlich schöpferischer und großzügiger Faktor gewesen zu sein, der viele Talente hervorgebracht und sie großzügig über die ganze Bevölkerung verteilt hat. Wenn das zutrifft, ist jede einzelne Person noch entschiedener ein unverwechselbares Individuum, als Wissenschaftler und Humanisten es bisher vermutet haben.

In dem evolutionären Schmelztiegel vor 25 000 Jahren könnten in rascher Folge zahlreiche genetisch bedingte Veränderungen im menschlichen Gehirn eingetreten sein. Aus den koevolutionären Gleichungen geht hervor, daß hier eine »Jahrtausendregel« wirksam gewesen ist, die sich ganz grob wie folgt beschreiben läßt. In nur fünfzig Generationen – das sind etwa tausend Jahre – kann in den epigenetischen Regeln, die das Denken und Verhalten steuern, eine substantielle genetische Evolution erfolgen. Um deutlicher zu erkennen, was geschehen sein könnte, wollen wir uns um wenige tausend Jahre in eine Periode rascher Evolution zurückversetzen. Nehmen wir an, daß zu Beginn dieser Episode eine bestimmte epigenetische Regel stark durch ein Gen beeinflußt wurde, während ein zweites Gen entsprechenden Einfluß auf eine andere epigenetische Regel ausübte. Die erste epigenetische Regel veranlaßte die Individuen, sich für ein Kulturgen zu entscheiden – etwa die Nase zu rümpfen, um Mißfallen auszudrücken –, und die zweite epigenetische Regel veranlaßte sie, sich für ein alternatives Kulturgen zu entscheiden, nämlich die Stirn zu runzeln, um dem gleichen Empfinden Ausdruck zu verleihen. In unserem Beispiel herrschte in der Bevölkerung das erste Gen vor, und sie folgte daher der ersten epigenetischen Regel mit der Neigung, die Nase zu rümpfen. Wenn nun jene, die, um ihren Unwillen zu äußern, die Stirn runzelten, auch nur eine geringfügig bessere Überlebenschance hatten als diejenigen, die die Nase rümpften, mußten etwa tausend Jahre vergehen, bis an die Stelle des ersten das zweite Gen trat. Am Ende dieser Zeit, nach fünfzig Generationen, würde die Population in ihrer Mehrheit aus Menschen bestehen, die das zweite Gen besäßen, der zweiten epigenetischen Regel folgten und ihren Unwillen auf die zweite Art ausdrückten. So könnte es – wenigstens theoretisch – während der letzten 25 000 oder 50 000 Jahre sehr wohl bedeutende evolutionäre Veränderungen in den Strukturen des menschlichen Geistes gegeben haben. Wir wissen nicht, ob das wirklich geschehen ist, heute sollte man es aber als durchaus möglich betrachten.

Die genetischen Veränderungen müssen insgesamt sehr stark durch kulturelle Neuerungen beschleunigt worden sein. Die Rückkoppelung von der Kultur zu den Genen ist der einzige Evolutionsprozeß, den es wahrscheinlich nur beim Menschen gibt. In den meisten der vielen Millionen Tierarten, die keine Kultur hervorgebracht haben, wird das Verhalten ausschließlich von den Genen gelenkt. Die Verhaltensmuster sind starr und werden direkt genetisch gesteuert. Jede Spezies hat ihr eigenes Repertoire solcher »instinktiven« Verhaltensweisen, und die getreuliche Befolgung dieses Repertoires paßt die Mitglieder der Spezies genau der für sie geeigneten Umwelt an. So läßt sich die Stubenfliege vom Geruch bestimmter verfaulender Substanzen leiten; sie streckt ihren Rüssel auf eine ganz bestimmte Art aus, um Zucker aufzunehmen; sie paart sich, wenn der Geschlechtspartner bestimmte Signale von sich gibt; und sie legt ihre Eier dort ab, wo bestimmte Gerüche und die Feuchtigkeit des Ablageorts sie dazu anregen. Mit ihren automatischen Reaktionen vermag die Fliege in einer ungeheuer komplexen und gefährlichen Umwelt glänzend zu überleben.

Die Evolution der Insekten und anderer Tiere mit kleinen Gehirnen vollzieht sich in der Weise, daß spontane Genmutationen oder Rekombinationen von schon existierenden Genen neue Verhaltensmuster erzeugen. Wenn dieses veränderte Repertoire den Tieren, die es anwenden, eine bessere Überlebenschance oder die Fähigkeit verleiht, sich erfolgreicher zu vermehren, breiten sich die Gene, die dieses Verhalten steuern, in der Population aus. Die Spezies evoluiert vom alten zum neuen Verhaltensrepertoire.

Die Evolution des Menschen erfolgt einerseits ganz ähnlich wie die der Fliege, unterscheidet sich andererseits aber doch grundsätzlich von ihr. Naturwissenschaftler und Philosophen haben zwar im allgemeinen begriffen, daß die Kultur eine neue Kraft in der Evolution des Lebens ist, aber ihre Fähigkeit, die Erbanlagen zu verändern, ist viel größer, als man bisher angenommen hat. Die konventionelle Vorstellung von der Evolution des Menschen sagt, die Kultur sei *an die Stelle* der genetischen Evolution getreten: Die Evolution habe die Leistungsfähigkeit des menschlichen Gedächtnisses und logischen Denkens in relativ allgemeiner Form bis auf ein hohes Niveau gebracht, dann habe die Kultur die Führung der Menschheit bis heute übernommen. Nach dieser Auffassung hat die Geschichte der letzten 25 000 Jahre darin bestanden, daß der Mensch mit der früher erworbenen erblichen Ausstattung seinen Weg fortsetzte. Aber die Erkenntnisse, die wir aus der Psychologie und den Modellen der Gen-Kultur-Koevolution gewonnen haben, zeigen uns, daß zwischen Genen und Geist eine völlig andere Beziehung besteht. Zwar werden neue Verhaltensweisen, die »Mutationen« der Kultur, vom menschlichen Geist erfunden, aber welche Formen diese Neuerungen annehmen, wird sehr stark von den Genen beeinflußt. Es kommt zu einem Rückkoppelungseffekt, das heißt, die Kultur beeinflußt ihrerseits wieder die Gene. Der biologisch größere Erfolg gewisser Verhaltensweisen bewirkt, daß die diesem Verhalten zugrunde liegenden epigenetischen Regeln und die sie steuernden Gene sich in der ganzen Population durchsetzen. Die genetische Evolution vollzieht sich auf diese Weise und macht es wahrscheinlicher, daß künftige Generationen gerade jene Formen des Denkens und Verhaltens entwickeln, die bei früheren Erprobungen durch die natürliche Auslese erfolgreich waren.

Die Gen-Kultur-Koevolution ist ein radikaler Prozeß. Die Unterschiede zwischen den Individuen, die die Evolution einer höheren Intelligenz und Kultur erst ermöglicht hat, steigern das Potential für die natürliche Auslese und die genetische Evolution ungeheuer. Nicht mehr die Gene diktieren ein bestimmtes Verhalten oder einige wenige Verhaltensweisen, sondern der Geist greift entschieden in das Geschehen ein. Auf allen nur denkbaren Gebieten schafft er ein sehr viel breiteres Handlungsspektrum. Er sorgt dafür, daß jede Kombination von Genen sich vielfältig äußern kann, und bietet innerhalb der Lebenszeit eines Individuums alternative Lösungsmöglichkeiten für die meisten Probleme an. Da der menschliche Geist die Gegebenheiten des Augenblicks beurteilt und die weiteren Folgen seiner eigenen Entscheidungen reflektiert, kann er mit den jeweiligen Erfordernissen des Lebens besser fertigwerden als der Instinkt des Tieres mit seinen festprogrammierten Reaktionen. So wird die Mutationsrate des menschlichen Verhaltens wesentlich erhöht, und die Gene, die dieses Verhalten ermöglichen, werden rascher einer Bewährungsprobe unterzogen als bei den anderen, nur vom Instinkt geleiteten Spezies.

Die Folge ist eine Beschleunigung der Evolution. Aber die Gene halten die Kultur immer noch gewissermaßen im Zaum; in jeder Generation haben die vorherrschenden, für die geistige Entwicklung maßgebenden epigenetischen Regeln einen Einfluß darauf, welche kulturellen Neuerungen erfunden werden und für welche der Mensch sich entscheidet. Und doch ist die Kultur nicht nur ein passives Gebilde. Sie ist vielmehr eine so gewaltige Kraft, daß sie die Gene zwingt, der Richtung zu folgen, die sie angibt. Durch häufige Mutationen schafft sie immer wieder neue Variationen, die sie der natürlichen Auslese überantwortet, und sie verändert im Laufe von Generationen die epigenetischen Regeln.

Die dritte Herausforderung: Warum nur der Mensch?

Wenn diese Mischung aus theoretischen und praktischen Erkenntnissen den Tatsachen entspricht, dann hat sie uns dem Verständnis dessen, was an der Evolution des Menschen so einzigartig ist, und der Beantwortung der Frage, weshalb sie so rasch erfolgte, näher gebracht. Aber es bleibt die quälende Frage, warum nur der Mensch den vierten großen Schritt der organischen Evolution getan hat. An den fossilen Lagerstätten finden wir überall die Überreste von Tieren mit großen Gehirnen, die schon früher die gleiche Entwicklungsstufe erreicht haben könnten. Vor hundert Millionen Jahren, zu einer Zeit, die um das Fünfzigfache weiter zurückliegt als das Auftreten des ersten wirklichen Menschen in der Gestalt des *Homo habilis*, schwammen große Ammoniten und andere archaische Verwandte des Tintenfisches und des Oktopus in den

Meeren des Mesozoikums. Mit ihren großen tellerförmigen Augen beobachteten sie das Leben im Wasser, und mit ihren Tentakeln betasteten sie den mit Korallen und Schlamm bedeckten Boden des Ozeans. Was mögen sie gedacht haben? Vielleicht hatten sie eine Art Bewußtsein, und ihr Gehirn ermöglichte ihnen eine Erweiterung der Erkenntnisse, die schon in ihren assoziativen Nerven gespeichert waren. An Land lebten menschengroße Dinosaurier, die sich halb aufgerichtet auf den Hinterbeinen fortbewegten. Sie hatten relativ große Gehirne und haben mit ihren dreifingerigen Händen vielleicht irgendwelche Gegenstände manipuliert. Sie hätten sich ohne weiteres zu intelligenten Lebewesen entwickeln und eine Kultur hervorbringen können. Die »Dinosauroiden«, wie der Paläontologe Dale Russell ihre imaginären hochintelligenten Nachkommen nennt, hätten den Menschen in seiner Entwicklung schon vor hundert Millionen Jahren überholen können, aber die Gelegenheit ging ungenutzt vorüber. Die großen Kopffüßer und Reptilien starben aus, und an ihrer Stelle verbreiteten sich die mit großen Gehirnen ausgestatteten Säugetiere. Zu einer Zeit, die um das Zehnfache weiter zurückliegt als der Ursprung des Menschen, war die afrikanische Savanne, auf der sich dieser einzigartige Vorgang vollzog, von zahlreichen elefantenartigen Tieren, von Hyänen, Baumaffen und Menschenaffen bewohnt. Keine dieser Spezies erlebte die eigenartige Evolutionsspirale, auf der sich Gene und Kultur gleichzeitig entwickeln. Millionen von Spezies brachten im Lauf von vielen hundert Millionen Generationen ungezählte Milliarden Individuen hervor, die jede nur denkbare Herausforderung durch die Umwelt und alle nur vorstellbaren Gelegenheiten zur Weiterentwicklung erlebten, wobei sie astronomische Zahlen von Genen in mikroevolutionären Experimenten auf immer neue Weise anordneten – und in diesem gewaltigen Gärungsprozeß gelang es nur einer einzigen Spezies, die Schwelle zur höheren geistigen Entwicklung zu überschreiten und den autokatalytischen Aufstieg zu einer hochdifferenzierten Kultur zu bewältigen. Irgendeine ganz besondere und sehr stark wirkende Kraft muß die übrigen Evolutionssysteme aufgehalten haben.

Das große Hindernis, das sich der Entstehung der Kultur entgegenstellte, hat etwas mit der ungeheueren Masse an Informationen zu tun, die in einem einzigen Gehirn gespeichert sein müssen, um einen Lernprozeß auf höherem Niveau zu ermöglichen. Für jede Generation, die diesen Weg beschreitet, besteht die Gen-Kultur-Koevolution aus einer Reihe waghalsiger Sprünge ins Ungewisse. Neue Erkenntnisse müssen gewonnen werden, und jedes Individuum muß sein Verhalten von neuem entwickeln. Dabei besteht stets das Risiko, daß so viele Erkenntnisse verlorengehen oder verzerrt werden, daß die Kontinuität abbricht und das Weiterbestehen der ganzen Population gefährdet wird. Wir haben gesehen, wie einzelne Gruppen der Übergangsspezies *Homo erectus* zeitweilig kulturelle Rückschritte erlebt haben, was an der Verringerung der Qualität ihrer Steinwerkzeuge abzulesen ist. In einem aus dreißig Mitgliedern bestehenden Trupp konnte der Tod eines einzigen begabten Individuums die kulturelle Evolution umkehren und damit den Untergang dieses kleinen Gemeinwesens bewirken. Zur Zeit des Entstehens der ersten intelligenten Lebewesen auf dieser Erde, als die Populationen noch aus relativ wenigen Individuen bestanden, deren Existenz von allen Seiten bedroht war, konnte aus solchen Gründen eine ganze Spezies ausgelöscht werden.

Für Individuen mit einem sehr komplexen Gehirn gibt es aber auch ein rein physiologisches Risiko. Auf den ersten Blick mag es den Anschein haben, die Evolution brauchte nur ein großes Gehirn hervorzubringen, das mit zusätzlichen Assoziationszentren ausgestattet ist, um die Leistungsfähigkeit des Langzeitgedächtnisses und das Denkvermögen zu erhöhen. Vielleicht könnte sich auch die Struktur des Gehirns ziemlich vereinfachen lassen, wenn die Instinkte wegfallen und das Gehirn nur noch Informationen verarbeitet. Aber das

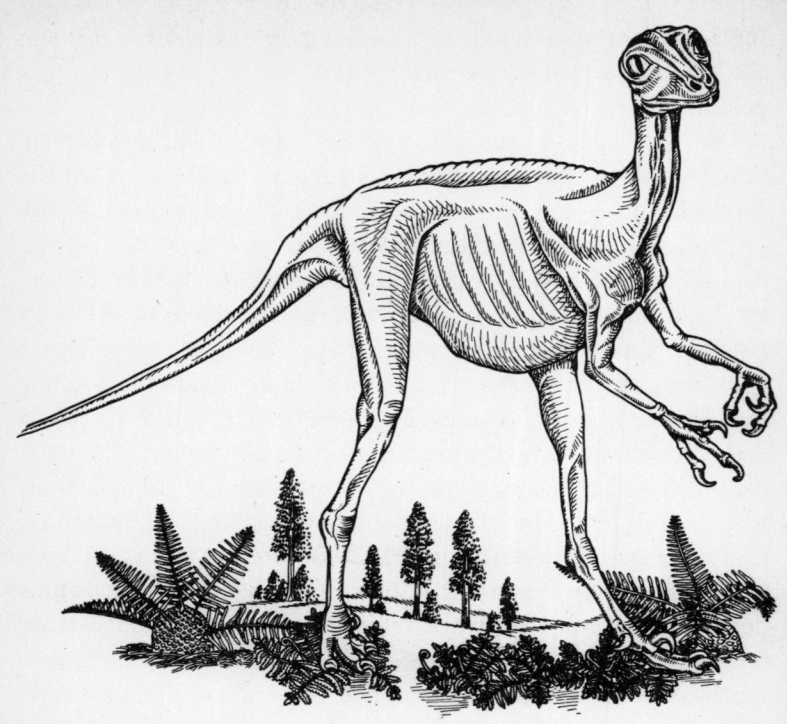

Eine Evolution, zu der es nicht gekommen ist. Links die Rekonstruktion des sich auf den Hinterbeinen fortbewegenden Dinosauriers Stenorhynchosaurus, *der gegen Ende des Mesozoikums lebte und gewisse Merkmale aufwies, die vielleicht das Entstehen einer höheren Intelligenz ermög-*

genaue Gegenteil ist richtig. Das der automatischen Anleitung durch die Instinkte beraubte Bewußtsein kann sich dennoch nicht sofort blind entscheiden. Es kann als unbeschriebenes Blatt nicht überleben. Es muß in jedem kritschen Augenblick die richtige Wahl treffen, und darum bedarf es eines ganz neuen, aus Nervenzellen bestehenden Apparats. Er führt das Bewußtsein durch die notwendigen Vorgänge des Sicherinnerns, der Begriffsbildung, der Auswertung von Informationen und der Entscheidung.

licht hätten. Rechts Abbildung des »Dinosauroiden« nach den Vorstellungen von Dale Russell. Dieses Lebewesen hätte sich hundert Millionen Jahre vor der Entstehung des ersten Menschen aus dem Stenorhynchosaurus *entwickeln können – aber das ist nicht geschehen.*

Der Unterschied zwischen den beiden Grundstrategien geistiger Aktivitäten läßt sich durch die Art illustrieren, mit der Tiere auf Gerüche reagieren. Insekten reagieren überwiegend automatisch auf Gerüche. Das männliche Tier wird vom weiblichen durch dessen Sexualsubstanzen angezogen, das weibliche Tier legt seine Eier auf dem Blatt einer Nahrungspflanze ab, die den richtigen Terpengeruch ausströmt usw. Für dieses sehr einfache Repertoire gibt es nur wenige physiologische Erfordernisse. So reagiert das Seidenspinnermännchen sexuell nur auf eine einzige chemische Substanz, das Bombykol, das von den Hinterleibsdrüsen des weiblichen Schmetterlings ausgeschieden wird. Die Entscheidung wird in ganz unkomplizierter Weise durch die Geruchsrezeptoren selbst getroffen. Sie fangen die Bombykolmoleküle mit 20 000 auf diese Wahrnehmung spezialisierten Härchen auf, die sich an ihren gefiederten Antennen befinden. Jedes Härchen enthält zwei Zellen, die nur auf das Bombykol reagieren. Sie geben ihre Botschaft an den Hauptnerv der Antenne weiter, von wo sie über die Nervenzellenverbindungen ins Gehirn gelangt. Wenn das Gehirn genügend viele solcher Signale empfängt, läßt das Männchen seine Flügel kurze Zeit vibrieren und begibt sich dann im Fluge auf die Suche nach dem Weibchen.

Bei den Geruchsreaktionen der Säugetiere haben wir es mit einem weit höheren Organisationsniveau des Gehirns zu tun. Männliche Hauskatzen markieren bestimmte Stellen in ihrem ganzen Territorium mit Urin, um potentielle Rivalen abzuschrecken. Der Urin enthält einige Substanzen, unter anderem eine dem Saft der Katzenminze sehr ähnliche, die bei anderen Katern eine starke Reaktion auslösen. Doch Kater reagieren auf die Gerüche anderer Kater nicht ebenso wie die meisten Insekten. Sie lernen es, einzelne von ihren Rivalen hinterlassene Geruchsmischungen zu unterscheiden, und erkennen an der Intensität des Geruchs, wie lange es her ist, daß die Stelle markiert wurde und wie weit sich der Rivale inzwischen entfernt haben könnte. Danach entscheiden sie, ob sie bleiben, sich zurückziehen oder die Richtung wechseln sollen.

Die Verfeinerung der Geruchsunterscheidung der Hauskatze und praktisch aller anderen Verhaltenskategorien dieses Tiers ist durch eine enorme Vermehrung der Nervenzellen bewirkt worden. Anstelle der hunderttausend bis eine Million Nervenzellen des Seidenspinners verfügt die Katze über eine Milliarde oder mehr. Das menschliche Gehirn ist noch größer und komplexer. Es enthält ungefähr hundert Milliarden Nervenzellen, und jede Zelle hat durchschnittlich etwa 10 000

Verbindungsmöglichkeiten. Ungefähr 20 Prozent des Gehirns dienen dem Sprechen und der Sprache. Die Sprachzentren sind in der Hirnrinde über größere Strecken voneinander getrennt und arbeiten während der meisten Kommunikations- und Denkvorgänge schnell und präzise zusammen. Während das Gehirn im menschlichen Fötus wächst, nehmen die Gehirnzellen in jeder Minute um Hunderttausende zu. Während dieser Phase des raschen Wachstums und auch im späteren Leben, wenn das ausgewachsene Gehirn Millionen einzelner Informationen verarbeiten muß, gibt es ungezählte Möglichkeiten für Fehler und Irrtum. Es überrascht deshalb nicht, daß Neurologen und Psychiater einen langen Katalog genetisch und von der Umwelt verursachter Defekte und Erkrankungen zusammengestellt haben, die, zusammengenommen, fast jeden Aspekt geistiger Aktivität bedrohen. Diese Defekte können den so Belasteten zum Krüppel machen, erblinden lassen oder ihn jeder Möglichkeit berauben, sich in seiner Umwelt zu orientieren. Seymour Kety sagt: »Es ist ein Wunder, daß das Gehirn bei den meisten Menschen länger als sechzig Jahre ununterbrochen und normal funktioniert.«

Im Verlauf der Evolution des Menschen sind alle diese durch die komplexe Struktur des Gehirns gegebenen Schwierigkeiten überwunden worden. Ganz ungewöhnliche Umstände – die den ersten Anstoß zur Entwicklung des menschlichen Geistes gegeben haben – müssen die frühen Hominiden über den Rubikon und auf den irreversiblen Weg der kulturellen Evolution geführt haben. Es ist viel darüber spekuliert worden, welches die ersten Anstöße gewesen sind. Nach einer der interessantesten von Charles Darwin entwickelten Theorien ist es der Krieg gewesen. Unter den heutigen Jägern und Sammlern kommt es, wie wir wissen, oft zu gewalttätigen Auseinandersetzungen, und ihre Gesellschaftsordnung gleicht weitgehend derjenigen des primitiven Menschen. Darwin erklärt in seinem Werk *Die Abstammung des Menschen und die geschlechtliche Zuchtwahl (1871)*, jede neue Form der Kriegführung »muß zugleich auch die Weiterentwicklung des Intellekts bewirken. Wenn eine wichtige Erfindung gemacht wurde, nahm der Stamm zahlenmäßig an Stärke zu, verbreitete sich über ein größeres Gebiet und verdrängte andere Stämme. In einem auf diese Weise gestärkten Stamm mußte eine größere Wahrscheinlichkeit bestehen, daß stärkere und intelligentere Individuen geboren wurden. Wenn solche Männer ihre geistige Überlegenheit an ihre Kinder weitergaben, dann erhöhten sich die Chancen dafür, daß in der nächsten Generation noch intelligentere Kinder geboren wurden, und in einem sehr kleinen Stamm durfte man mit einer besonders günstigen Entwicklung rechnen«. Um die Hypothese Darwins in eine etwas modernere Form zu fassen, können wir sagen, eine Horde habe im Lauf der Zeit die Fähigkeit entwickelt, über Kraft und Bedeutung benachbarter Gruppen nachzudenken und sich in einer intelligenten, organisierten Form mit ihnen auseinanderzusetzen. Eine Gruppe könnte daraufhin eine benachbarte Gruppe unterworfen, sich deren Territorium angeeignet und den eigenen Anteil an der Erbmasse der Gesamtbevölkerung gesteigert haben. Diese erfolgreiche Episode würde in die Stammesgeschichte eingehen, der Stamm würde seine kriegerischen Unternehmungen wiederholen, sein Territorium ausdehnen und seinen Einfluß in der Gesamtpopulation verstärken.

Mathematische Analysen dieses Verhaltensmusters der Stammesvorherrschaft und der systematischen Ausrottung anderer Stämme zeigen, daß kriegerische Auseinandersetzungen die Evolution beschleunigen können. Die Aggressivität mag durchaus die düstere Kehrseite des menschlichen Intellekts sein. Es gibt aber keinen zwingenden Grund, sie zur treibenden Kraft für die Entstehung der menschlichen Kultur zu erklären. Auch zwischen Hyänen- und Schimpansenherden kommt es oft zu gewalttätigen Auseinandersetzungen, und das gleiche gilt höchstwahrscheinlich auch für andere mit großen Gehirnen ausgestattete, in sozialen Verbänden zusammen lebende Tiere früherer Epochen der Evolutionsgeschichte.

Vielleicht ist aber auch die sexuelle Rivalität die stärkste Antriebskraft gewesen. In der Regel unternimmt der Mann große Anstrengungen, mehr als eine Geschlechtspartnerin für sich zu gewinnen. Die meisten ökonomisch primitiveren Gesellschaften leben polygam, und die Zahl der Frauen gilt als Maßstab für den Erfolg des Mannes. Der Anthropologe Robin Fox hat überzeugend argumentiert, der Wettstreit um Frauen habe die Entwicklung des Intellekts entscheidend gefördert. Wie bei vielen Baum- und Menschenaffen vollzog sich die sexuelle Auslese wahrscheinlich durch ein geschicktes Imponieren vor den Frauen und durch Aggressivität gegenüber den männlichen Rivalen. Aber diese Aggressivität durfte nicht allzu offensichtlich sein, weil der primitive Mann sehr weitgehend auf die Zusammenarbeit mit seinen Geschlechtsgenossen angewiesen war. Der Wettbewerb bestand wahrscheinlich darin, daß die Männer auf der Jagd, auf ihren Raubzügen, beim Herstellen von Werkzeugen und bei anderen Tätigkeiten, die dem Gemeinwohl dienten, ihre Kräfte maßen. Die Anthropologin Sarah Blaffer Hrdy hat sich mit dem Verhalten der Frauen beschäftigt: Hier bestanden Unterscheidungsvermögen, Urteilsfähigkeit und subtilste Kommunikationsformen – sowie ein erstaunliches Repertoire aggressiver Techniken. In den egalitär organisierten Gemeinwesen der Jäger und Sammler sind die Frauen bei der Anbahnung sexueller Beziehungen wahrscheinlich immer intellektuell gleichwertige Partner gewesen.

Diese Vorstellung hat viel für sich: Der Motor des sexuellen Wettbewerbs treibt, unabhängig von der Umwelt, die Evolution des Gehirns voran. Auch dieser Gedanke läßt sich auf Darwin zurückführen, der die Auffassung vertreten hat, die sexuelle Auslese sei eine sehr spezielle und autonome Form der natürlichen Auslese. Zweifellos hat die sexuelle Rivalität bei der Evolution des menschlichen Geistes eine Rolle gespielt, vielleicht sogar eine fundamentale. Sie ist aber wahrscheinlich nicht die Hauptantriebskraft gewesen. Dafür ist sie ein im ganzen Tierreich zu weit verbreitetes Phänomen. Wir finden sie in verschiedenen Formen bei einzeln und sozial lebenden Spezies, und es haben sich daraus prächtige, kräftige und intelligente männliche und, unter günstigen Voraussetzungen, ebenso schöne und imponierende weibliche Tiere entwickelt.

Auf der Suche nach der entscheidenden Antriebskraft müssen wir uns daher anderen Möglichkeiten zuwenden. Der Physiologe K. R. Fialkowski hat den Wärmestreß als wesentlichen Faktor bezeichnet. Als der Frühmensch auf den afrikanischen Savannen zu jagen begann, fehlte es ihm nach dieser Hypothese an einem geeigneten Kühlungsmechanismus für das Gehirn. Eine zu hohe Bluttemperatur schädigte die Nervenzellen und verminderte damit die geistigen Fähigkeiten. Die Spezies reagierte darauf mit der Entwicklung eines größeren Gehirns, in dem die Nervenzellen weniger dicht zusammen lagen und daher eine intensivere Aktivität entwickeln konnten. Der Biologe Valerius Geist ist zu einem entgegengesetzten Schluß gekommen. Nach seiner Theorie hat sich das menschliche Gehirn nicht in den tropischen Savannen, sondern während der Eiszeit in den kühlen, wechselhaften Temperaturzonen entwickelt. Die größte Herausforderung an den menschlichen Organismus stellten die Lebensbedingungen »der fruchtbaren, mannigfaltigen und alle Kräfte beanspruchenden periglazialen Umwelt am Rande der Eiszeitgletscher in Eurasien«; hier eröffneten sich ständig neue Lebensräume, und unter diesen die Lebenskräfte herausfordernden äußeren Umständen vergrößerten sich die menschlichen Populationen in periodischen Schüben. Deshalb wurde die Evolution im höchsten Maß beschleunigt, und zwar nicht in Afrika, der Wiege der Menschheit, sondern erst im Norden, wohin der Mensch später vorgedrungen war.

Bei dem Versuch, diese einander widersprechenden Vorstellungen objektiv zu beurteilen, wird man das beunruhigende Gefühl nicht los, sie alle könnten ein Körnchen Wahrheit enthalten. Diese Überlegungen sind zum größten Teil logisch und entsprechen den bisherigen Forschungsergebnissen. Der Selektionsdruck, der in jeder dieser Theorien angenommen wird, oder eine Kombination dieser Kräfte könnte bei der Evolution des menschlichen Geistes die entscheidende Rolle gespielt haben, und deshalb verdienen alle diese Hypothesen eine genauere Untersuchung. Allerdings nennt keine von ihnen Voraussetzungen, die allein auf den Ursprung des Menschen zutreffen.

Wir wollen daher an den Beginn der Entwicklung des echten Menschen zurückgehen und uns noch einmal den *Homo habilis* ansehen, unseren kleinwüchsigen, präsapientalen Vorfahren. Vielleicht liegt der Schlüssel zum Durchbruch bereits in den fragmentarischen Erkenntnissen, die wir bis heute gewonnen haben, vor. Der *Homo habilis* zeigte eine spezifische Reihe von Merkmalen, die ihn an eine bestimmte ökologische Nische der afrikanischen Savanne anpaßten. Diese Anpassungen haben offensichtlich eine größere geistige Kapazität entstehen lassen als in jeder bis dahin lebenden Spezies. Einzeln genommen, mögen sie zwar bedeutungslos erscheinen, aber in dieser Kombination sind sie einzigartig: Wir finden hier ein im Verhältnis zu anderen Lebewesen relativ großes und komplexes Gehirn, das als zufälliges Erbe von den Primaten der Alten Welt übernommen wurde; eine Sozialstruktur, die aus der gleichen Quelle stammt und bei der enge Familienbindungen und eine Mischung aus aggressivem und kooperativem Verhalten anzutreffen sind; den aufrechten Gang; Hände, die nicht mehr der Fortbewegung dienen und daher für andere Tätigkeiten genützt werden können, und schließlich die Nahrung bringende Jagd auf Tiere. Alle diese Spezialisierungen wurden in den Dienst einer Existenz als Jäger und Sammler in der Savanne gestellt. Der Frühmensch war klein und nicht sehr flink, wenigstens nicht im Vergleich mit den großen Katzen und Antilopen. Er besaß kein Raubtiergebiß, keine scharfen Hufe, Hörner oder Klauen. Daraus dürfen wir schließen, daß intelligentes, kooperatives Handeln und Werkzeuggebrauch prämiiert wurden. Nahrungsmittel konnten über weite Entfernungen transportiert und unter alle Mitglieder der Gruppe verteilt werden. Außerdem gab es die Arbeitsteilung zwischen denen, die auf Nahrungssuche gingen, und den Zurückbleibenden, die die Kinder bewachten. Diese Lebensweise prämiierte noch stärker ein verfeinertes Kommunikationssystem und ein komplexeres Sozialverhalten. Kurz gesagt, die Kombination aus einem bereits beträchtlich vergrößerten Gehirn, einer von den Primaten übernommenen sozialen Organisation und den für alle möglichen Tätigkeiten befreiten Händen ermöglichte es, den Widerstand zu überwinden, der alle Lebewesen während der vergangenen zwei Milliarden Jahre daran gehindert hatte, in der Evolution des Denkens eine höhere Stufe zu erreichen.

Wenn diese Interpretation richtig ist, haben die lange gesuchten primären Antriebskräfte die Hominiden so lange vorangetrieben, bis die Gen-Kultur-Koevolution ihre Initialzündung erlebte und zur Kettenreaktion wurde. Die Antriebskraft, welche die Spezies Mensch nun vom Niveau des *Homo habilis* auf das Niveau des *Homo sapiens* brachte, lag nicht im Krieg, nicht im Sexus, nicht im Klima oder im Leben eines Jägers auf der Savanne, sondern in der Gen-Kultur-Koevolution. Ihre Erzeugnisse sind zugleich ihre Instrumente: vermehrter Werkzeuggebrauch, die Sprache und das Langzeitgedächtnis. Kulturelle Neuerungen wirkten wie eine neue Art von Mutationen; sie beschleunigten die Evolution und trieben die Spezies zu ihrem gegenwärtigen genetischen Zustand voran.

Was hier geschah, läßt sich mit Hilfe einer geologischen Metapher verdeutlichen. Der Ursprung des Geistes vollzog sich wie die radikale Umgestaltung des höchsten Gipfels in einem tropischen Gebirgszug. In seiner Geschichte und Zusammensetzung unterscheidet sich der Gipfel nicht grundsätzlich vom Vorgebirge und den ihn umgebenden anderen Bergspitzen. Aber weil er gerade an der Stelle lag, wo Kräfte, die auf die Erdkruste wirkten, diese etwas höher hoben als anderswo, lagerten sich Schnee und Eis hier ab, und es entstanden die besonderen Formen des alpinen Lebens. Eine Schwelle war erreicht; eine geringfügige quantitative Veränderung bewirkte das plötzliche Entstehen einer neuen Welt.

Weil ein hoher Intelligenzgrad und eine komplexe Kultur nur ein einziges Mal in der ganzen Geschichte des Lebens entstanden sind, läßt sich nicht sagen, ob die besonderen und zufälligen Antriebskräfte, die den primitiven Menschen verändert haben, die einzigen sind, die eine Spezies bis zum Beginn einer Gen-Kultur-Koevolution tragen können. Wir wollen nur sagen, daß im Falle des Menschen die Koevolution die gerade vorhandenen alten Primatenmerkmale genommen und in die epigenetischen Regeln der geistigen Entwicklung verwandelt hat, die den Menschen auszeichnen. Einige charakteristische Merkmale sind im Verlauf dieses Geschehens zweifellos verschwunden, weil ihre Anlässe neutralisiert oder in ihr Gegenteil verkehrt worden sind. Andere, wie etwa die Bereitschaft zur gegenseitigen Hilfe und Zusammenarbeit, wurden gestärkt. Es entstanden neue epigenetische Regeln für die an Komplexität zunehmenden Leistungen des Gedächtnisses, des Denkens und des Bewertens. Aber die Richtung der Koevolution war durch die Biologie der Spezies, aus welcher der moderne Mensch entstanden ist, unabänderlich festgelegt – das heißt, sie war im *Homo habilis* und im *Homo erectus* schon vorgeformt. Der menschliche Geist ist eine groteske Mischung aus freiem Willen und instinktbedingten Zwängen, die wir aus der Erbmasse unserer hominiden Vorfahren übernommen haben. Von all den Tausenden von Möglichkeiten, die es gegeben hat und die sich hätten verwirklichen können, setzte sich eine einzige durch; deshalb nahm die Spezies, die heute die Erde beherrscht, das Wesen und die Gestalt des Menschen an.

Prometheus, der mythische Heros, hat jetzt ein Recht auf Anerkennung. Mit seinem einzigartigen Triumph und Leiden hat er in jeder Hinsicht den ehrgeizigen Bestrebungen des Menschen gedient. Er stahl den Göttern das Feuer und schenkte den Menschen dessen schöpferische Kraft. Für diese kühne Tat ist er hart bestraft worden, aber er hat seinen Stolz bewahrt und sich nicht von der Überzeugung abbringen lassen, richtig gehandelt zu haben. Prometheus ist in der frühen griechischen Mythologie zunächst wahrscheinlich ein Feuergott gewesen. Er wurde später von dem orientalischen Hephaistos verdrängt, blieb jedoch als listenreicher Verführer und Schutzheiliger des Proletariats eine beim Volk beliebte Gestalt. Da das Feuer die materielle Basis der Kultur ist und sich, wie im Rigweda, mit Weisheit verbindet, um »zum Freund des Menschen, des Unsterblichen unter den Sterblichen« zu werden, stand das Geschenk des Prometheus im Mittelpunkt der griechischen Schöpfungsgeschichte über den Ursprung des Menschen. Der Prometheus des Aischylos durfte sich mit Recht rühmen: »Wer anders als ich hat in Wahrheit diesen neuen Göttern Ehre erwiesen? . . . Mit einem Wort ist alles gesagt: Alle Künste der Sterblichen kommen von Prometheus.«

Heute ist aus diesem Geschenk das Instrument zur Erlangung der Unabhängigkeit geworden. Der Mensch hat die Reflexion über sich selbst zum Mittelpunkt seiner Existenz gemacht; wir können die Geschichte erforschen und weit in die Zukunft vorausplanen, sogar in unsere genetische Zukunft. Mit Hilfe der Kultur haben wir buchstäblich die Form der organischen Evolution verändert und können sie, wenn wir es wollen, selbst in die Hand nehmen. Aber wir leben in der gefährlichsten aller Zeiten. Die Schlüsselereignisse dieser Übergangsphase sind aus dem Takt geraten. Wir sind noch zu unwissend, um frei zu sein, zu gefährlich, um Sklaven unserer Erbanlagen zu bleiben, und vielleicht zu eitel und zu furchtsam, um einen Ausweg zu finden.

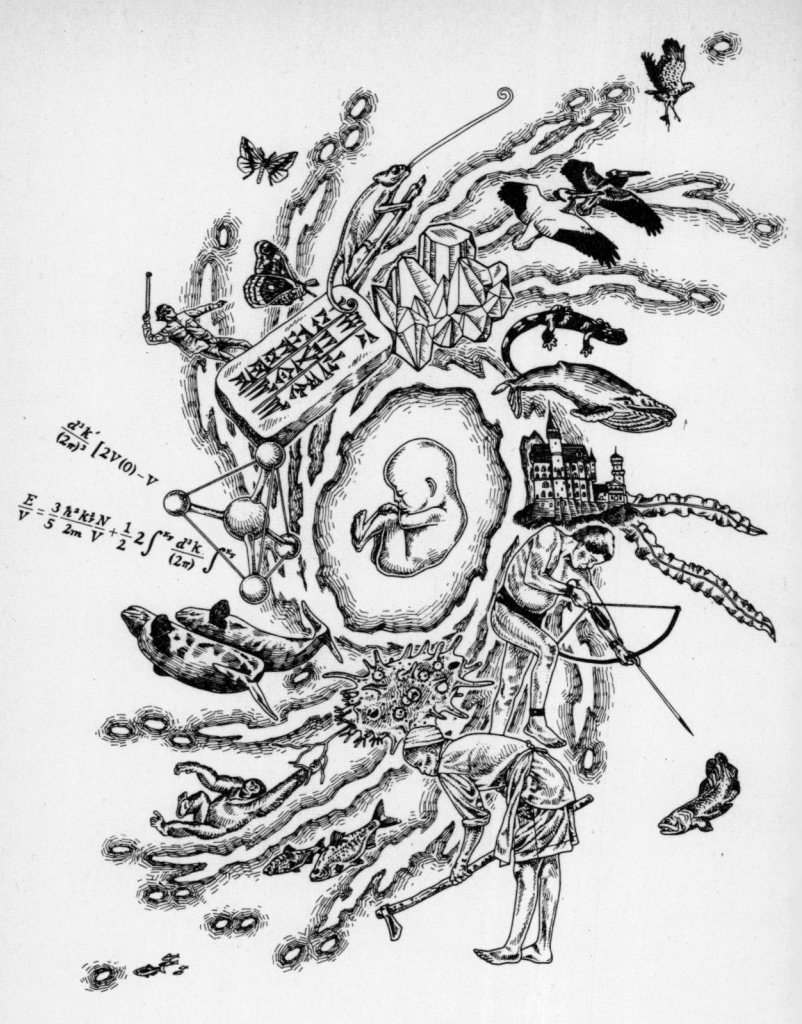

Die Evolution des Menschen ist nur ein einziger Faden im nahtlosen Gewebe der Natur.

6. Auf dem Weg zu einer neuen Anthropologie

Die Fossilienfunde in Afrika haben bewiesen, daß die Evolution des Menschen über mehr als zwei Millionen Jahre zurückreicht. Die Anthropologen kennen die Vorfahren des Menschen, deren fossile Überreste über die ganze Wegstrecke verstreut sind. Sie kennen die Konturen ihrer Gesichter, die Größe und die Oberflächengestalt ihrer Gehirne, sie wissen, wie diese frühen Menschen sich fortbewegt haben, man hat die Steinwerkzeuge gefunden, die sie mit ihren Händen berührten, man kennt die Tiere, die sie töteten, und die Raubtiere, von denen sie selbst gejagt wurden; man kennt die Bäume, in deren Schatten sie lebten, und weiß, wie Frühjahr und Sommer damals ausgesehen haben.

Aber die Knochen und Gesteinsproben, die auf den Tischen in den Laboratorien liegen, zeigen uns nur die äußere Gestalt des frühmenschlichen Lebens. Wir haben deshalb gesagt, das Zentralproblem bei der Rekonstruktion der Entwicklung des Menschen sei heute ein ganz anderes fehlendes Bindeglied: der menschliche Geist. Er ist der komplizierteste Vorgang, den es je auf dieser Erde gegeben hat, und das Organ, das ihn hervorbringt, das Gehirn, eine innere Welt aus über hundert Milliarden Nervenzellen, ist die komplizierteste Maschine, die je erfunden wurde. Zwar ist der menschliche Geist in vieler Hinsicht das wichtigste wissenschaftliche Forschungsobjekt, doch die Geschichte seiner Evolution fehlt bisher in unseren Lehrbüchern.

Erst während der in den vergangenen 20 Jahren sich in aller Stille vollziehenden Umwälzungen in Hirnforschung und Erkenntnispsychologie haben wir erkannt, wie wenig wir über das menschliche Gehirn und den menschlichen Geist wissen. Zunächst mußte die eiserne Fessel des Behaviorismus gesprengt werden, der die Psychologie weitgehend auf die Erforschung von Reiz und Reaktion beschränkt und ein zu vereinfachtes Bild vom Verhalten des Menschen entworfen hat. Anfangs wirkte die Philosophie des Behaviorismus als reinigende Kraft; sie setzte ganz neue, strenge Maßstäbe für die Beweiskraft von Experimenten und befreite die Psychologie von den letzten Spuren des Mystizismus. Doch zugleich machte sie aus dem Geist einen illusorischen Begriff und aus dem Gehirn ein praktisch unbeschriebenes Blatt, auf dem die Erfahrungen gemäß elementaren Gesetzen aufgezeichnet werden. Erst als die starren Grenzen, die der Behaviorismus der Wissenschaft verordnet hatte, allmählich abgebaut wurden, erkannte man, daß geistige Vorgänge – das Erkennen – nicht nur real sind, sondern daß sie aus einer Reihe komplizierter Schritte bestehen, mit denen Informationen gewonnen werden und das Verhalten gesteuert wird. Die Psychologen entdeckten, daß der menschliche Geist das Licht entsprechend seinen Wellenlängen automatisch in Farbe einteilt, daß er die Phoneme beim Sprechentwurf in bestimmten Abständen anordnet, daß er eine Vorliebe für Zucker hat, sich von Augen angezogen fühlt, lächelnde Gesichter schätzt und runde Formen bevorzugt, daß er sich von Schlangen, aber nicht von Messern ängstigen läßt, daß er große Risiken unterschätzt und beim Klassifizieren von Gegenständen eine »krause Logik« benutzt, die sich auf Prototypen stützt; ähnliche Beispiele gibt es in jeder Modalität des Wahrnehmens und Denkens, die bisher ernsthaft untersucht worden ist. Die meisten und vielleicht alle diese Erscheinungen haben eine biologische Basis. Sie sind verschlüsselt in der Anordnung und den Reaktionen verschiedener Gruppen der Milliarden von Nervenzellen, die wir besitzen. Hier tut sich uns eine erregende neue Welt bisher unerforschter Phänomene auf. Wir wissen heute, daß die Gesetze der Psychologie einschließlich jener, die den Lernprozeß steuern, alles andere als einfach sind.

Es kann nicht genug betont werden, wie wichtig es ist, diesen kognitiven Wirrwarr zu klären. Fast alles, was der Mensch für wahr hält, und alles, was wir mit gutem Gewissen tun können, beruht letztlich auf ihm, weil unsere Interpretation der Wahrheit und unsere Wertmaßstäbe davon abhängig sind, wie nach unserer Auffassung der menschliche Geist funktioniert. Das Erkenntnisvermögen ist sogar für die theoretische Physik zum brennenden Problem geworden. Einige Physiker sind überzeugt, der Geist des Beobachters sei irgendwie mit den Gesetzen vermengt, die für die subatomaren Partikel gelten. Abgesehen von der Physik, können wir sagen, die Philosophie bestehe zum großen Teil aus falschen Theorien vom menschlichen Gehirn.

Das Begriffsvermögen und die Evolution des menschlichen Geistes zu verstehen heißt, in das Geheimnis der menschlichen Natur einzudringen und mächtige politische und religiöse Überzeugungen zu überprüfen. Der traditionelle Marxismus betrachtet, um ein bekanntes Beispiel anzuführen, den menschlichen Geist als biologisch unstrukturiert. Er leugnet praktisch die Existenz einer konstanten menschlichen Natur. Die Geschichte ist für ihn die Folge des Wirkens äußerer Kräfte, insbesondere ökonomischer Veränderungen und des Klassenkampfs, welche die Revolution vorantreiben und den Menschen in die klassenlose Gesellschaft führen. Marx selbst hat, nachdem er sich lange unschlüssig war, schließlich erklärt, nicht das Bewußtsein der Menschen bestimme ihr Sein, sondern ihr gesellschaftliches Sein bestimme ihr Bewußtsein. Daraus folgt, daß die menschliche Natur, wenn sie existiert, durch die Geschichte fortwährend verändert wird. Demnach kann eine sozialistische Utopie oder jede andere Utopie in Angriff genommen werden, ohne daß man die biologischen Tatsachen berücksichtigt. Vielleicht ist das der Grund, warum einige (aber durchaus nicht alle) sowjetische Psychologen es vorziehen, beim Zwielicht der frühen Pawlowschen Lerntheorie zu bleiben, ohne sich sonderlich für die Psychoanalyse und die Genetik zu interessieren. Die traditionelle marxistische Auffassung steht in fundamentalem Widerspruch zu der Entdeckung einer vielfältigen Struktur im Funktionieren des menschlichen Geistes und in der Entwicklung des Sozialverhaltens, das großenteils mit sozioökonomischen Kräften nichts zu tun hat. Ob die marxistisch orientierten Forscher in der Lage sein werden, diese Erkenntnisse zu akzeptieren, ohne ihre zentralen metaphysischen Überzeugungen aufzugeben, wird ein lehrreiches Experiment im Rahmen der Soziologie der Wissenschaft sein. Bis dahin ist es wichtig, zu erkennen, daß sowohl linke als auch rechte Ideologien nicht so sehr durch die menschliche Natur bedroht sind wie dadurch, daß sie es nicht wagen, sich in einer offenen und unvoreingenommenen Weise mit ihr zu beschäftigen.

Die heutige Wissenschaft vertritt die Auffassung, der menschliche Geist stelle eine der letzten Grenzen der Grundlagenforschung dar. Vielleicht wird er sich als die allerletzte und am schwersten zu überwindende erweisen. Er bildet bereits den Mittelpunkt einer implosiven Konvergenz von Disziplinen, die bis dahin nichts miteinander zu tun hatten. Das sind die Hirnforschung, die Computerwissenschaft, die Psychologie, die Sprachwissenschaft, die Anthropologie, die Ethologie, die Genetik, die Neurophysiologie, die Soziobiologie und vor allem auch die Philosophie. Das erhoffte Resultat wird eine neue Humanwissenschaft sein, die die Menschheit als Produkt der Evolution betrachtet und der es, wenn man ihr genug Zeit läßt, gelingen könnte, die Geschichte als das Ergebnis der Wechselwirkungen zwischen Biologie und Kultur zu interpretieren. Dabei wird es um die Geschichte im umfassendsten Sinn gehen. Es wird oft gesagt, man könne alles nur verstehen, wenn man es im Licht der Geschichte betrachtet, und damit sind die im Lauf einiger Jahrhunderte eingetretenen kulturellen Veränderungen gemeint. Man kann, um genauer zu sein, alles nur verstehen, wenn man es im Licht der organischen Evolution betrachtet, und diese Evolution besteht aus eng miteinander verknüpften Formen kultureller und genetischer Veränderungen, die sich in Hunderttausenden von Jahren vollzogen haben.

An diesem Punkt tritt die Soziobiologie als eine durchaus vorausberechenbare intellektuelle Entwicklung auf den Plan. Definiert als Wissenschaft von den biologischen Grundlagen des Sozialverhaltens, trägt sie die Evolutionstheorie in die bis dahin vom Darwinismus noch unbeeinflußten Gebiete der Psychologie und der Sozialwissenschaften hinein. Die konventionelle Soziobiologie beschäftigte sich zunächst mit den genetischen Ursprüngen ganz allgemeiner Verhaltensweisen wie des Altruismus, der Bereitschaft zur Zusammenarbeit, der sexuellen Bindungen, der Fürsorge der Eltern für ihre Kinder und der Aggression. Sie stellte fest, unter welchen besonderen Umweltbedingungen sich diese und andere Phänomene entwickeln, welche Vorteile sie den Mitgliedern einer Gesellschaft gewähren und welches daher ihre Bedeutung in einem umfassenden biologischen Sinne ist. Aber die Lage des Menschen wird von zwei Gegebenheiten bestimmt, die sich mit der normalen Evolutionstheorie und Soziobiologie nicht erfassen lassen: vom menschlichen Geist, der sich des freien Willens bedient, und von der Kultur, welche die erstaunliche Vielfalt des Verhaltens in den verschiedenen Gesellschaften hervorgebracht hat.

Die angemessene Darstellung des Geistes und der Kultur muß sich auf eine Theorie von der Gen-Kultur-Koevolution stützen, die im modernen wissenschaftlichen Sinne den großen Kreislauf von Ursachen und Wirkungen erfaßt, der von den Genen zu der Architektur des Gehirns und weiter von den die geistige Entwicklung steuernden epigenetischen Regeln über das Entstehen der Kultur schließlich über die natürliche Auslese und andere Evolutionsfaktoren zurück zur Evolution der Gene verläuft. Wir haben Forschungsergebnisse vorgelegt, aus denen hervorgeht, daß sich Erbanlagen und Umwelteinflüsse nicht sauber voneinander trennen lassen. In ihrem Zusammenwirken entstehen das Gehirn, der Geist und die Kultur. Auch auf der nächsthöheren Ebene sind die genetische und die kulturelle Evolution ständig miteinander verknüpft, ein Umstand, der uns veranlaßt hat, den Ausdruck »Koevolution« zu verwenden. Wir meinen, die Spezies *Homo* sei das Produkt einer einzigartigen Episode, in der die Gen-Kultur-Koevolution das Wachstum des Gehirns und der geistigen Fähigkeiten während der letzten zwei Millionen Jahre beschleunigt hat. Dieser Prozeß hat eine solche Wucht, daß einige der genetischen Fortschritte im symbolischen Denken und in der Sprachentwicklung innerhalb der letzten 50 000 Jahre oder in einem noch kürzeren Zeitraum erfolgt sein könnten; vielleicht hat er sich bis in historische Zeiten fortgesetzt.

Die neue Anthropologie, die sich aus den verschiedensten wissenschaftlichen Disziplinen zusammensetzt, befindet sich heute auf der ersten Stufe ihrer Entwicklung. Das menschliche Gehirn ist noch immer ein weitgehend unerforschtes Gebiet. Die komplexen Schaltungen, die seine hundert Milliarden Nervenzellen miteinander verbinden, sind noch nicht gründlicher erforscht als die Oberfläche des Mars. Niemand weiß, wo oder wie das Gedächtnis gespeichert wird, oder kennt die physiologischen Grundlagen des Bewußtseins. Auf der Ebene der Psychologie scheinen die heute bekannten epigenetischen Regeln der bloße Außenbezirk eines noch nicht entschlüsselten Kodes zu sein. Die Umsetzung dieser Regeln in kulturelle Strukturen ist mit Hilfe mathematischer Modelle nur in einigen der einfachsten und am deutlichsten erkennbaren Fälle, so bei Inzest unter Geschwistern, versucht worden.

Ein Leitprinzip ist dennoch aus den gemeinsamen Bemühungen wiedererkennbar geworden, das einst Comte, Spencer und andere weitblickende Männer des 19. Jahrhunderts inspiriert hatte, bevor es als Frühgeburt vom Sozialdarwinismus verdrängt wurde. Es besagt, daß alle Natur- und Sozialwissenschaften ein nahtloses Ganzes bilden, so daß man die Chemie mit der Physik, die Biologie mit der Chemie, die Psychologie mit der Biologie und die Soziologie mit der Psychologie verbinden kann, und zwar über den ganzen Bereich der Forschung mit Hilfe eines zusammenhängenden Netzes aus Theorien und deren praktischer Verifizierung. In den ersten Jahren hatte es den Anschein, daß sich dieser Traum bald verwirklichen würde. Die Verknüpfung zwischen Physik und Chemie erfolgte relativ früh und machte schon im 19. Jahrhundert rasche Fortschritte. Die Schaffung der physikalischen Chemie war ein Triumph der wissenschaftlichen Synthese. Gegen die Verbindung von Chemie und Biologie hat man sich noch bis in unser Jahrhundert entschieden gewehrt, und man hat sie erst in den 1960er Jahren als vollwertige Wissenschaft anerkannt, nachdem die Molekularbiologie konkrete Ergebnisse vorlegen konnte. Die Brücke zwischen der Biologie und der Psychologie ist noch heute so etwas wie ein Glaubensartikel, dessen Richtigkeit gegenwärtig von der Neurobiologie und der Hirnforschung bestätigt wird. Darüber hinausgehende Verbindungen zu den Sozialwissenschaften treffen heute auf den gleichen resoluten Widerstand wie eh und je. Der neueste Schurke in diesem Drama, der von allen Seiten angegriffene Spitzenreiter beim Vormarsch der Naturwissenschaften, ist die Soziobiologie.

Man macht der Soziobiologie den Vorwurf, reduktionistisch zu sein, das heißt, sie versuche, einen Organismus, eine Gesellschaft oder andere komplexe Gebilde ausschließlich anhand der Teile zu erklären, aus denen sie bestehen. Die Soziobiologie *ist* in ihrem Wesen reduktionistisch, man kann aber auch sagen, daß das Aufschlüsseln komplizierter Systeme in ihre überschaubaren Bestandteile, mit anderen Worten die Analyse, nur die Hälfte der Standardmethode der Naturwissenschaften darstellt. Die andere Hälfte ist die Synthese, mit der die Beziehungen der Teile zueinander aufgedeckt werden, um dann das ganze System entweder experimentell oder mit Hilfe der theoretischen Simulation anhand mathematischer Modelle wieder zusammenzubauen. Um zum Beispiel ein unbekanntes Kohlehydrat zu identifizieren, wird das Molekül zumeist erst in kleinere, identifizierbare Fragmente aufgespalten. Wenn eine endgültige Überprüfung notwendig wird, stellt man die Substanz aus kleineren Molekülen, die im Laboratorium zur Verfügung stehen, wieder zusammen. Bei der Untersuchung eines Gehirns oder einer Gesellschaft untersucht man die Elemente, die einem am wichtigsten zu sein scheinen, im einzelnen, nachdem man die Teile voneinander getrennt und identifiziert hat. Dann werden sie wieder zusammengefügt – und zwar nicht durch eine physikalische Synthese wie im Fall des Kohlehydratmoleküls, sondern mittels logischer und mathematischer Verfahren. Die Synthese ist sowohl das angemessene zweite Verfahren, dessen sich die wissenschaftliche Forschung bedient, als auch eine sehr wirksame Methode zur Verifizierung der Analyse. Das abschließende wissenschaftliche Verfahren ist daher ein Schöpfungsakt, eine Wiederherstellung der realen Welt zu lebendiger und tauglicher Form.

Es wird oft behauptet, daß geschichtliche Abläufe sich dem analytisch-synthetischen Verfahren der Naturwissenschaften entzögen, weil historische Eigentümlichkeiten (mit ihrem Erklärungsanspruch) an Kompliziertheit und Unvorhersehbarkeit alles andere menschliche Verhalten übersteigen. Aber das sind bloße Behauptungen. Es gibt bis heute keinen wissenschaftlichen Beweis dafür, daß sich die entscheidenden Qualitäten Karls des Großen oder des Quattrocento nicht auch mit einer auf die Gen-Kultur-Koevolution gestützten Theorie erklären lassen, wenn sie auf die Geschichte angewendet wird. Und wiewohl eine solche moderne Lösung der Aufgabe noch in der Zukunft liegt, kann schon jetzt auf diesem Wege viel über die menschlichen Gesellschaften und ihre Geschichte ausgesagt werden. Theoretische Untersuchungen können viele typische Merkmale aller denkbaren unbelebten oder belebten Systeme dadurch einbeziehen, daß sie im einzelnen feststellen, unter welchen Voraussetzungen das jeweilige System entstanden ist und sich weiterentwickelt hat. Die einfachsten schon heute von der Wissenschaft untersuchten Vorgänge, wie etwa die Flugbahn einer Rakete, das Brechen einer Welle oder der zyklische Verlauf einer Epidemie, können vorausgesagt werden, wenn man die Gesetze, die solche Vorgänge regeln, sowie die Anfangs- und Randbedingungen für einen solchen Vorgang kennt. Obwohl der menschliche Geist und die menschliche Kultur sehr viel komplexer sind als diese elementaren Phänomene, gibt es keinen Grund, zu glauben, daß sie nicht im Rahmen eines vergleichbaren Verfahrens stufenweise untersucht und so besser verstanden werden könnten.

Unsere Kritiker erklären, die Geschichte sei weder eine Welle noch eine Grippeepidemie. Biologische Gesichtspunkte würden in die Sozialwissenschaften vergeblich eingebracht werden, weil die Biologie nichts über den Zweck und die letzten Ziele des menschlichen Geistes aussagen könne. Der Sinn des Lebens läge jenseits des Bereichs evolutionärer Modelle. Dieser Einwand klingt überzeugend, entspricht aber nicht mehr den Realitäten. Die Computerwissenschaft hat bewiesen, daß man Maschinen mit sehr komplexen Zielen ausstatten kann. Die funktionalistische Methode zur Lösung des Leib-Seele-Problems hat darüber hinaus gezeigt, daß sich zielorientiertes Verhalten von Maschinen und Gehirnen miteinander vergleichen läßt. Schließlich hat die Theorie der Evolution durch natürliche Auslese deutlich gemacht, auf welche Weise sich im Gehirn Zielstrebigkeit als ein Mechanismus der Förderung des Überlebens und der Fortpflanzung entwickeln kann. Daraus folgt, daß der menschliche Geist sich ein biologisches Instrument vorstellen kann, das ein Ziel – und mit diesem Ziel einen Sinn erzeugt.

Der Chor der Kritiker widerspricht und erklärt, hier läge ein entscheidender Denkfehler vor. Diese mechanistische Vorstellung vom menschlichen Geist werde katastrophale

Folgen haben, wenn sie unkritisch akzeptiert würde – denn sie berücksichtige nicht den freien Willen. Wenn die Gene das Gehirn programmierten und den Aufbau des menschlichen Geistes durch die epigenetischen Regeln steuerten, dann seien die Gene der uns letztlich bestimmende Faktor, und »wir« – unser Geist, der jetzt gerade mit diesem Mitteilungsakt befaßt ist – seien nicht wirklich verantwortlich für unser Denken und Handeln. Daraus scheine zu folgen, daß wir die uns erteilten genetischen Befehle um so gründlicher verstünden, je tiefer wir an die Wurzeln unserer menschlichen Natur gingen. Die Folge wäre die zunehmende Schrumpfung unserer Freiheit und unserer persönlichen Verantwortung, eine Vermengung von Gut und Böse. Bestimmte Erkenntnisse könnten vielleicht doch gefährlich sein. Zuallermindest dürfe die Ethik niemals der Biologie untergeordnet werden.

In einem ganz bestimmen Sinn ist das Argument, Erkenntnis sei gefährlich, das schädlichste, das gegen die Soziobiologie oder irgendeine andere materialistische Interpretation des Ursprungs des menschlichen Geistes vorgebracht werden kann, denn es richtet sich gegen Werte, die für jeden, ob Laie oder Fachmann, zu den wertvollsten Bestandteilen des menschlichen Erbes gehören: gegen die Freiheit, gegen die Möglichkeit, sich frei zu entscheiden, gegen das unverwechselbare Selbst des Menschen, gegen seine geistige Substanz und gegen die Hoffnung. Aber diese Art der Argumentation ist irreführend. Eine genauere Untersuchung des Problems zeigt uns, daß ganz im Gegenteil eine genaue Kenntnis der menschlichen Natur die Willensfreiheit nur vergrößern, aber nicht verkleinern kann.

Der Kern des Arguments ist folgender. Unser ganzes Verhalten ist in der Tat insofern vorausbestimmt, als wir tief verwurzelten Zielen und Grundsätzen folgen, die unser tägliches Leben bestimmen. Die freien Entscheidungen, die wir treffen, bestehen zum großen Teil aus Gedanken und Handlungen, die in den Dienst dieser inneren Leitlinien gestellt werden. Einige

Gelehrte glauben, unsere Ziele und Grundsätze würden fast ausschließlich von der Kultur bestimmt, in der wir leben, und seien nicht genetisch beeinflußt. Aber selbst wenn das zuträfe, wäre das Individuum durch Kräfte determiniert, die außerhalb seiner selbst liegen. In diesem Fall wäre es von der Kultur programmiert. Kultureller Determinismus kann ebensosehr eine Zwangsjacke sein wie genetischer Determinismus. Den freien Willen und die geistige Unabhängigkeit gibt es für Menschen, die sich ausschließlich von den Normen ihrer Kultur leiten lassen, nicht. Selbst die intelligenten Individuen, die diese Tatsache begreifen und sich gegen die Normen wenden, sind noch nicht frei. Sie streben nur nach neuen Zielen und Grundsätzen, ein Bemühen, bei dem sie von den angeborenen Impulsen und Gefühlen, welche die Gene ihnen vorschreiben, geschickt geleitet werden. Die meisten Rebellen versuchen lediglich, eine Fessel gegen die andere auszutauschen, ohne wirklich zu wissen, weshalb. Im Gegensatz dazu kann ein wissenschaftliches Verständnis der menschlichen Natur und der Gen-Kultur-Koevolution eine gewisse intellektuelle Unabhängigkeit von den Kräften gewähren, die uns geschaffen haben. Dieses Verständnis kann die Willensfreiheit vergrößern. Wirkliche Freiheit besteht darin, daß wir selbst bestimmen, wer uns beherrschen soll, und zwar durch eine Methode, die es uns erlaubt, selbst Herren dieser Kräfte zu sein.

Die wissenschaftliche Untersuchung der menschlichen Natur scheint auch der geeignete Weg zu sein – wenn es einen solchen Weg gibt –, wertfreie Sozialwissenschaften zu begründen. Sobald die Wurzeln der Ethik und der Motivationen freigelegt werden, lassen sich die politischen Wissenschaften, die Wirtschaftswissenschaften und die Soziobiologie leichter von den genetisch und kulturell determinierten Vorurteilen der Spezialisten abkoppeln, die sich auf diesen Gebieten betätigen. Die Ethik bietet uns das entscheidende Instrument, Unrecht und Tyrannei zu verhindern. Aber die Philosophie der

Ethik sollte sich nicht länger außerhalb der Grenzen der Naturwissenschaften bewegen. Wie die Geschichte beweist, kann es gefährlich sein, sie den Zufälligkeiten der Gene und der Kultur und der schlichten Intuition großer Denker zu überlassen. Weil moralische Urteile physiologische Produkte des Gehirns sind, können auch sie von der neuen, sich auf den Menschen beziehenden Gesamtwissenschaft vieles gewinnen.

Um ein praktisches Beispiel für dieses Verfahren zu geben, wollen wir zum letztenmal auf das Dilemma des Inzests zurückkommen. Keine Tat hat sich in künstlerischen und religiösen Gesetzen tragischer niedergeschlagen, und keine scheint den sozialen Zusammenhalt stärker zu bedrohen. Ödipus hat sich selbst geblendet, um dieses Vergehen zu sühnen. Und doch gibt es Modernisten, die meinen, weil das Inzesttabu von der Kultur geschaffen sei, könne es von der Kultur auch aufgehoben werden. Hier wird unbekümmert argumentiert, vielleicht sei dieses Tabu lediglich die letzte noch bestehende Barriere, die uns von der sexuellen Revolution trennt; wenn sie überwunden werde, würden wir feststellen, daß sie nichts als eine Massentäuschung gewesen sei, ähnlich dem unwirksamen Fluch eines Zauberers.

Wenn wir wie körperlose Seelen umherschweben und die Angelegenheit vorurteilslos und wissenschaftlicher Erkenntnisse bar beurteilen könnten, dann könnte es uns zunächst scheinen, als spräche sehr viel für diese Interpretation. In der Vorstellung von einer erotischen Vereinigung zwischen Bruder und Schwester liegt eine gewisse abstrakte Schönheit. Von den gleichen Vorfahren abstammend, sind die Hälfte ihrer Gene jeweils identisch, und mit den gemeinsamen Erinnerungen an viele tausend denkwürdige Augenblicke, die sie in den Entwicklungsjahren der Kindheit erlebt haben, stehen sie einander so nahe, wie es bei jungen Menschen nur möglich ist. Die sexuelle Vereinigung könnte etwas nahezu Vollkommenes, ein Akt besonderer Schönheit sein. In ihr verbindet sich die Freude an der Verschmelzung mit einem anderen Menschen und mit der Selbstliebe. Das genetische Erbe und der materielle Besitz der Familie werden bewahrt und geschützt. Dieser Akt bietet fast alles, was menschliche Wesen sich wünschen können – sexuelle Freuden, Gemeinsamkeit und tiefe Intimität, Sicherheit und, was nicht gering zu bewerten ist, Unkompliziertheit.

Warum ist das eine Sünde? Wer an die kulturelle Determination glaubt, würde sagen: Weil die Menschen es so von ihrer Kultur gelernt haben. Daraus scheint zu folgen, daß wir dieses Tabu ablegen dürfen oder, mit anderen Worten, daß es uns erlaubt ist, mit der Veränderung unserer Kultur zu experimentieren und festzustellen, ob wir damit die Lebensqualität verbessern können. Einige wagemutige Familien würden dann vielleicht aktiv für Geschwisterehen eintreten. Aber die große Mehrheit der Bevölkerung würde das mit Sicherheit entschieden ablehnen. Die meisten Menschen empfinden den Inzest unwillkürlich als etwas Schlimmes. Für sie wäre die Beseitigung dieser Barriere obszön im ältesten Sinne dieses Wortes (*obscenus:* ekelerregend), die schlimmste Form des Sakrilegs. Der Modernist könnte erwidern: Das habt ihr auch schon vom vorehelichen Geschlechtsverkehr und von der Geburtenkontrolle gesagt. Gebt uns wenigstens die Freiheit, auf eigene Verantwortung den Inzest zu praktizieren. Schafft die Verbote ab und gebt vor allem euer scheinheiliges Getue auf.

Körperlose Seelen könnten diese Debatte bis in die Ewigkeit fortsetzen. Das Problem läßt sich jedoch mit Hilfe der Soziobiologie sehr rasch lösen. Biologisch ist es ganz natürlich, daß die Menschen den Inzest unter Geschwistern ablehnen. Wie wir oben erklärt haben, gibt es eine epigenetische Regel, welche die große Mehrheit der Individuen veranlaßt, sexuelle Bindungen außerhalb der Familie dem Inzest vorzuziehen. Diese Regel ist so streng und wird in der ganzen Menschheitsgeschichte und in allen Gesellschaften so durchgängig befolgt, daß sie höchstwahrscheinlich genetisch begründet ist. Natürlich besitzen die Individuen auch in dieser

Angelegenheit ihren freien Willen. Sie können das Problem so gründlich überdenken, wie sie wollen, und dabei die epigenetische Regel, die Gene und die besonderen Umstände berücksichtigen, unter denen sie leben. Dann können sie ihre Entscheidung treffen. Wahrscheinlich werden sie sich gegen den Inzest entscheiden, weil die epigenetischen Regeln ihr Bewußtsein so geprägt haben, daß ihnen sexuelle Beziehungen außerhalb der Familie, in der sie aufgewachsen sind, eine tiefere emotionale Befriedigung verschaffen.

Aber die Gene lassen sich überlisten. Die epigenetische Regel besagt, daß Kinder, die während der ersten sechs Lebensjahre zusammen aufgewachsen sind, einander nach der Geschlechtsreife nicht sexuell anziehen. Wenn das bekannt ist, kann eine Gesellschaft, die den Inzest einführen will, es so einrichten, daß Brüder und Schwestern getrennt aufgezogen werden, um sie dann durch Gesetze, Kunst, Musik und religiöse Dogmen zur Heirat anzuregen. Solche Menschen würden jetzt wahrscheinlich die Geschwisterehe vorziehen, und wenn sie das täten, dann folgten auch sie einer freien Willensentscheidung. Zugleich ist aber von anderen Mitgliedern dieser Gesellschaft eine übergeordnete Form des freien Willens ausgeübt worden, um den Einfluß der Gene auszuschalten und den Prozentsatz der Geschwisterehen zu erhöhen. Die Täuschung ist gelungen, weil sie die biologische Basis der Inzestvermeidung kannten und große Mühe aufgewendet haben, sie zu untergraben.

Dieser Eingriff in die Sozialstruktur ließe sich, wenn er jemals unternommen würde, mit gewissen biochemischen Eingriffen vergleichen, mit denen genetische Defekte korrigiert werden. Die Phenylketonurie (PKU) ist typisch für viele Erbkrankheiten, denn sie wird von einem einzigen rezessiven Gen verursacht (es kommt daher nur zum Ausdruck, wenn in doppeltem Satz vorhanden), und sie ist relativ selten, das heißt, von 10 000 Säuglingen zeigt nur einer diese Anomalität. Wenn der Säugling einen doppelten Satz an PKU-Genen aufweist, kann sein Körper die Aminosäure Phenylalanin, die in vielen proteinhaltigen Nahrungsmitteln vorkommt, nicht verwerten. Große Mengen von Phenylalanin reichern sich im Blut an, vergiften den Organismus und verursachen irreversible Gehirnschäden, wenn nicht schon wenige Monate nach der Geburt etwas dagegen unternommen wird. Die Phenylketonurie kann verhindert werden, indem man den Phenylalaningehalt in der Nahrung verringert.

Weder die PKU noch die Vermeidung des Inzests werden ausschließlich durch Gene verursacht. Beide entstehen aus dem Zusammenwirken von Erbmasse und Umwelt. Dennoch werden die PKU-Gene in fast allen Umwelten, in denen Menschen leben, direkt zur Phenylketonurie führen, und die Gene, von denen vermutlich die sexuelle Präferenz abhängt, werden direkt zu Inzestvermeidung führen. Nur wenn man die Wechselwirkung zwischen Erbmasse und Umwelt begriffen hat, ist es möglich, die Umweltbedingungen zu schaffen, die das normale Verhalten umkehren – das heißt weniger Phenylalanin zur Vermeidung der PKU und das getrennte Aufziehen von Brüdern und Schwestern zur Erhöhung der Häufigkeit des Inzests.

So treffen die Individuen ihre Entscheidungen, die Gesellschaft als Ganzes trifft andere Entscheidungen, und die gesellschaftlichen Entscheidungen beeinflussen wiederum die Entscheidungen der Individuen. Das Individuum verleiht seiner eigenen Persönlichkeit Ausdruck, die Gesellschaft steuert das Sozialverhalten, und beide folgen dabei ihrem freien Willen. Wo kommt hier nun die Ethik ins Spiel? Die Individuen folgen ethischen Grundsätzen, weil sie die nach ihrer innersten Überzeugung richtige Entscheidung treffen. Aber die Gesellschaft kann, wenn sie über das notwendige Wissen verfügt, versuchen, diese innersten Überzeugungen in ihr Gegenteil zu verkehren, mögen sie auch stark durch die Gene determiniert sein. Mit anderen Worten, ethische Grundsätze sind weder unveränderlich noch transzendent. Es gefällt uns zu glauben, unsere moralischen Gesetze seien uns auf Steintafeln übergeben worden, aber diese Gesetze können willkürlich geändert werden.

Doch durch wessen Willen? Und welchen übergeordneten Regeln folgen wir in solchen Fällen? Wenn die Gesellschaft sich entschließen würde, nichts gegen die PKU-Gene zu unternehmen, dann nähme die Zahl der behinderten und toten Kinder zu. Wenn sie sich entschlösse, die Gene auszuschalten, welche das Inzesttabu stützen, dann würde die Inzucht zunehmen, die genetischen Defekte (einschließlich der PKU) würden sich vervielfachen, und die Folge wäre eine viel größere Zahl behinderter und toter Kinder.

Wir sind jetzt zu Konsequenzen gelangt, über die es kaum Meinungsverschiedenheiten geben wird. Kaum jemand wird sich dafür aussprechen, daß Menschen sich so verhalten sollten, daß dadurch Kinder geschädigt oder getötet werden. Auch das ist ein ebenso tief in uns verwurzeltes Gefühl wie die Neigung, den Inzest abzulehnen. Wenn die Gene so weit ausgeschaltet werden können, daß Menschen dem Inzest den Vorzug geben und das Moralgesetz in dieser Hinsicht geändert wird, warum sollte es dann nicht möglich sein, auch andere Gene zu überlisten und ein Bewußtsein zu erzeugen, das eine größere Zahl behinderter Kinder toleriert oder sogar wünscht? Diese Vorstellung kommt uns jetzt noch verwerflicher vor als eine Förderung des Inzests, aber theoretisch wäre es möglich. Auch heute entscheiden Menschen über Leben und Tod. Sie sind keine auf die Tugend programmierten Automaten. Kindesmißhandlungen und Mord kommen relativ häufig vor, und gelegentlich begehen Gesellschaften Kindermord oder führen Krieg, um ganze Völker auszurotten. Mit den geeigneten Kenntnissen und Techniken der Genetik und der Psychologie wäre es möglich, eine Gesellschaft zu schaffen, die körperliche Mißbildungen und frühen Tod nicht nur gutheißt, sondern sogar davon überzeugt ist, daß dieses richtig sein müsse – daß Gott es so wünscht oder daß die unveränderlichen Gesetze der Geschichte es verlangen –, und die Lieder, Religionen und eine ganze Literatur hervorbringt, um das neue Moralgesetz zu rechtfertigen. (Die Intellektuellen in einer solchen Gesellschaft könnten sogar in *The American Spectator* Aufsätze im Stil von Swift schreiben, die diese Praxis mit dem Argument rechtfertigen, sie befreie die Spezies von schädlichen Genen. Sofort würden stilistisch geschliffene Entgegnungen in *The New York Review of Books* erscheinen und bestreiten, daß es Gene gibt.) Es gibt tatsächlich Tiere, die darauf programmiert sind, einige ihrer Jungen zu fressen oder nach der Zeugung von Nachkommenschaft Selbstmord zu begehen. Wenn solche Lebewesen denken und sprechen könnten, dann würden sie diesem mörderischen Ethos aus voller Überzeugung zustimmen.

Wir sind daher der Meinung, daß moralische Überlegungen auf den epigenetischen Regeln beruhen, welche die Entwicklung des Geistes steuern. Solche Überlegungen scheinen letzten Endes ebensosehr von den Genen wie von der Kultur und von bewußt getroffenen Entscheidungen beeinflußt zu sein. Aber die Regeln geben der Entwicklung nur eine gewisse Richtung, sie bestimmen das Moralgesetz oder die notwendigen Entscheidungen nicht zwingend. Noch immer muß eine Entscheidung getroffen werden, und in diesem Sinne bleibt der freie Wille erhalten. Aber ausreichende Erkenntnisse über die Wirkungsweise der Gene und die geistige Entwicklung können zur Entwicklung einer Form des Eingreifens in die Sozialstruktur führen, die nicht nur die Wahrscheinlichkeit der Folgen verändert, sondern auch die innersten Überzeugungen der Menschen über Wert und Unwert, Gut und Böse, mit anderen Worten: die ethischen Gebote selbst.

Wenn diese biologische Interpretation richtig ist, kann man bei der moralischen Beurteilung einer bestimmten Verhaltensweise in der Weise behilflich sein, daß man die ethischen Normen mittels einer regressiven Methode befragt. Wenn es zum Beispiel darum geht, ob der Inzest positiv oder negativ zu beurteilen sei, stellt man fest, was man als falsch oder richtig empfindet. Um diesen Vorgang etwas mechanistischer zu beschreiben, als dies gewöhnlich bei der Moralphilosophie geschieht, kann man sich in seiner Phantasie bestimmte Szenarien vorstellen und dabei erkennen, welche Gefühle die darin gegebenen Alternativen auslösen. Man verbindet also bestimmte Vorstellungen mit den von ihnen erzeugten Emotionen und entscheidet sich dann für das Szenarium, das einen am meisten befriedigt, und so weiß man, daß man »recht« gewählt hat. Aber die Gesellschaft – die Nation, das Gemeinwesen, die Familie oder jede andere Gruppe, die als solche für den einzelnen eine Autorität darstellt – kann auf dieser ersten Ebene des moralischen Entscheidungsprozesses die Regeln ändern. Bei der Entscheidung, welche die Gesellschaft zu treffen hat, geht es nicht um eine einzelne Handlung, sondern um die moralischen Grundsätze, nach denen das Handeln überhaupt zu beurteilen ist. Um die Entscheidung zu treffen, begibt sich die Gruppe auf die zweite Ebene des moralischen Entscheidungsprozesses. Die Mitglieder der Gruppe wissen, daß die Ablehnung des Inzests einem inneren Gefühl entspringt, das mit Hilfe der geeigneten Methoden in sein Gegenteil verkehrt werden kann.

Doch bevor eine Entscheidung getroffen wird, müssen diejenigen, die das Verhalten der Gruppe lenken wollen, die Folgen einer Umkehrung der bisher geltenden moralischen Grundsätze bedenken. Dabei stellen sie fest, daß aus dem Inzest behinderte Kinder hervorgehen. Sie stehen damit vor einer anderen Moralvorschrift, die zwischen normalen und behinderten Kindern abwägt. Auch diese Moralvorschrift könnte im Sinne behinderter Kinder umgekehrt werden, wenn genügend drastische Maßnahmen ergriffen würden. Sie hat eine biologische Grundlage und ist an sich ebensowenig unantastbar wäre wie das Inzesttabu; gefühlsmäßig wird sie nicht sehr viel stärker abgelehnt werden. Aber tiefer geht es nun kaum noch. Alle Beteiligten und in erster Linie die Fachleute werden eine solche ethische Mutation ablehnen. Sie erforderte zunächst einmal viel Zeit und Energie. Vor allem aber würde menschliches Leid die Folge sein, und das Überleben der Gesellschaft wäre aufs Spiel gesetzt. Damit werden ethische Grundvorstellungen berührt, die sich zwar ändern ließen, die aber nur sehr wenige geändert sehen möchten. Deshalb wird die bestehende Aversion gegen den Inzest wahrscheinlich erhalten bleiben; Erziehungspraktiken, biologische Eingriffe oder Methoden der geistigen Entwicklung, die diese Aversion zu umgehen trachten, werden keine gesamtgesellschaftliche Zustimmung finden.

Ein solches Verfahren zur Entscheidung ethischer und politischer Fragen könnte man als »abwärtsgerichtete« Analyse bezeichnen. Wir untersuchen die Folgen schrittweise und beginnen mit den zunächst gegebenen Alternativen und den Techniken, die angewendet werden müssen, um die jeweilige Entscheidung akzeptabel oder gar günstig erscheinen zu lassen. Daraus ergeben sich weitere, bis dahin noch nicht so deutlich erkennbare Alternativen. Es bedarf weiterer Methoden, um die ethischen Grundlagen für die Annahme dieser neuen Alternativen zu schaffen. Wenn die Analyse schließlich gründlich genug in das Problem eingedrungen ist, kann ein Konsens erreicht werden, der umfassender und überzeugender ist als eine durch Dogma oder bloße Intuition erreichte Übereinstimmung. Eine Entscheidung auf der ersten Ebene über den Inzest oder seine Ablehnung kann so auf Grund tieferer Erkenntnisse über die auf weiteren Ebenen zu erwartenden Konsequenzen erfolgen.

Die abwärtsgerichtete Analyse hat den Nachteil, daß jedes ethische Problem isoliert behandelt wird. Der Moralphilosoph beginnt im allgemeinen mit einer lebensechten Situation und versucht, die tiefer liegenden geistigen und biologischen Prozesse zu ergründen, die mit ihr zusammenhängt. Eine ergänzende und in gewisser Weise befriedigendere Methode wäre die »aufwärtsgerichtete« Analyse. Sie beginnt mit den tiefer liegenden Prozessen und dringt von unten nach oben zu den verschiedenen sich aus ihnen im realen Leben ergebenden Entscheidungsmöglichkeiten durch. Einige epigenetische Regeln wirken sehr stark verhaltenseinengend. Sie erzeugen in allen Gesellschaften enge Grenzen für Einstellungen und Verhalten der Individuen und lassen sich nur sehr schwer ändern. Andere lassen sich variieren und haben damit die verschiedenartigsten Auswirkungen auf die Kultur, ohne die Individuen psychologisch wesentlich zu belasten. Einige epigenetische Regeln lenken die Entwicklung ethischer Erkenntnisse und der Intuition. Wenn ihr innerer Mechanismus schließlich erkannt sein wird, wird die Gesellschaft in der Lage sein, jene von der Kultur vermittelten ethischen Präferenzen zu identifizieren, welche die Schranken der Entwicklung überwinden und daher Bestand haben werden. Die Suche nach diesen Glaubenssystemen ist das wissenschaftliche Gegenstück zur ethischen Erkenntnis »dort draußen« – unabhängig von den Zufälligkeiten der Kultur. Bei diesem Unternehmen werden wir vielleicht feststellen, daß gewisse sexuelle Bräuche und Formen der Mutter-Kind-Bindung zwar starr, zugleich aber in ihren letzten Konsequenzen den Bedürfnissen der Gesellschaft angemessen sind. Umgekehrt werden Führereigenschaften und aggressives Verhalten sich vermutlich als relativ formbar und nur in sehr wenigen Fällen in ihren Konsequenzen als eindeutig vorteilhaft erweisen. Wir könnten darüber hinaus bisher unvermutete Zwänge und Kräfte bei den zahlreichen, noch unerforschten Prozessen der geistigen Entwicklung entdecken. Die aufwärtsgerichtete Analyse bietet vor allem den Vorteil, daß sie den fundamentalen ethischen Imperativen näherkommt. Sie kann uns auch ein vollständigeres und brauchbareres Bild davon vermitteln, wozu Menschen imstande sind.

Wir sind bei unseren Betrachtungen über ethische Fragen ins Extrem gegangen, um einige Grundsätze zu illustrieren, die, wie wir glauben, von den Humanwissenschaften berücksichtigt werden müssen. Sie lassen sich wie folgt zusammenfassen:

- Alle Bereiche des menschlichen Lebens einschließlich der Ehtik haben eine physische Basis im Gehirn und sind Teil der menschlichen Biologie. Keiner dieser Bereiche darf von der nach naturwissenschaftlichen Methoden vorgenommenen Analyse ausgenommen werden.
- Die geistige Entwicklung ist feiner strukturiert, als bisher allgemein angenommen. Die meisten oder alle Formen der Wahrnehmung und des Denkens sind von genetisch vorprogrammierten Vorgängen im Gehirn beeinflußt.
- Die Struktur der geistigen Entwicklung scheint im Verlauf vieler Generationen durch eine besondere Form der Evolution (die Gen-Kultur-Koevolution) entstanden zu sein, wobei sich Gene und Kultur gemeinsam verändert haben.
- Die Tendenzen in der geistigen Entwicklung sind nur Tendenzen; der Einfluß der Gene schaltet, auch wenn er sehr stark ist, den freien Willen nicht aus. Das Gegenteil ist richtig: Indem die Gene über die epigenetischen Regeln auf die Kultur einwirken, schaffen und erhalten sie die Fähigkeit, bewußt eine Auswahl zu treffen und zu entscheiden.
- Die Prädispositionen entstehen aus der Wechselwirkung zwischen bestimmten Gruppen von Genen und der Umwelt. Sie können gezielt verändert werden, wenn die entsprechenden Mechanismen bekannt sind.
- Ethische Grundsätze gründen sich auf diese Prädispositionen, und auch sie lassen sich gezielt ändern.
- Ein Ergebnis einer wohlbegründeten Humanwissenschaft könnte die Schaffung einer verfeinerten Form sozialer Manipulation sein, welche an die tiefsten Schichten menschlicher Motivation und moralischen Urteilens rührt.

Wenn wir die Dinge so betrachten, dann rückt die wichtigste Frage der Moralphilosophie noch schärfer ins Blickfeld: Gibt es ein Moralgesetz unabhängig von der organischen Evolution? Wenn es einen solchen Richtpunkt gibt, dann bleibt die Unterscheidung zwischen dem, was ist, und dem, was sein sollte, erhalten. Was die Spezies Mensch auf jeder Stufe ihrer Evolution ist, kann nicht mit dem verwechselt werden, was sie sein sollte. Wenn es einen solchen Richtpunkt aber nicht gibt, dann läßt sich auch diese Unterscheidung nicht treffen.

Einige moderne Philosophen, die dieses Dilemma erkannt haben, meinen, die evolutionstheoretische Erklärung der ethischen Werte des Menschen reiche nicht aus, die Existenz absoluter Werte außerhalb des menschlichen Geistes zu widerlegen. Der Mensch könnte sehr wohl im Begriff sein, den außerhalb seiner selbst liegenden Wahrheiten mit Hilfe der ihm genetisch und durch die Kultur an die Hand gegebenen geistigen Werkzeuge auf die Spur zu kommen. Ebenso wie die primitive Fähigkeit, Gegenstände zu zählen und abstrakte Begriffe zu bilden, zur Entdeckung komplizierter mathematischer Theoreme geführt hat, die mit dem konkreten menschlichen Überleben nichts mehr zu tun haben, könnten weitere moralische Überlegungen ethische Grundsätze aufdecken, die für jede erdenkliche genetische Beschaffenheit gelten, für die sich die Spezies Mensch in künftigen Generationen entscheiden könnte. Wenn solche unwiderlegbaren Wahrheiten einmal entdeckt seien, könnten sie zur Richtschnur für weitere kulturelle und genetische Veränderungen werden.

Aber die Philosophen und Theologen haben uns noch nicht gezeigt, wie die absoluten ethischen Wahrheiten als etwas erkannt werden können, das außerhalb der spezifischen Entwicklung des menschlichen Geistes liegt. Inzwischen können die Vertreter einer neuen Wissenschaft vom Menschen durch die Anwendung der Grundprinzipien der Neurobiologie, der Evolutionstheorie und der Erkenntnislehre zu einem tieferen Verständnis der Gründe gelangen, aus denen ein bestimmtes Verhalten für unser Gefühl zuinnerst richtig ist. Sie können uns zu begreifen helfen, weshalb wir moralische Gefühle haben. Allerdings können die Wissenschaftler uns heute noch nicht sagen, ob wir wirklich recht haben, wenn wir bestimmte Entscheidungen treffen, weil wir keine Methode kennen, mit der wir definieren könnten, was richtig ist, ohne uns dabei auf die moralischen Gefühle zu berufen, die es zu untersuchen gilt. Vielleicht ist das die unabweisbare Bürde des freien Willens, den uns unsere Gene beschert haben: Letztlich muß jeder einzelne von uns, auch wenn er die Wahrscheinlichkeit und den Grund seines Handelns kennt, dennoch eine Entscheidung treffen.

Die Herausforderung an die Naturwissenschaft und die Philosophie, dieses Dilemma aufzulösen, ist sehr groß – nach unserer Meinung gibt es keine größere. Die Gesellschaft regelt das Verhalten der Menschen bereits durch Gesetze und Institutionen. Sie tut es aber in praktisch absoluter Unkenntnis der tieferen Bereiche der menschlichen Natur. Wenn sich die Menschen auf ihre moralische Intuition verlassen, auf jenes sie zuinnerst befriedigende Gefühl, das ihnen sagt, was Gut und was Böse ist, dann bleiben sie Sklaven ihrer Gene und ihrer Kultur. Ihr Geist entwickelt sich in der von den ererbten epigenetischen Regeln festgelegten Richtung, und obwohl sie bei ihren Entscheidungen jeweils ihrem freien Willen folgen, bleibt dieser freie Wille doch an der Oberfläche und hat für den einzelnen in den meisten Fällen nur einen illusorischen Wert. Nur wenn die Menschen zur physischen Basis des moralischen Denkens vordringen und seine evolutionäre Bedeutung berücksichtigen, werden sie die Fähigkeit entwickeln, ihr eigenes Leben bewußt zu gestalten. Dann werden sie eher in der Lage sein, sich für moralische Gesetze zu entscheiden und jene Formen des gesellschaftlichen Zusammenlebens zu wählen, die erforderlich sind, um die Gültigkeit dieser Gesetze zu bewahren.

Mit der Manipulation des Sozialverhaltens haben wir die Möglichkeit, das menschliche Verhalten auf jeder Ebene von Grund auf zu verändern. Diese Manipulationen werden den

Status quo nicht immer bestätigen, wie im Falle der Ablehnung des Inzests. Einige sehr menschliche Neigungen, die in der Steinzeit vielleicht einen großen adaptiven Wert gehabt haben, sind inzwischen selbstzerstörerisch geworden. Die virulentesten unter ihnen, die Aggressivität und die Fremdenfeindlichkeit, können abgebaut werden. Andere ebenso menschliche Neigungen wie der Altruismus und die Bereitschaft zur Zusammenarbeit lassen sich fördern. Der Wert von Institutionen und Regierungsformen kann zutreffender beurteilt werden, Alternativen lassen sich ausarbeiten, und wir können mit aller Vorsicht neue Lösungen vorschlagen. Wirtschaftswissenschaft und öffentliche Planung sollten, den Tatsachen der menschlichen Natur Rechnung tragend und nicht nur Güterströme messend, imstande sein, besser funktionierende Verfahrensweisen zu entwerfen.

Eine gründliche Selbstprüfung und die planvolle Manipulation von Werten können etwas sehr Unangenehmes sein. Aber in einer Welt, die zunehmend komplexer und gefährlicher wird, gibt es keine sonderlich aussichtsreichen Alternativen. Eine Gesellschaft, welche die Existenz der angeborenen epigenetischen Regeln vorsätzlich ignoriert, wird sich dennoch an ihnen orientieren und bei jeder Entscheidung ihrem Diktat folgen müssen. Die Wirtschaftspolitik, die moralischen Grundvorstellungen, die Erziehung der Kinder und fast alle anderen sozialen Aktivitäten werden von inneren Gefühlen gelenkt sein, deren Ursprung unergründet und unbegriffen blieb. Eine solche Gesellschaft kann dem alten, ererbten Orakel nicht wirkungsvoll begegnen, das sich in den epigenetischen Regeln verbirgt. Sie wird auch weiter dem »Gewissen« ihrer Mitglieder und dem »Willen Gottes« folgen. Ein so archaisches Vorgehen könnte, wenn wir unglaubliches Glück haben, auf die direkteste und ungestörteste Weise zu einer stabilen und in jeder Beziehung harmonischen Welt führen. Wahrscheinlicher jedoch wird es die Konflikte fortschreiben und die Menschheit auch weiterhin erbarmungslos auf einem im günstigsten Fall qualvollen und verschlungenen Pfad hinschleppen.

Andererseits wird die gründliche wissenschaftliche Erforschung der epigenetischen Regeln das Orakel zur Rechenschaft ziehen und seine Befehle in eine präzise Sprache übersetzen, die man verstehen und über die man debattieren kann. Wer die menschliche Natur solcherart durchschaut, wird eher imstande sein, sich mit anderen über universale Ziele innerhalb der Grenzen dieser Natur zu einigen und absolute ethische Werte anzuerkennen, sofern sich zeigen läßt, daß solche Werte existieren. Und obwohl die Gesellschaft den angeborenen epigenetischen Regeln nicht ausweichen kann und, sollte sie darin auch nur annähernd zu Erfolg kommen, das Wesentliche des Menschseins mit ihnen aufgeben würde, kann sie doch die Kenntnis der Regeln verwenden, um das Verhalten des einzelnen und die kulturelle Evolution auf die Ziele hinzulenken, auf die sich ihre Mitglieder eines Tages einigen mögen.

Anmerkungen

Der vierte Schritt der Evolution
Seite 14
Der hier und auf den späteren Abbildungen gezeigte *Homo habilis* entspricht der Rekonstruktion von Jay H. Matternes, die zum Beispiel in Richard Leakey, »Skull 1470«, *National Geographic* 143 (Juni 1973), S. 819–829 gebracht wird.

18
Zwei der originellsten und lesenswertesten der in jüngster Zeit erschienenen Darstellungen der Evolution des Frühmenschen sind: Alan Walker und Richard E. F. Leakey, »The Hominids of East Turkana«, *Scientific American* 239 (2; August 1978), S. 54–66, und Donald C. Johanson und T. D. White, »A Systematic Assessment of Early African Hominids«, *Science* 203, (1979), S. 321–330. Unsere Darstellung der Phylogenese – es gibt andere, konkurrierende Stammbäume – folgt der maßgebenden Analyse von John E. Cronin u. a. in »Tempo and Mode in Hominid Evolution«, *Nature* 292 (5819; 1981), S. 113–122.

18
Eine fachmännische Beurteilung neuerer Entdeckungen fossiler Überreste der frühen vormenschlichen Menschenaffen findet sich bei David Pilbeam u. a. in »New Hominoid Primates from the Siwaliks of Pakistan and Their Bearing on Hominid Evolution«, *Nature* 270 (5639; 1977), S. 689–695. Die afrikanischen Lebensräume unserer vorhumanen Vorfahren werden beschrieben von Peter Andrews, »Hominoid Habitats of the Miocene«, *Nature* 289 (5800; 1981), S. 749. Die Lebensräume des Frühmenschen werden unter anderem behandelt von Charles R. Peters in »Toward an Ecological Model of African Plio-Pleistocene Hominid Adaptations«, *American Anthropologist* 81 (2; 1979), S. 216–278.

19
Die Bedeutung des Unterschieds bei den anatomischen Merkmalen des modernen Menschen und des Frühmenschen wird sehr gut dargestellt von Bernard Campbell in *Human Evolution: An Introduction to Man's Adaptations*, 2. Auflage, Chicago 1974.

20
Eine Analyse der Gehirnstruktur des Frühmenschen und des Affenmenschen findet sich bei R. L. Holloway, »Early Hominid Endocasts: Volumes, Morphology, and Significance for Hominid Evolution« in R. H. Tuttle, Hg., *Primate Func-*

tional Morphology and Evolution, Den Haag 1975, S. 391–415, und bei Dean Falk, »Hominid Brain Evolution: The Approach from Paleoneurology«, *Yearbook of Physical Anthropology* 23 (1980), S. 93–107.

21
Der wahrscheinlich beste Versuch einer Rekonstruktion des Beginns der Evolution der Sprache findet sich bei Sue Taylor Parker und Kathleen Rita Gibson in »A Developmental Model for the Evolution of Language and Intelligence in Early Hominids«, *Behavioral and Brain Sciences* 2 (3; 1979), S. 367–408.

22
Wenn wir sagen, daß sich die großen Schritte der Evolution jeweils im Zeitraum von etwa einer Milliarde Jahren vollzogen haben, dann ist das eine grobe Schätzung. Die ersten uns bekannten Mikroorganismen hat es vor etwa 3,8 Milliarden Jahren gegeben; siehe E. S. Barghoorn, »Aspects of Precambrian Paleobiology: The Early Precambrian« in Karl Niklas, Hg., *Paleobotany, Paleoecology and Evolution,* New York 1981, S. 1–16. Die Entstehungszeit der eukaryotischen Zellen, die zweite Stufe, läßt sich nicht genau festlegen. Die im Gunflint-Kieselschiefer entdeckte und etwa zwei Milliarden Jahre alte, sehr reiche und relativ gut erhaltene Mikroflora weist augenscheinlich keine solchen Strukturen auf (Barghoorn). Einige derartige Zellen mag es in anderen etwa 1,4 Milliarden Jahre alten Ablagerungen geben, wenngleich es wahrscheinlicher ist, daß diese Zellstrukturen erst vor etwa einer Milliarde Jahren entstanden sind. Die frühesten mehrzelligen Organismen mit verhältnismäßig komplexem eukaryotischen Gewebe sind wahrscheinlich 700 Millionen Jahre alt. Der Zeitraum, der zwischen der Entstehung der eukaryotischen Zellen und der Entwicklung dieser Organismen liegt, könnte recht kurz gewesen sein, er läßt sich aber nicht zuverlässig angeben, bevor das mittlere und das späte Präkambrium nicht gründlicher erforscht sind. A. H. Knoll und E. S. Barghoorn, »Precambrian Eukaryotic Organisms: A Reassessment of the Evidence«, *Science* 190 (1975), S. 52–54.

24
Ein ausgezeichneter, jüngst erschienener Bericht über die Geschichte der Entdeckung menschlicher Fossilien ist John Reader, *Missing Links: The Hunt for Earliest Man,* Boston 1981.

28
Das Thema der Arbeitsteilung bei gesellig lebenden Tieren wie Baumaffen und Menschenaffen wird behandelt von Edward O. Wilson, *Sociobiology: The New Synthesis,* Harvard University Press, Cambridge 1975.

28
Die ausführlichste Begründung für das Bestehen einer Beziehung zwischen dem aufrechten Gang und der gesteigerten Sexualität im Zusammenhang mit der Arbeitsteilung findet sich bei C. Owen Lovejoy, »The Origin of Man«, *Science* 211 (4480; 1981), S. 341–350. Ein populärwissenschaftlicher Bericht zu diesem Thema findet sich in D. C. Johanson und Maitland Edey, *Lucy,* München 1982. Gegenargumente werden vorgetragen in Sarah Blaffer Hrdy und William Ben-

nett, »Lucy's Husband: What Did He Stand For?«, *Harvard Magazine* 46 (Juli-August 1981), S. 77–79.

28
Die Evolution der Sexualität des Menschen ist nach ganz neuen Gesichtspunkten behandelt worden von Donald Symons, *The Evolution of Human Sexuality,* New York 1979, und von Sarah Blaffer Hrdy, *The Woman That Never Evolved,* Cambridge 1981.

29
Die Morde, die bei den Kung vorkommen, behandelt ein Vortrag von Richard B. Lee, »Kung Bushman Violence«, anläßlich der Jahresversammlung der American Anthropological Association, November 1969.

29
Über die Entwicklung der Gewohnheit, die vorhandenen Nahrungsmittel auf die ganze Gruppe zu verteilen, berichtet Irenäus Eibl-Eibesfeldt in »Human Ethology: Concepts and Implications for the Sciences of Man«, *Behavioral and Brain Sciences* 2 (1; 1979), S. 1–57. Über die Rolle der Nahrungsmittel und ihre Aufteilung im Ritual berichten sehr anschaulich Peter Farb und George Armelagos in *Consuming Passions: The Anthropology of Eating,* Boston 1980. Der Austausch von Speisen als Begrüßungsritual bei Kindern wird von Parker und Gibson in »A Developmental Model« behandelt.

31 ff.
Eine ausgezeichnete und maßgebende Untersuchung des Begriffes »Geist« findet sich in Donald R. Griffin und 24 Mitautoren, »Animal Mind – Human Mind«, *Life Sciences Research Report* 21, Dahlem-Konferenzen, Berlin 1982. Diese Wissenschaftler untersuchen auch die verschiedenen Methoden für die Rekonstruktion der Evolution des Bewußtseins.

34
Die ältesten Steinwerkzeuge wurden von John W. K. Harris von der University of Pittsburgh entdeckt. Diese Entdeckungen werden behandelt in *Science News* 119 (7. Februar 1981), S. 83–84.

34
In *Genes, Mind, and Culture,* Cambridge 1981, und anderswo haben wir die Kultur generell als Summe aller Artefakte, Verhaltensweisen, Institutionen und geistigen Konzepte definiert, die durch einen Lernprozeß an die Mitglieder einer Gesellschaft weitergegeben werden können, einschließlich der ganzheitlichen Strukturen, die aus ihnen gebildet werden.

34
Die Verwendung des roten Ockers durch *Homo erectus* ist überzeugend mittels Fragmenten und pulverförmiger Substanzen nachgewiesen worden, die an einer tschechoslowakischen Grabungsstelle gefunden wurden; J. Fridrich, »Ein Beitrag zur Frage nach den Anfängen des künstlerischen und ästhetischen Sinns der

Urmenschen (Vor-Neanderthaler, Neanderthaler)«, *Památky Archeologické* 67 (1976), S. 5–30.

34
Über den bei Shanidar beerdigten Neandertaler berichtet Ralph S. Solecki in »Shanidar IV, a Neanderthal Flower Burial in Northern Iraq«, *Science* 190; (1975), S. 880–881.

34
Die nachweislich ältesten Zeugnisse einer menschlichen Schriftsprache, regelmäßig angeordnete Einritzungen auf Steinen und Knochen, werden behandelt von Alexander Marshack, »Upper Paleolithic Symbol Systems of the Russian Plain: Cognitive and Comparative Analysis«, *Current Anthropology* 20 (2; 1979), S. 271–311.

35
Die Entstehung der ersten Ackerbaugesellschaften wird behandelt von Gerhard und Jean Lenski, *Human Societies: An Introduction to Macrosociology,* 3. Auflage, New York 1978.

35
Die erste symbolische Schrift wird dokumentiert von Denise Schmandt-Besserat, »Decipherment of the Earliest Tablets«, *Science* 211 (1981), S. 283–285.

35
Ein ausgezeichneter kurzer Bericht über das explosive Wachstum der Wissenschaft ist enthalten in Derek de Solla Price, *Science Since Babylon,* erweiterte Auflage, New Haven 1975.

36
Die Erzeugungsrate mathematischer Theoreme wird erwähnt in P. J. Davis und R. Hersh, *The Mathematical Experience,* Boston 1980.

36
Die Vorausschätzung der Kapazität von Computern verdanken wir Robert Jastrow, »The Post-Human World«, *Science Digest* 89 (Januar-Februar 1981), S. 89–91, 144.

36
Pierre Teilhard de Chardin, *The Phenomenon of Man,* London 1959.

37
Die Angaben über das Aussterben von Spezies sind entnommen aus Norman Myers, *The Sinking Ark,* New York 1979. Siehe auch Paul und Anne Ehrlich, *Extinction,* New York 1981.

39
Zu den in jüngster Zeit erschienenen Arbeiten, welche die Selbständigkeit der

Geisteswissenschaften betonen, gehören Kenneth Bock, *Human Nature and History: A Response to Sociobiology*, New York 1980; W. I. Thompson, *The Time Falling Bodies Take to Light. Mythology, Sexuality, and the Origins of Culture*, New York 1981; John Bowker, »The Aeolian Harp: Sociobiology and Human Judgment«, *Zygon* 15 (1980). S. 307–333.

40
Unsere Vorstellungen von der Gen-Kultur-Koevolution haben wir zum ersten Mal vorgelegt in »Translation of Epigenetic Rules of Individual Behavior into Ethnographic Patterns«, *Proceedings of the National Academy of Sciences* 77 (7; 1980) S. 4382–4386; näher darauf eingegangen sind wir in *Genes, Mind, and Culture*.

Der Streit um die Soziobiologie

45
Es gibt heute fünf Fachzeitschriften, die sich in erster Linie oder ausschließlich mit der Soziobiologie beschäftigen. Die ersten drei unten aufgeführten sind erst nach 1975 entstanden:
Behavioral Ecology and Sociobiology, Springer Verlag, New York. Diese Zeitschrift bringt Aufsätze über das Verhalten und die soziale Organisation von Tieren; im Vordergrund stehen Experimente und Feldstudien, weniger die reine Theorie. *Ethology and Sociobiology*, Elsevier North Holland, New York. Diese Zeitschrift bringt Aufsätze über das Verhalten von Tieren und Menschen. Einige Beiträge behandeln diese Themen eher theoretisch und philosophisch. *Journal of Social and Biological Structures*, Academic Press, New York. Diese Zeitschrift enthält in erster Linie empirische und theoretische Beiträge über die Soziobiologie des Menschen und ihre zahlreichen Beziehungen zu Philosophie und Gesellschaftstheorie. *Sociobiology*, California State University, Chico. Trotz ihres umfassenden Titels beschränkt sich diese Zeitschrift auf rein fachliche Artikel über Ameisen, Termiten und andere soziale Insekten. *Insectes Sociaux*, Masson, Paris. Die führende internationale Zeitschrift über soziale Insekten.
Zu den zahlreichen Büchern über die Soziobiologie, die dieses Thema sowohl positiv als auch kritisch behandeln, gehören die folgenden:
Edward O. Wilson, *Sociobiology: The New Synthesis*, Cambridge 1975. Dieses umfangreiche Buch behandelt dieses Wissensgebiet nach modernen Gesichtspunkten, verbindet es systematisch mit der Populationsbiologie und behandelt die bisher bekannten Tatsachen des Sozialverhaltens.
David P. Barash, *Behavior and Sociobiology*, 2. Auflage, New York 1981. Ein Lehrbuch über das Sozialverhalten von Tieren und Menschen für Studienanfänger.
Daniel G. Feedman, *Human Sociobiology: A Holistic Approach*, New York 1979. Ein Lehrbuch speziell zum Sozialverhalten des Menschen, das sich besonders mit der psychologischen Entwicklung beschäftigt.
Edward O. Wilson, *On Human Nature*, Cambridge 1978. Dieses für eine breite Leserschaft geschriebene Buch beschäftigt sich mit den ethischen und philo-

sophischen Aspekten der Soziobiologie des Menschen.
Richard D. Alexander, *Darwinism and Human Affairs*, Seattle 1979. Dieses Werk ist ein ausführlicher Essay, der sich mit *On Human Nature* vergleichen läßt und die persönlichen Auffassungen eines anerkannten Soziobiologen enthält, der sich eingehend mit dem Verhalten von Tieren und Menschen beschäftigt hat.
Charles J. Lumsden und Edward O. Wilson, *Genes, Mind and Culture*, Cambridge 1981. Eine ausführliche Monographie über die Theorie der Gen-Kultur-Koevolution mit der Darstellung der auf diesem Gebiet gewonnenen Erkenntnisse.
Sarah Blaffer Hrdy, *The Woman That Never Evolved*, Cambridge 1981. Ein vielgerühmter Bericht über die Evolution des Verhaltens der weiblichen Primaten unter besonderer Berücksichtigung des Ursprungs der menschlichen Sexualität und der Verhaltensunterschiede der Geschlechter. Es wird manchmal behauptet, dieses Buch habe die Soziobiologie um eine feministische Perspektive bereichert, aber es geht viel weiter und ist ein wichtiges, von keiner Ideologie beeinflußtes wissenschaftliches Werk.
Napoleon A. Chagnon und William Irons, Hg., *Evolutionary Biology and Human Social Behavior: An Anthropological Perspective*, North Scituate 1979. Aktuelle Aufsätze und Essays aus dem Bereich der Soziobiologie des Menschen und verwandter Themen der Kulturanthropologie.
Martin Daly und Margo Wilson, *Sex, Evolution and Behavior: Adaptations for Reproduction*, North Scituate 1978. Ein wissenschaftliches Lehrbuch über den Ursprung und die Steuerung der menschlichen Sexualität unter Berücksichtigung der physiologischen und soziobiologischen Hintergründe.
Donald Symons, *The Evolution of Human Sexuality*, New York 1979. Eine ausgezeichnete, aber orthodoxe Darstellung des Themas, sollte zusammen mit Daly und Wilson, *Sex, Evolution and Behavior* und Hrdy, *The Woman That Never Evolved* gelesen werden.
Hubert Markl, Hg., *Evolution of Social Behavior: Hypotheses and Empirical Tests*, Life Sciences Research Report 18, Dahlem-Konferenzen, Deerfield Beach, 1980. Essays und Konferenzberichte, oft rein technischer Natur, von führenden Forschern der Gebiete Evolutionstheorie und Soziobiologie.
Peter Singer, *The Expanding Circle: Ethics and Sociobiology*, New York 1981. Ein sehr gründlicher Essay über die Bedeutung der modernen Evolutionsbiologie für die Moralphilosophie.
Marshall Sahlins, *The Use and Abuse of Biology: An Anthropological Critique of Sociobiology*, Ann Arbor 1976. In einer der ersten wirklich wissenschaftlichen Kritiken der Anwendbarkeit der Soziobiologie auf den Menschen untersucht Sahlins die Brauchbarkeit der Theorie der Verwandtschaftsauslese für ethnographische Untersuchungen und erklärt sie für unzureichend.
Arthur L. Caplan, Hg., *The Sociobiology Debate: Readings on Ethical and Scientific Issues*, New York 1978. Eine ausgezeichnete Sammlung von Essays für und gegen die Anwendungsmöglichkeit der Soziobiologie auf den Menschen.
Ashley Montagu, Hg., *Sociobiology Examined*, New York 1980. Eine Reihe von Aufsätzen, die sich in der Hauptsache kritisch mit der auf den Menschen bezogenen Soziobiologie auseinandersetzen.

Kenneth Bock, *Human Nature and History: A Response to Sociobiology*, New York 1980. Ein angesehener Historiker begründet seine Auffassung, wonach sich die Soziobiologie nicht eignet, um die Geschichte und komplexe gesellschaftliche Vorgänge zu erklären.
Joseph S. Alper und Robert V. Lange, »Lumsden-Wilson Theory of Gene-Culture Coevolution«, *Proceedings of the National Academy of Sciences* 27 (6; 1981), S. 3976–3979. Eine fachliche Kritik am Modell der Autoren, das individuelle Wahrnehmung in Strukturen kultureller Vielfalt übersetzt. Alper und Lange bemängeln die Einfachheit einiger Prämissen und bezweifeln darüber hinaus, daß jemals ein mathematisches Verfahren erfunden werden könnte, welches die Biologie und die Sozialwissenschaften erfolgreich miteinander verbindet.
23 Verfasser, »Open Peer Commentary«, *Behavioral and Brain Sciences* 5 (1982), S. 1–37. Bringt die verschiedensten Auffassungen zur fundamentalen Theorie über die Gen-Kultur-Koevolution, wie sie Lumsden und Wilson in *Genes, Mind, and Culture* darstellen. Zu den Verfassern gehören Genetiker, Psychologen, Anthropologen, Soziologen und Philosophen. Gemeinsam untersuchen sie die meisten Aspekte der Theorie und der sie stützenden Erkenntnisse sehr gründlich. Zwar wird kein klarer Konsens erreicht, jedoch werden gewisse Schwierigkeiten genannt und wichtige Ideen für neue Richtungen der soziobiologischen Forschung vorgetragen.

67
Jonathan Beckwith und 14 Mitunterzeichner, »Against Sociobiology«, *New York Review of Books,* 13. November 1975.

67
Ruth Hubbard wurde zitiert in *The Harvard Crimson,* Cambridge, 3. November 1975.

69
Die Ursprünge der von den Nazis und Sowjets betriebenen Pseudogenetik werden dargestellt von Loren R. Graham, *Between Science and Values,* New York 1981. Graham bringt überdies einen ausgewogenen Bericht über Geschichte und politische Bedeutung der Soziobiologie.

70
Die wichtigsten Fachaufsätze über die Vererbbarkeit bestimmter Verhaltensweisen beim Menschen sind zitiert bei Lee Ehrman und Peter A. Parsons, *Behavior, Genetics, and Evolution,* New York 1981, und Lumsden und Wilson, *Genes, Mind, and Culture.*

73
Jonathan Beckwith, »The Struggle at Harvard«, *Science for the People* 9 (März-April 1977), S. 31. Das gestoppte Genetikprojekt an der Harvard Medical School war die Untersuchung der Entwicklung von männlichen Individuen mit einer XYY-Chromosomenausstattung; die Leiter dieses Vorhabens waren Stanley Walzer und Park Gerald. Ein Bericht über den Verlauf einschließlich der Beteiligung

von *Science for the People* in Barbara J. Culliton, »XYY: Harvard Researcher Under Fire Stops Newborn Screening«, *Science* 188 (1975), S. 1284–1285, und Bernard D. Davis, »XYY: The Dangers of Regulating Research by Adverse Publicity«, *Harvard Magazine* 79 (Oktober 1976), S. 26–30.

73
Tom Bethell, »Burning Darwin To Save Marx«, *Harper's*, Dezember 1978, S. 31–38, 91–92.

74
Wissenschaftliche Bücher, die sich im allgemeinen positiv zur Soziobiologie des Menschen und zu ihrer Rolle in den Sozial- und Geisteswissenschaften äußern, sind u. a.: Mary Midgley, *Beast and Man*, Ithaca 1978; Michael Ruse, *Sociobiology: Sense or Nonsense?*, Boston 1979; ders., *Is Science Sexist?*, Boston 1981; Alexander Rosenberg, *Sociobiology and the Preemption of Social Science*, Baltimore 1980; Peter Singer, *The Expanding Circle: Ethics and Sociobiology*, New York 1981; Donald Symons, *The Evolution of Human Sexuality*, New York 1979; Pierre L. van den Berghe, *Human Family Systems: An Evolutionary View*, New York 1979. Zu den kritischsten Werken gehören Bock, *Human Nature and History*; Marvin Harris, *Cultural Materialism: The Struggle for a Science of Culture*, New York 1979; Montagu, Hg., *Sociobiology Examined*, und Sahlins, *The Use and Abuse of Biology*.

74
Stuart Hampshire, »The Illusion of Sociobiology«, *New York Review of Books*, 12. Oktober 1978.

77
Inhalt und erkenntnistheoretische Folgen der Quantentheorie werden behandelt in zwei Werken von Max Jammer, *The Conceptual Development of Quantum Mechanics*, New York 1966, und *The Philosophy of Quantum Mechanics*, New York 1974. Alte und neue Kontroversen sind kürzlich zusammengefaßt worden von Stephen Brush, »The Chimerical Cat: Philosophy of Quantum Mechanics in Historical Perspective«, *Social Studies of Science* 10 (1980), S. 393–447 und von B. d'Espagnat, »The Quantum Theory and Reality«, *Scientific American*, 241 (5; November 1979), S. 158–181.

79
Über verschiedene Aspekte der Autonomiebestrebungen in den Sozialwissenschaften siehe die historischen Darstellungen von Marvin Harris, *The Rise of Anthropological Theory*, New York 1968; Elvin Hatch, *Theories of Man and Culture*, New York 1973; Annemarie de Waal Malefijt, *Images of Man: A History of Anthropological Thought*, New York 1974; Frank J. Sulloway, *Freud: Biologist of the Mind*, New York 1979.

80
Die Geschichte der Erforschung der Gen-Kultur-Koevolution ist enthalten in Lumsden und Wilson, *Genes, Mind, and Culture*.

82
Gerald Holton, »Where Is Science Taking Us?«, Jefferson Lecture in the Humanities, 1981, zitiert in Zöe Ingalls, *Chronicle of Higher Education,* 18. Mai 1981, S. 3–4.

Die Regeln der geistigen Entwicklung

85
Konrad Lorenz, *Die Rückseite des Spiegels,* München 1973.

85
Die Existenz intelligenten Lebens auf anderen Planeten ist natürlich unter Wissenschaftlern ein sehr umstrittenes Thema. Wenige, darunter Philip Morrison und Carl Sagan, erklären, im Milchstraßensystem könnten 100 000 oder mehr technische Zivilisationen existieren. Andere, und zu ihnen gehören Robert T. Rood und James S. Trefil, die sich dazu in *Are We Alone?,* New York 1981, geäußert haben, sind zu dem Schluß gekommen, es sei sehr unwahrscheinlich, daß anderwärts intelligentes Leben existiere. Wir haben die Zivilisationen der Eidylons und der Xenidrine erfunden, um für unsere Theorie vom Ursprung der menschlichen Intelligenz einen lebendigeren und klareren Hintergrund zu schaffen.

87
Das gesteuerte Erlernen des Vogelgesangs behandelt John Alcock, *Animal Behavior,* 2. Auflage, Sunderland 1979.

88
Die Desoxyribonukleinsäure (DNS), die Grundsubstanz der Vererbung, ist augenscheinlich nicht geeignet, unter den auf der Erde herrschenden Bedingungen eine ausschließlich genetisch gesteuerte Zivilisation hervorzubringen, wie wir sie bei den Eidylons geschildert haben. Es gibt mehrere hunderttausend menschliche Gene, die aus etwa 2,9 Milliarden Nukleotidpaaren, den chemischen Grundbestandteilen der DNS, bestehen. Eine Veränderung in einem dieser Nukleotidpaare bezeichnet man als Mutation. Die Mutation verändert das Gen, an dem sie stattfindet, und kann eine oder mehrere Eigenschaften in der Anatomie, der Physiologie oder im Verhalten des Trägers verändern. Die Zahl der Nukleotide in der menschlichen Zelle liegt nicht sehr weit unter dem möglichen Maximum. Einige Pflanzen, Salamander und Fische haben im Lauf der Evolution zwischen zehn und hundert Millionen Paare in ihren Zellen angehäuft (ohne im übrigen größer, komplexer oder intelligenter geworden zu sein). Es wäre jedoch schwierig oder unmöglich, daß eine Zelle normaler Größe sehr viel mehr DNS in sich aufnimmt. Die DNS und die aus Protein bestehende Grundsubstanz, die sie enthält, würden einen solchen Umfang annehmen, daß ernste Probleme für die Ernährung und den Transport entstünden. Kurz gesagt, die fundamentalen Eigenschaften des Lebens, wie wir es kennen, begrenzen die im Körper von Organismen mögliche Speicherkapazität für Informationen.

Was also läßt sich mit etwa einer Milliarde Nukleotidpaare bewerkstelligen? Wenn es eine Möglichkeit gäbe, die Nukleotide direkt in die Knoten-Verknüpfungspunkte des Langzeitgedächtnisses zu übersetzen, die etwa den Begriffen *weiß*, *Pferd* und *laufen* entsprechen, dann ließe sich das Gehirn mit nicht weniger als einer Milliarde solcher Teilinformationen programmieren. Nehmen wir an, jeder dieser Verknüpfungspunkte wäre darüber hinaus mit zehn anderen Begriffen verbunden, die eine komplexere Vorstellung bilden, zum Beispiel wir verbinden *weiß* mit *Pferd* und *laufen*. Die Nukleotide könnten, wenn sie ihre Information direkt weitergeben dürften, immer noch so viele Konzepte programmieren, wie sie das menschliche Gehirn tatsächlich durch Erfahrung lernt. Andererseits wären die Fähigkeiten der menschlichen Gene bald erschöpft, wenn sie auch die Sprache verschlüsseln müßten. Zwar kann eine sehr große Zahl von Symbolen als angeboren programmiert und mit anderen Begriffen verknüpft werden, um komplexere Konzepte zu bilden, aber die Länge der Sätze, die instinktiv gebildet werden können, ist streng begrenzt. Um über ein vollständig angeborenes, aus 10 000 Wörtern bestehendes Vokabular zu verfügen und vollständig angeborene, aus zehn Wörtern bestehende Sätze zu sprechen, bräuchte man die astronomische Anzahl von 10^{40} Nukleotiden (eine 1 mit 40 Nullen) oder hundert Millionen Milliarden Kilogramm DNS. Das wäre mehr als das Gesamtgewicht aller Menschen auf dieser Erde.

88
Diese Informationsanalyse der Gene, Neuronen und Botschaften wurde erstmals vorgenommen von J. J. Bremermann, »Limits of Genetic Control«, *IEEE Transactions on Military Electronics* MIL-7 (2 und 3; 1963), S. 200–205. Sie wurde von uns in *Genes, Mind, and Culture* wesentlich erweitert und verfeinert.

88
Unsere Überlegungen zur maximalen Kapazität des menschlichen Gedächtnisses sind die folgenden: Man stelle sich vor, daß ein Jahr $3{,}15 \times 10^7$ Sekunden enthält, so daß einem während eines sehr langen Lebens von hundert Jahren höchstens $3{,}15 \times 10^9$ Sekunden für die Aufnahme neuer Informationen zur Verfügung stehen. Da das Individuum wenigstens zehn Sekunden braucht, um einen neuen Begriff im Langzeitgedächtnis zu speichern (was experimentell nachgewiesen wurde), kann es während eines Lebens $3{,}15 \times 10^8$ Begriffe speichern, wenn es nichts anderes tut als lernen. Wenn 10 Prozent der Lebenszeit mit Lernen zugebracht werden, dann lassen sich höchstens $3{,}15 \times 10^7$ Begriffe assimilieren. Verwendet das Individuum jedoch nur 0,1 Prozent seiner Lebenszeit dazu, dann werden es höchstens $3{,}15 \times 10^5$ Begriffe sein.

89
Das Zitat findet sich in Leslie A. White, »Individuality and Individualism: A Culturological Interpretation«, *Texas Quarterly* 6 (1963), S. 111–127 und in seiner Besprechung von G. Clarke, *From Savagery to Civilization*, und von V. G. Childe, »History«, *Antiquity* 22 (1948), S. 217–218.

92
Die Intensität der Aktivierung des Gehirns durch geometrische Muster verschiedener Komplexität wurde untersucht von der belgischen Psychologin Gerda Smets, *Aesthetic Judgment and Arousal: An Experimental Contribution to Psy-*

cho-Aesthetics, Leuven 1973. Die Komplexität wurde an der Redundanz der einzelnen Punkte gemessen, aus denen die betreffende Figur zusammengesetzt war. Maßstab der Aktivierung war die Dauer, während deren die Alpha-Welle des Elektroenzephalogramms nach der Präsentation der Figur blockiert war. Diese rein physiologische Reaktion hängt, wie man glaubt, mit der ästhetischen Beurteilung solcher Muster und der Bevorzugung des einen gegenüber dem anderen in Kunst und Symbol zusammen.

96
Ein Bericht über die Sozialisierung der Kung findet sich in Patricia Draper, »Social and Economic Constraints on Child Life among the Kung« in R. B. Lee und Irven DeVore, Hg., *Kalahari Hunter-Gatherers: Studies of the Kung San and Their Neighbors,* Cambridge 1976. Die Angaben für die Ituri-Pygmäen und andere Völker ohne schriftliche Überlieferung stammen von Irven DeVore (persönliche Mitteilungen). Eine allgemeine Analyse über die Verhältnisse in vielen Kulturen findet sich bei Herbert Barry, III, et al., »Relation of Child Training to Subsistence Economy«, *American Anthropologist,* 61 (1959), S. 51–63.

99
Die zwölf Klassen, die nach unseren Feststellungen quantitativ untersucht wurden, sind: Nahrungspräferenzen von Säuglingen, anteilige Repräsentation des Gesichtssinns und der anderen Sinnesorgane im Wortschatz der verschiedenen Kulturen, die Farbeinteilung, die Lautbildung bei der Entwicklung der Sprache, Bevorzugung geometrischer Muster durch Säuglinge, Präferenzen von Säuglingen für ausdruckslose Gesichtszüge und für Gesichtsausdrücke, mit denen bestimmte Emotionen vermittelt werden sollen, verschiedene Formen der Bindung und Kommunikation zwischen Mutter und Kind, die Art, wie Säuglinge und mittelgroße Gegenstände getragen werden, Phobien, Inzestvermeidung und die Reaktion auf Fremde. Diese Untersuchungen werden im einzelnen behandelt in *Genes, Mind, and Culture.*

100
Der Inzest bei Geschwistern wird in den beiden letzten Kapiteln dieses Buches noch einmal behandelt und dokumentiert.

100
Über grundlegende Forschungen zur Wahrnehmung von Farben durch Kleinkinder berichtet Marc H. Bornstein, »Perceptual Development: Stability and Change in Feature Perception« in M. H. Bornstein und W. Kessen, Hg., *Psychological Development from Infancy: Image to Intention,* Hillsdale 1979, S. 37–81.

100
Die Experimente zur Erforschung des Farbvokabulars werden besprochen in Brent Berlin und Paul Kay, *Basic Color Terms: Their Universality and Evolution,* Berkeley 1969.

101
Die Determinanten des Farbensehens werden behandelt von George Wald, »The

Molecular Basis of Color Vision« in B. R. Straatsma u. a., Hg., *The Retina: Morphology, Function and Clinical Characteristics,* Berkeley 1969, S. 281–295; Peter H. Lindsay und Donald A. Norman, *Human Information Processing: An Introduction to Psychology,* 2. Auflage, New York 1977.

102
Die genetischen Ursachen der Farbenblindheit werden behandelt in Curt Stern, *Principles of Human Genetics,* 3. Auflage, San Francisco 1973.

103
Über die Versuche, den Dani in Neu-Guinea ein Farbenvokabular beizubringen, siehe Eleonor H. Rosch, »Natural Categories«, *Cognitive Psychology* 4 (1973), S. 328–350.

104
Die Vorliebe neugeborener Kinder für bestimmte geometrische Muster ist dokumentiert in R. L. Fantz, J. F. Fagan, III, und S. B. Miranda, »Early Visual Selectivity: As a Function of Pattern Variables, Previous Exposure, Age from Birth and Conception, and Expected Cognitive Deficit« in L. B. Cohen und P. Salapatek, Hg., *Infant Perception, I: Basic Visual Processes,* New York 1975, S. 249– 345. Die zumeist bevorzugte Zahl von Veränderungen bei abstrakten Figuren wurde nachgewiesen von M. Hershenson, H. Munsinger und W. Kessen, »Preference for Shapes of Intermediate Variability in the Newborn Human«, *Science* 147 (1965), S. 630–631.

105
Über die Erforschung des Zusammenhangs zwischen Emotionen und Gesichtsausdruck berichtet Paul Ekman, *The Face of Man: Expressions of Universal Emotions in a New Guinea Village,* New York 1980.

106
Über den Geschmackssinn von Säuglingen und Kleinkindern und die Geschmacksrichtungen, denen sie den Vorzug geben, berichten O. Maller und J. A. Desor, »Effects of Taste on Ingestion by Human Newborns« in J. Bosma, Hg., *Fourth Symposium on Oral Sensation and Perception: Development in the Fetus and Infant,* Washington, D. C. 1974, S. 279–311; M. Chiva, »Comment la personne se construit en mangeant«, *Communications,* Paris 31 (1979), S. 107–108; J. E. Steiner, »Oral and Facial Innate Motor Responses to Gustatory and to Some Olfactory Stimuli« in J. H. A. Kroeze, Hg., *Preference Behaviour and Chemoreception,* London 1979, S. 247–261.

106
Die Angstreaktion von Kindern in Gegenwart Fremder schildert Irenäus Eibl-Eibesfeldt, »Human Ethology: Concepts and Implications for the Sciences of Man«, *Behavioral and Brain Sciences* 2 (1979), S. 1–57.

106
Die Rolle der Augen in der Kommunikation behandeln M. Argyle und M. Cook, *Gaze and Mutual Gaze,* Cambridge 1976. Neue Erkenntnisse über die biologi-

schen Hintergründe des drohenden Blicks besprechen Kent G. Bailey u. a., »The Threatening Stare: Differential Response Latencies in Mild and Profoundly Retarded Adults«, *American Journal of Mental Deficiency* 81 (1977), S. 599–602.

108
Die Klassifizierung von Menschen nach Klischees dokumentieren Amos Tversky und Daniel Kahneman, »Judgment under Uncertainty: Heuristics and Biases«, *Science* 185 (1974), S. 1124–1131.

109
Die Risikobeurteilung durch Menschen behandelt L. Reijnders, »On the Applicability of Game Theory to Evolution«, *Journal of Theoretical Biology* 75 (1978), S. 245–247; D. W. Orr, »Catastrophe and Social Order«, *Human Ecology* 7 (1979), S. 41–52.

111
Berichte über die genetischen Mutationen, welche die Struktur des Kleinhirns und die Bewegungsabläufe bei Mäusen beeinflussen, finden sich bei Pasco Rakic, »Genetic and Epigenetic Determinants of Local Neuronal Circuits in the Mammalian Central Nervous System« in F. O. Schmitt und F. G. Worden, Hg., *The Neurosciences: Fourth Study Program*, Cambridge 1979, S. 109–127; G. E. McClearn und J. C. DeFries, *Introduction to Behavioral Genetics*, San Francisco 1973.

111
Eine ausgezeichnete Darstellung des Turner-Syndroms, der Auswirkungen des Fehlens eines Geschlechtschromosoms, findet sich bei William L. Nyhan und Edward Edelson, *The Heredity Factor*, New York 1976.

111
Über das Gen, das vor allem selektive Auswirkungen auf die verschiedenen Arten der Wahrnehmungsfähigkeit hat, berichten G. C. Ashton, J. J. Polovina und S. G. Vandenberg, »Segregation Analysis of Family Data for 15 Tests of Cognitive Ability«, *Behavior Genetics* 9 (5; 1979), S. 329–347.

111
Über die Zahl der identifizierten menschlichen Gene berichtet Victor A. McKusick, »The Anatomy of the Human Genome«, *Journal of Heredity* 71 (1980), S. 370–391.

112
Über die einfache genetische Steuerung der Fähigkeit, eine bestimmte Form des Moschus mit dem Geruchssinn wahrzunehmen, berichten D. Whissell-Buechy und J. E. Amoore, »Odour-Blindness to Musk: Simple Recessive Inheritance«, *Nature* 242 (1973), S. 271–273.

113
Das Lesch-Nyhan-Syndrom wird von einem seiner Entdecker beschrieben in Nyhan and Edelson, *The Heredity Factor*.

113
Ein Bericht über die Kommunikation durch den Gesichtsausdruck findet sich bei Paul Ekman, »Cross-cultural Studies of Facial Expression« in P. Ekman, Hg., *Darwin and Facial Expression: A Century of Research in Review*, New York 1973.

114
Dieses Zitat von Eccles über die Transzendenz des Geistes findet sich im Vorwort zu E. P. Polton, *Critique of the Psycho-Physical Theory*, Den Haag 1973. Siehe auch Karl R. Popper und J. C. Eccles, *The Self and Its Brain*, New York 1977, dt. *Das Ich und sein Gehirn*, München 1983, und J. C. Eccles, *The Human Psyche*, New York 1980.

114
Bei der Behandlung des Leib-Seele-Problems stüzten wir uns vor allem auf William R. Uttal, *The Psychobiology of Mind*, Hillsdale 1978, und Jerry A. Fodor, »The Mind-Body Problem«, *Scientific American* 244 (1; Januar 1981), S. 114–123.

116
Über die Erforschung der Potentialänderungen im Elektroenzephalogramm berichtet E. R. John u. a., »Developmental Equations for the Electroencephalogram«, *Science* 210 (1980), S. 1255–1258; H. Ahn u. a., »Developmental Equations Reflect Brain Dysfunctions«, *Science* 210 (1980), S. 1259–1262.

116
Über die neuesten Forschungen auf dem Gebiet der Positronemissionstomographie (PET) zur Analyse der Hirntätigkeit berichtet Julie Ann Miller, »BrainWatch«, *Science News* 119 (1981), S. 76–78.

116
Über die Xenon-133-Technik zur Überwachung der Durchblutung des Gehirns während der verschiedenen Formen geistiger Aktivitäten berichten Niels A. Lassen, David H. Ingvar und Erik Skinhøj, »Brain Function and Blood Flow«, *Scientific American* 239 (4; Oktober 1978), S. 62–71.

118
Über die Psychologie des Gedächtnisses berichten Geoffrey R. Loftus und Elizabeth F. Loftus, *Human Memory: The Processing of Information*, Hillsdale 1976, und P. H. Lindsay und D. A. Norman, *Human Information Processing: An Introduction to Psychology*, 2. Auflage, New York 1977. Teile der Theorie von der streuenden Aktivierung wurden in Frage gestellt, aber das Grundkonzept scheint eine wachsende Zahl von Experimenten zu bestätigen. Darüber hinaus haben wir den Eindruck, daß die wichtigsten konkurrierenden Modelle in Wirklichkeit Ergänzungen des Konzepts von der netzartigen Struktur der Bezugspunkte und ihrer Verknüpfungen sind.

126
Peter C. Reynolds, *On the Evolution of Human Behavior*, Berkeley 1981.

Die sozialen Lebensräume des Menschen

128
Die Körperformen des abgebildeten *Homo habilis* entsprechen der Rekonstruktion von J. H. Matternes in *National Geographic* 143 (Juni 1973), S. 819–829.

130
Die vergleichende Darstellung der Chromosomen des Menschen und des Schimpansen gründet sich auf J. J. Yunis u. a., »The Striking Resemblance of High Resolution G-banded Chromosomes of Man and Chimpanzee«, *Science* 208 (1980), S. 1145–1148. Die große Ähnlichkeit der Genstruktur von Mensch und Schimpanse wird dokumentiert von Mary-Claire King und A. C. Wilson, »Evolution at two levels in humans and chimpanzees«, *Science* 188 (1975), S. 107–116. Die Verfasser berichten, daß die Aminosäuren, aus denen die Proteine allgemein bestehen, bei beiden Spezies zu mehr als 99 Prozent identisch sind. Aufgrund der an Fossilien gewonnenen Erkenntnisse und der biochemischen Unterschiede unter den lebenden Spezies (besonders in der Struktur der Fibrinopeptide, kleiner Proteine) nimmt man an, daß sich Schimpansen und Hominide in ihrer Entwicklung in einer Zeit vor 20 bis 5 Millionen Jahren voneinander getrennt haben. Siehe A. C. Wilson, S. S. Carlson und T. J. White, »Biochemical Evolution«, *Annual Review of Biochemistry* 46 (1977), S. 573–639.

132
Diese Ableitung der Merkmale gemeinsamer Vorfahren und der dazwischen liegenden Spezies ist in der Evolutionsforschung üblich. Siehe zum Beispiel E. O. Wiley, *Phylogenetics: The Theory and Practice of Phylogenetic Systematics,* New York 1981.

132
Die Schilderung der Stärke von Gruppen des *Homo habilis* und ihrer Begegnungen gründet sich auf die Feststellung, daß es bei Schimpansen und heutigen Trupps von Jägern und Sammlern gemeinsame Verhaltensweisen gibt. Siehe zum Beispiel Wilson, *Sociobiology*; C. J. Buys und K. L. Larson, »Human Sympathy Groups«, *Psychological Reports* 45 (1979); S. 547–553; R. B. Lee, *The Kung San: Men, Women and Work in a Foraging Society*, New York 1979.

133
Daß andere Mitglieder des Trupps mit Handbewegungen abgewiesen wurden, konnte bei frei lebenden Schimpansen im Gombe Stream National Park in Tansania beobachtet werden; siehe Suzanne Chevalier-Skolnikoff, »The Gestural Abilities of Apes«, *Behavioral and Brain Sciences* 2 (1979), S. 382–383.

133
Die Gemeinsamkeiten beim Spielverhalten von Tieren und Menschen werden im Kontext der Evolution beschrieben in der Monographie von Robert M. Fagen, *Animal Play Behavior,* New York 1981.

133
Die Jagd auf ein Flußpferd (oder die Verwertung eines gefallenen Flußpferdes) beim *Homo habilis* lehnt sich an eine archäologische Rekonstruktion an, berichtet von Glynn Isaac, »The Food-Sharing Behavior of Protohuman Hominids«, *Scientific American* 238 (4; April 1978), S. 90–108. Isaac gehört außerdem zu denen, die auf die Bedeutung eines Stammlagers und der Verteilung der vorhandenen Nahrungsmittel auf die ganze Gruppe im Zusammenhang mit der Evolution des Menschen hingewiesen haben. Die Schilderung des Zerlegens des Beutetiers haben wir einem Bericht von J. Wallace entnommen, »Evolutionary Trends in the Early Hominid Dentition« in Clifford J. Jolly, Hg., *Early Hominids of Africa,* New York 1978, S. 285–310.

133
Die wahrscheinliche Anzahl der Schläge, die notwendig sind, um einen Faustkeil aus Stein herzustellen, wie er vom *Homo habilis* verwendet wurde, wird angegeben in Sergei A. Semenov, *Prehistoric Technology: An Experimental Study of the Oldest Tools and Artefacts,* übersetzt von M. W. Thompson, Somerset 1964. Siehe auch Ralph L. Holloway, »Culture, Symbols, and Human Brain Evolution«, *Dialectical Anthropology* 5 (1982), S. 287–303.

133
Die führende Rolle der männlichen Individuen beim Jagen und Verteilen des Fleisches sowie die große Erregung während der Verteilung sind sowohl bei Schimpansen als auch bei den heute lebenden Jägern und Sammlern zu beobachten. Siehe zum Beispiel Geza Teleki, *The Predatory Behavior of Wild Chimpanzees,* Lewisburg 1973; John E. Pfeiffer, *The Emergence of Man,* New York 1969.

134
Die in dieser Illustration dargestellten Gesichtsausdrücke des *Homo habilis* gehören zu denen, die am Schimpansen und am heutigen Menschen ähnlich sind und gleiche Emotionen ausdrücken. Unter Verwendung der Y-Technik bei der Rekonstruktion evolutionärer Vorgänge hat man die gleichen Ausdrücke dem *Homo habilis* zugeschrieben. Die Quellen, denen wir diese Vergleiche entnommen haben, sind die folgenden. Menschliches Lachen: Bei den Schimpansen ist das Äquivalent das »entspannte Öffnen des Mundes« mit dem »Ah-ah-Laut«; siehe J. A. R. A. M. van Hooff, »A Comparative Approach to the Phylogeny of Laughter and Smiling« in R. A. Hinde, Hg., *Non-Verbal Communication,* New York 1972. Die Darstellung und Interpretation des Schmollens ist in modifizierter Form übernommen aus Peter Marler und Richard Tenaza, »Signaling Behavior of Apes with Special Reference to Vocalization« in T. A. Sebeok, *How Animals Communicate,* Bloomington 1977. Die Darstellung der Wut gründet sich auf van Hooff.

135
Die Rekonstruktion der Ökologie und der Lebensgewohnheiten des *Homo habilis* bespricht Karl W. Butzer, »Environment, Culture, and Human Evolution«, *American Scientist* 65 (1977), S. 572–584; Glynn Isaac, »Casting the Net Wide: A Review of Archaeological Evidence for Early Hominid Land-Use and Ecologi-

cal Relations« in L.-K. Königsson, Hg., *Current Arguments on Early Man,* New York 1980, S. 114–134 und Anna K. Behrensmeyer, Butzer, Isaac, C. O. Lovejoy u. a. in Clifford J. Jolly, Hg., *Early Hominids of Africa,* New York 1978.

136 f.
Die Flexibilität im Verhalten und die intellektuellen Fähigkeiten bei Schimpansen und anderen Menschenaffen sind in hervorragender Weise untersucht bei Gordon G. Gallup u. a., »A Mirror for the Mind of Man, or Will the Chimpanzee Create an Identity Crisis for *Homo sapiens?*«, *Journal of Human Evolution* 6 (1977), S. 30–313, und Sue Taylor Parker und Kathleen Rita Gibson, »A Developmental Model for the Evolution of Language and Intelligence in Early Hominids«, *Behavioral and Brain Sciences* 2 (1979), S. 367–408. In seinem Werk *Foundations of Primitive Thought,* New York 1979, bringt C. R. Hallpike einen gründlichen Bericht über die Erforschung des Wahrnehmungsvermögens von Jägern und Sammlern und anderen heute bestehenden primitiven Gesellschaften; seine Darstellung folgt vornehmlich dem Standpunkt Piagets.

138
Die Bedeutung des Spiels für die Entdeckung neuer, adaptiver Verhaltensformen wird hervorgehoben von Robert M. Fagen, *Animal Play Behavior,* New York 1981, und von Brian Vandenberg, »The Role of Play in the Development of Insightful Tool-Using Strategies«, *Merrill-Palmer Quarterly* 27 (1981), S. 97–109.

138
Die Spiele des Totenkopfäffchens Corwin schildern John D. und Janice I. Baldwin, »The Role of Learning Phenomena in the Ontogeny of Exploration and Play« in Suzanne Chevalier-Skolnikoff und Frank E. Poirier, Hg., *Primate Bio-Social Development,* New York 1977, S. 343–406.

138
Die Verwendung eines Benzinkanisters als Trommel beim Drohverhalten eines männlichen Schimpansen wurde beobachtet von Jane van Lawick-Goodall, *In the Shadow of Man,* Boston 1971.

139
Über den köperbehinderten Schimpansen berichtet Geza Teleki in *The Predatory Behavior of Wild Chimpanzees.*

139
Die Piagetsche Deutung der Verhaltensentwicklung bei Baumaffen und Menschenaffen erörtern Parker und Gibson, »A Development Model« sowie Suzanne Chevalier-Skolnikoff, »A Piagetian Model for Describing and Comparing Socialization in Monkey, Ape, and Human Infants« in Chevalier-Skolnikoff und Poirier, Hg., *Primate Bio-Social Development,* S. 159–187. Die künstlerischen Leistungen gefangener Schimpansen sind sehr schön dargestellt in Desmond Morris, *The Biology of Art,* New York 1962.

140
Wie sich bei Schimpansen die Abneigung gegen den Inzest entwickelt, dokumentiert Anne E. Pusey, »The Physical and Social Development of Wild Adolescent Chimpanzees« *(Pan troglodytes schweinfurthii)*, Dissertation, Stanford University, 1977; zitiert von Craig Packer in *Animal Behaviour* 27 (1979), S. 1–36. Pusey hat festgestellt, daß Individuen, die gemeinsam aufwuchsen (und daher wahrscheinlich Geschwister waren), nach der Geschlechtsreife am wenigsten zu Kopulationsversuchen neigten. Die Vermeidung des Inzests wird außerdem dadurch gefördert, daß junge weibliche Individuen sich benachbarten Gruppen anzuschließen neigen.

140
Über die extrem »phobische« Reaktion von Schimpansen auf einen ausgestopften Leoparden berichten A. Kortlandt und M. Kooij, »Protohominid Behaviour in Primates (Preliminary Communication)«, *Symposia of the Zoological Society of London* 10 (1963), S. 61–88.

141
Einige Aspekte der Rekonstruktion des Sozialverhaltens und der Ökologie des *Homo erectus* verdanken wir Karl W. Butzer, »Environment, Culture, and Human Evolution«, *American Scientist* 65 (1977), S. 579; W. W. Howells, *Homo erectus – Who, When, and Where: A Survey«, Yearbook of Physical Anthropology* 23 (1980), S. 1–23; Jan Jelinek, »European *Homo erectus* and the Origin of *Homo sapiens*« in Königsson, Hg., *Current Arguments on Early Man*. F. Clark Howells Darstellung der möglichen Verwendung des Feuers durch den *Homo erectus* zitiert Pfeiffer, *The Emergence of Man*. Über den Zeitpunkt der ersten Verwendung des Feuers an Lagerstellen berichtet ein Gedankenaustausch zwischen Glynn Isaac und J. A. J. Gowlett u. a., »Early Hominids and Fire at Chesowanja, Kenya«, *Nature* 296 (1982), S. 879. Daß junge weibliche Individuen zwischen einzelnen Trupps ausgetauscht werden, kommt sowohl bei Schimpansen als auch in einigen heutigen Gesellschaften von Jägern und Sammlern vor. Siehe Anne E. Pusey, »Intercommunity transfer of chimpanzees in Gombe National Park« in D. A. Hamburg und Elizabeth R. McCown, Hg., *The Great Apes*, Menlo Park 1979, S. 465–479. Das gleiche gilt für Zweikämpfe mit tödlichem Ausgang zwischen den männlichen Individuen. Was wir über eine primitive Symbolsprache des *Homo erectus* schreiben, ist reine Vermutung.

142
Grundlage der Zeichnung des *Homo erectus* bilden die Forschungsergebnisse verschiedener Fachleute. Es sind vor allem Zdenek Burian in *Science Digest* 89 (1981), S. 41, und F. C. Howell, *Early Man*, New York 1965.

147
Die langsamen Fortschritte der Kultur des *Homo erectus* und die gelegentlichen Rückschritte behandelt Butzer, »Environment, Culture, and Human Evolution«, *American Scientist* 65 (1977), S. 579.

147
Die Auffassung, die sozialen Strukturen seien für die geistige Evolution des *Homo* bedeutsamer als die materielle Kultur, vertritt Ralph L. Holloway in »Culture, Symbols, and Human Brain Evolution: A Synthesis«, *Dialectical Anthropology* 5 (1981), S. 287–303.

148
Das Diagramm, das die Evolution des hominiden Gehirns zeigt, gründet sich auf Ralph L. Holloway, »The Casts of Fossil Hominid Brains«, *Scientific American* 231 (1; Juli 1974), S. 106–115; Edgar B. Zurif, »Language Mechanisms: A Neuropsychological Perspective«, *American Scientist* 68 (1980), S. 305–311; R. E. Passingham, *The Human Primate*, San Francisco 1982.

149
Ein ausführlicher Bericht über die Entzifferung der paläolithischen »Schriftzeichen« findet sich bei Alexander Marshack, »Upper Paleolithic Symbol Systems of the Russian Plain: Cognitive and Comparative Analysis«, *Current Anthropology* 20 (1979), S. 271–311; Clive Gamble, »Information Exchange in the Palaeolithic«, *Nature* 283 (1981), S. 522–523.

150
Die Zeichnung der Tallensi-Siedlung folgt Meyer Fortes, »Primitive Kinship«, *Scientific American* 200 (6; Juni 1959), S. 146.

150
Die Auffassung, das symbolische Denken sei einer regelrechten verbalen Sprache vorausgegangen, gründet sich auf Experimente, wonach Schimpansen und andere Menschenaffen Begriffe von einer Sinnesebene (etwa des Tastsinnes) auf eine andere (etwa des Gesichtssinnes) übertragen können. Siehe A. J. Premack und David Premack, »Teaching Language to an Ape«, *Scientific American* 227 (4; Oktober 1972), S. 92–99; G. Ettlinger, »The Transfer of Information Between Sense-Modalities: A Neuropsychological Review« in H. P. Zippel, Hg., *Memory Transfer and Information*, New York 1973; G. H. Hewes, »Primate Communication and the Gestural Origin of Language«, *Current Anthropology* 14 (1973), S. 5–12.

151
Obwohl viele Fachwissenschaftler aufgrund überzeugender Forschungsergebnisse glauben, Schimpansen könnten eine symbolische Sprache so weit erlernen, daß sie neue Wortzusammenhänge und Sätze zu erfinden imstande sind, um elementare Begriffe auszudrücken, sind andere überzeugt, daß ihre Reaktionen während dieses Sprachtrainings nur einen automatischen Lernvorgang darstellen, der sich nicht von dem bei Ratten beobachteten unterscheidet, die sich im Laboratorium in Labyrinthen zurechtzufinden lernen. Beide Auffassungen behandelt der kürzlich erschienene Band, Thomas A. Sebeok und Robert Rosenthal, Hg., *The Clever Hans Phenomenon: Communication with Horses, Whales, Apes, and People*, New York 1981. Nach unserer Auffassung ist erwiesen, daß Menschenaffen begrenzt fähig sind, unter menschlicher Anleitung eine Sprache zu entwickeln. Es ist

nicht abwegig, zu behaupten, daß Schimpansen auf einer Skala der Sprachkompetenz, auf der Ratten bei Null und Menschen bei Hundert eingeordnet sind, irgendwo zwischen 0,1 und 1 anzusiedeln wären.

152
Die Zeichnung des steinzeitlichen *Homo sapiens* wurde nach vorliegenden fossilen Funden und verschiedenen Veröffentlichungen angefertigt, unter anderem nach Josef Wolf, *The Dawn of Man,* New York 1978.

153
Das gestikulierende Stammeln junger Schimpansen beschreiben Gordon G. Gallup u. a., »A Mirror for the Mind of Man, or Will the Chimpanzee Create an Indentity Crisis for *Homo sapiens*?«, *Journal of Human Evolution* 6 (1977), S. 202–313.

153
Die jüngsten Forschungsergebnisse über Größe und Struktur des Gehirns und den Zusammenhang zwischen Gehirnanatomie und Intelligenz sowie Sprachkompetenz legen vor eine Autorengemeinschaft, *Development and Evolution of Brain Size: Behavioral Implications*, Academic Press, New York 1979, und Edgar B. Zurif, »Language Mechanisms: A Neuropsychological Perspective«, *American Scientist* 68 (1980), S. 305–311.

154
Der Ausdruck »sapientization« wurde von R. Parenti verwendet, »um alle Transformationen und Ereignisse zu bezeichnen, die von der ersten als *Homo* erkennbaren Form ... zum Entstehen und der Festigung der morphologischen, funktionalen und psychologischen Merkmale geführt haben, welche die Spezies *Homo sapiens (sapiens)* kennzeichnen«, *Journal of Human Evolution* 2 (1973), S. 499–508.

155
Der Anatom J. Wallace sagt über die Entstehung des *Homo*: »Wenigstens zehn Millionen Jahre haben die Hominiden mit ihren Zähnen ›gekaut‹. Irgendwann vor etwa 2,5 oder 3 Millionen Jahren entdeckte ein Australopithekus mit ›grazilen‹ Zähnen, der vielleicht so aussah wie die bei Sterkfontein und Makapansgat gefundenen, eine bessere und wirksamere Methode des ›Kauens‹, nämlich mit Steinen. Dieser Hominide, der nicht seine Zähne, sondern spitze Steine benutzte, um die harte Schale aufzuknacken, die das umgab, was er essen wollte, war der erste *Homo,* der erste Hominide, der nicht von der Selektion zum Aussterben verurteilt wurde, weil sich seine Zahnhöcker zurückgebildet und der Zwischenkieferknochen zusammengewachsen war. Die Selektion ließ sich jetzt nicht mehr von der Funktionsfähigkeit der Zähne, sondern von der des Gehirns leiten, und wie wir wissen, begann das Gehirn sich weiterzuentwickeln.« Aus C. J. Jolly, Hg., *Early Hominids in Africa,* New York 1978, S. 306.

155
Diese Erweiterung der systematischen Einordnung des Menschen und des Affen-

menschen, die hier nur zur Illustration vorgetragen wird und nicht ernst gemeint ist, stützt sich gleichwohl auf korrekte taxonomische Verfahren; siehe die bisherige formale Einteilung, über die berichtet wird von Bernard Campbell, »The Nomenclature of the Hominidae, Including a Definitive List of Hominid Taxa«, *Royal Anthropological Institute of Great Britain and Ireland, Occasional Paper* 22 (1965).

157
Mary LeCron Foster trug ihre Hypothese über den ritualistischen Ursprung der Sprache vor in »The Symbolic Structure of Primordial Language« in Sherwood Washburn und E. R. McCown, Hg., *Perspectives in Human Language,* Band 4, Menlo Park 1978, und in »The Growth of Symbolism in Culture« in M. LeCron Foster und Stanley H. Brandes, Hg., *Symbol as Sense,* New York 1980.

159
Die epigenetischen Regeln für die Entwicklung der Sprache behandeln Noam Chomsky, *Rules and Representations*, New York 1980, sowie Kenneth Wexler und Peter W. Culicover, *Formal Principles of Language Acquisition*; Cambridge 1980.

161
Die mit dem hier abgebildeten Diagramm dargestellte sogenannte M-Sperre wurde zum erstenmal behandelt von Fred Sommers, »The Ordinary Language Tree«, *Mind* 68 (1959), S. 160–185. Die Methode, die bei Experimenten zur Klärung dieses Problems und anderer Besonderheiten im Denkprozeß von den Psychologen angewendet wurde, bespricht ausführlich Frank C. Keil, *Semantic and Conceptual Development: An Ontological Perspective*, Cambridge 1979, und ders., »Constraints on Knowledge and Cognitive Development«, *Psychological Review* 88 (1981), S. 197–227.

161 f.
Die psychologischen Zwänge beim quantitativen Denken untersuchten Rochel Gelman und C. R. Gallistel, *The Child's Understanding of Number,* Cambridge 1978, und R. Gelman, »What Young Children Know about Numbers«, *Educational Psychologist* 15 (1980), S. 54–68.

Das Feuer des Prometheus

167
Im streng biologischen Sprachgebrauch bedeutet das Wort »Koevolution« die genetische Veränderung einer Spezies in Reaktion auf die Evolution einer zweiten Spezies, die sich wiederum in Reaktion auf die erste Spezies verändert. Damit entwickelt sich das System der beiden Spezies in gewisser Weise als Einheit. Die Koevolution ist ausgeprägter, wenn die beiden Spezies voneinander abhängig sind. Bienen zum Beispiel haben eine automatische Reaktion auf bestimmte Farben und Gerüche von Blüten entwickelt; sie suchen die Blüten auf und werden hier mit Nektar und Pollen belohnt. Die Blütenpflanzen ihrerseits haben die Farben und Gerüche entwickelt, mit denen sie die Bienen anlocken; ihre Beloh-

nung ist die wechselseitige Bestäubung und die dadurch erfolgende Vermehrung. Wir haben die Bedeutung des Begriffs auf die Wechselwirkungen genetischer und kultureller Veränderungen innerhalb der Spezies *Homo* ausgeweitet. Wir verwenden das Wort auch anders als William Durham, »The Coevolution of Human Biology and Culture« in N. Blurton Jones und V. Reynolds, Hg., *Human Adaptation and Behavior*, New York 1978. Durham versteht unter »Koevolution« parallel laufende, aber nicht miteinander verknüpfte Veränderungen bei den Genen und der Kultur.

171
Friedrich Engels zur Definition des Geschichtsbegriffs in: »Ludwig Feuerbach und der Ausgang der klassischen Philosophie«, MEW Bd. 21, S. 297.

172
Wir behandeln die Grundeinheit der Kultur, das Kulturgen, ausführlich in *Genes, Mind, and Culture*. Wir beschreiben hier auch die statistischen Methoden zur Festlegung der Grenzen diffuser Cluster von Artefakten und Verhaltensweisen. Die Mehrzahl der 23 Autoren, die das Buch *Genes, Mind, and Culture* in *Behavioral and Brain Sciences* 5 (1982), S. 1–37 besprochen haben, kritisiert oder rechtfertigt das Kulturgen-Konzept.

172
Die wichtigste psychologische Methode, Kulturgene zu den Knoten-Verknüpfungs-Strukturen im Langzeitgedächtnis in Beziehung zu setzen, ist das Verfahren des semantischen Differentials, das in seinen Grundzügen dargestellt wird in G. Lindzey, C. S. Hall und R. F. Thompson, *Psychology*, New York 1975.

174
Der Bericht über die Tapirapé gründet sich auf Charles Wagley, *Welcome of Tears: The Tapirapé Indians of Central Brazil*, New York 1977. Wagley hat seine Forschungen in den Jahren 1939 und 1940 durchgeführt, als die Stämme in Zentral-Brasilien noch fast in ihrem Urzustand waren. Seither hat sich das Leben der Tapirapé als Folge ihrer Kontakte mit dem weißen Mann von Grund auf geändert. Das ist für alle eine Tragödie. Wagley sagt: »Jedes dieser kleinen Gemeinwesen betrachtet die Welt auf seine Weise, und jedes hat uns viel zu bieten. Das Verschwinden solcher Gemeinwesen wie der Tapirapé wäre ein unersetzlicher Verlust für die Welt.«

178
Die Einzelheiten des Sexualverhaltens der Tapirapé in dieser fiktiven Episode gründen sich mit Ausnahme des Geschwisterinzests, über den die Verfasser später mit Wagley selbst gesprochen haben, auf das Buch von Charles Wagley, *Welcome of Tears*.

180
Die Präferenzen für kulturelle Alternativen und die Häufigkeit des Wechsels zwischen ihnen lassen sich durch eine geeignete Untersuchung der Befragten abschätzen. Siehe zum Beispiel S. C. Dodd, »Diffusion Is Predictable: Testing

Probability Models for Laws of Interaction«, *American Sociological Review* 20 (1955), S. 392–401; Howard Rachlin, *Behavior and Learning*, San Francisco 1976.

186
Solomon E. Asch, »Effects of Group Pressure upon the Modification and Distortion of Judgments« in H. Guetzkow, Hg., *Groups, Leadership, and Men*, Pittsburgh 1951, S. 170–190.

186
S. Milgram, L. Bickman und L. Berkowitz, »Note on the Drawing Power of Crowds of Different Size«, *Journal of Personality and Social Psychology* 13 (1969), S. 79–81.

191
Das Diagramm über das Vorkommen des Inzests bei Geschwistern hat zur Vorlage Abbildung 4–27 in unserem Buch *Genes, Mind, and Culture*, S. 153.

192
Einzelheiten über die schädlichen genetischen Auswirkungen der Inzucht teilen mit L. L. Cavalli-Sforza und W. F. Bodmer, *The Genetics of Human Populations*, San Francisco 1971; Eva Seemanová, »A Study of Children of Incestuous Marriages«, *Human Heredity* 21 (1971), S. 108–178; Curt Stern, *Principles of Human Genetics*, 3. Auflage, San Francisco 1973.

193
Über die Häufigkeit des Inzests berichten G. P. Murdock, *Social Structure*, New York 1949; B. Berelson und G. A. Steiner, *Human Behavior: An Inventory of Scientific Findings*, New York 1964; S. K. Weinberg, *Incest Behavior*, revidierte Auflage, New York 1976; P. L. van den Berghe und G. M. Mesher, »Royal Incest and Inclusive Fitness«, *American Ethnologist* 7 (1980), S. 300–317.

193
Viele Sozialtheoretiker haben behauptet, die kulturelle Vielfalt beweise die Abwesenheit biologischer Einflüsse. Zu den bekanntesten gehören Marshall Sahlins, *The Use and Abuse of Biology*, Ann Arbor 1976, und Marvin Harris, *Cultural Materialism: The Struggle for a Science of Culture*, New York 1979.

197
Die Einzelheiten über das soziale Zusammenleben der Yanomamö verdanken wir Napoleon A. Chagnon, »Fission in an Amazonian Tribe«, *The Sciences* 16 (1976), S. 14–18; ders., *Yanomamö: The Fierce People*, 2. Auflage, New York 1977; James V. Neel, »On Being Headman«, *Perspectives in Biology and Medicine*, Winter 1980, S. 277–294.

208
Die grundlegende Theorie über die genetische Evolution in spezifischen kulturellen Umwelten entwickelten wir in unserem Buch *Genes, Mind, and Culture*.

209
Über die Aggressivität von Jägern und Sammlern bei der Verteidigung ihrer Territorien berichtet Glenn E. King, »Society and Territory in Human Evolution«, *Journal of Human Evolution* 5 (1976), S. 323–332.

220 f.
Die Darstellung des Dinosauriers entspricht den Angaben von Dale A. Russell, u. a. in »The Mass Extinction of the Late Mesozoic«, *Scientific American* 246 (1; Januar 1982), S. 65.

221
Das Geruchsorgan des Seidenspinners beschreibt Dietrich Schneider, »Insect Olfaction: Deciphering System for Chemical Messages«, *Science* 163 (1969), S. 1031–1037.

222
Die Kommunikation durch Düfte bei Hauskatzen analysiert Paul Leyhausen, »The Communal Organization of Solitary Mammals«, *Symposia of the Zoological Society of London* 41 (1965), S. 249–263

223
Seymour S. Kety, »Disorders of the Human Brain«, *Scientific American* 241 (3; September 1979), S. 202–214.

223
Die Hypothesen über die entscheidenden Anstöße für die Evolution des menschlichen Geistes behandeln John E. Pfeiffer, *The Emengence of Man*, New York 1969; Wilson, *Sociobiology*, und Dean Falk, »Hominid Brain Evolution: The Approach from Paleoneurology«, *Yearbook of Physical Anthropology* 23 (1980), S. 93–107.

225
Robin Fox, »The Cultural Animal« in J. F. Eisenberg und W. S. Dillon, Hg., *Man and Beast: Comparative Social Behavior*, Washington, D. C. 1971, S. 273–296.

225
Sarah Blaffer Hrdy, *The Woman That Never Evolved*, Cambridge 1981.

225
Charles Darwin, *The Descent of Man, and Selection in Relation to Sex*, 2 Bde., New York 1871, dt. *Die Abstammung des Menschen und die geschlechtliche Zuchtwahl*, Stuttgart 1877.

226
Valerius Geist, *Life Strategies, Human Evolution, Environmental Design: Toward a Biological Theory of Health*, New York 1978.

230
Über die Geschichte der Prometheus-Sage berichtet Michael Grant, *Myths of the Greeks and Romans,* London 1962.

230
Die beiden Sätze aus Äschylus sind entnommen *Prometheus Bound,* übersetzt von David Grene in David Grene und Richard Lattimore, Hg., *Aeschylus II,* Sammlung *The Complete Greek Tragedies,* Chicago 1956.

Auf dem Weg zu einer neuen Anthropologie

234
Die behavioristische Philosophie, wie sie von ihrem wichtigsten modernen Vertreter B. F. Skinner aufgefaßt wird (siehe zum Beispiel *About Behaviorism,* New York 1974), ist eine strenge Form des wissenschaftlichen Reduktionismus, der alle Interpretationen geistiger Phänomene ablehnt, die nicht durch das Experiment überprüft werden können. Die Geschichte der Erkenntnispsychologie und die Art und Weise, mit der die Verfechter der neuen Disziplin diese Einschränkung für die Erforschung des Geistes lockerten, behandelt John R. Anderson, *Cognitive Psychology and Its Implications,* San Francisco 1980.

235
Wir haben die für die geistige Entwicklung geltenden Regeln zusammengefaßt in *Genes, Mind, and Culture,* besonders in den Kapiteln 2 und 3.

237
Die Beziehungen zwischen Erkenntnispsychologie und Soziobiologie werden ausführlich im 8. Kapitel von *Genes, Mind, and Culture* behandelt.

240
Der Versuch, die Sozialwissenschaften und die Geschichte aus der Perspektive der Biologie zu behandeln, kritisieren Kenneth Bock, *Human Nature and History: A Response to Sociobiology,* New York 1980, und Ashley Montagu, Hg., *Sociobiology Examined,* New York 1980.

242 f.
Die Beziehungen zwischen freiem Willen und Absicht sind das Thema des glänzend geschriebenen Aufsatzes von Joseph F. Rychlak, »Concepts of Free Will in Modern Psychological Science«, *Journal of Mind and Behavior* 1 (1; 1980), S. 9–32.

243 f.
Die Rolle der Evolutionstheorie in der Moralphilosophie behandeln Wilson, *On Human Nature,* und Peter Singer, *The Expanding Circle: Ethics and Sociobiology,* New York 1981.

244
Die Auffassung, Inzesttabus seien kulturell determiniert und aufhebbar, vertritt zum Beispiel Yehudi Cohen, »The Disappearance of the Incest Taboo«, *Human Nature* 1 (7; Juli 1978), S. 72–78.

246
Die Phenylketonurie und andere Erbkrankheiten behandeln in einfacher, aber sachgerechter Form William L. Nyhan und Edward Edelson, *The Heredity Factor*, New York 1976.

249
Eine weitere Analyse der Evolution des moralischen Verhaltens als eines neurobiologischen Phänomens gibt George E. Pugh, *The Biological Origin of Human Values*, New York 1977.

250
Robin Fox, *The Red Lamp of Incest*, New York 1980, stellt in scharfsinniger Weise eine Beziehung zwischen Freuds Urhorden-Theorie des Inzesttabus und der modernen Soziobiologie her.

254
Zu den Autoren, die sich am ausführlichsten über die mögliche Existenz ethischer Werte außerhalb der durch die biologische Analyse festgestellten äußern, gehören Peter Singer, *The Expanding Circle*, und Robert Nozick, *Philosophical Explanations*, Cambridge 1981.

Personenregister

Ahn, H. 272
Aischylos 230, 283
Alcock, J. 267
Alexander, R. D. 63, 264
Alper, J. S. 265
Amoore, J. E. 271
Anderson, J. R. 283
Andrews, P. 259
Ardrey, R. 59, 65
Arendt, H. 9
Argyle, M. 270
Armelagos, G. 261
Asch, S. E. 186, 281
Ashton, G. C. 271
Augustinus 88

Bailey, K. G. 270
Baldwin, J. D. 138, 275
Baldwin, J. I. 138, 275
Barash, D. P. 63, 263
Barghoorn, E. S. 13, 260
Barry III, H. 269
Beckwith, J. 63, 73, 265
Behrensmeyer, A. K. 275
Bennet, W. 260 f.
Berelson, B. 281
van den Berghe, P. 63, 74, 266, 281
Berkowitz, L. 281
Berlin, B. 101, 108, 269
Bethell, T. 73, 266
Bickman, L. 281
Boas, F. 79
Bock, K. 74, 263, 264, 283
Bodmer, W. F. 281
Borges, G. L. 85
Bornstein, M. H. 101, 269
Bosma, J. 270

Bowker, J. 263
Boyd, R. 80
Brandes, S. H. 279
Bremermann, J. J. 268
Broom, R. 24
Brown, J. L. 63
Brush, S. 266
Burrian, Z. 276
Butzer, K. W. 274 ff.
Buys, C. J. 273

Campbell, B. 259, 279
Campbell, D. T. 63, 80
Caplan, A. L. 264
Carlson, S. S. 273
Cavalli-Sforza, L. L. 10, 80, 281
Chagnon, N. A. 13, 197 f., 200, 203 f., 264, 281
Chardin, P. T. de 36, 262
Chevalier-Skolnikoff, S. 273, 275
Childe, V. G. 268
Chiva, M. 270
Chomsky, N. 160, 279
Clarke, G. 268
Cohen, L. B. 270
Cohen, Y. 284
Comte, A. 238
Cook, M. 270
Cronin, J. E. 259
Crook, J. 63
Culicover, P. W. 279
Culliton, B. J. 266

Daly, M. 264
Dart, R. 24
Darwin, C. 54, 73, 223 ff., 282
Davis, B. D. 266

285

Davis, P. J. 262
Dawkins, R. 63
DeFries, J. C. 271
Desor, J. A. 270
DeVore, I. 268, 269
Dillon, W. S. 282
Dodd, S. C. 280
Draper, P. 268
Dubois, E. 24
Durham, W. 80, 280
Durkheim, E. 79

Eccles, J. C. 114, 272
Eddington, A. 99
Edelson, E. 271, 284
Edey, M. 260
Ehrlich, A. 262
Ehrlich, P. 262
Ehrman, L. 265
Eibl-Eibesfeldt, I. 63, 106, 261, 270
Eisenberg, J. F. 282
Ekman, P. 105, 270, 272
Engels, F. 171, 280
d'Espagnat, B. 266
Ettlinger, G. 277

Fagan III, J. F. 270
Fagen, R. M. 13, 273, 275
Falk, D. 260, 282
Fantz, R. L. 270
Farb, P. 261
Feedman, D. G. 263
Feldman, M. W. 10, 80
Fialkowski, K. R. 226
Fodor, J. A. 272
Fortes, M. 277
Fox, R. 63, 225, 282, 284
Freud, S. 59, 79, 284
Fridrich, J. 261

Gallistel, C. R. 279
Gallup, G. G. 137, 275, 278
Gamble, C. 149, 277
Geertz, C. 74
Geist, V. 282
Gelman, R. 279
Gerald, P. 265
Gibson, K. R. 260, 261, 275

Gould, S. J. 67, 72
Gowlett, J. A. J. 276
Graham, L. R. 265
Grant, M. 283
Grene, D. 283
Griffin, D. R. 261

Hall, C. S. 280
Hallpike, C. R. 275
Hamburg, D. A. 276
Hamilton, W. D. 64
Hampshire, S. 74, 266
Harris, J. W. K. 261
Harris, M. 74, 266, 281
Hatch, E. 266
Hersh, R. 262
Hershenson, M. 270
Hewes, G. H. 277
Hinde, R. A. 274
Hitler, A. 68
Hölldobler, B. 13
Holloway, R. L. 147, 259, 274, 277
Holton, G. 82, 267
van Hoof, J. A. 274
Horten, K. M. 13
Howell, F. C. 141, 276
Howells, W. W. 276
Hrdy, S. B. 225, 260 f., 264, 282
Hubbard, R. 67, 265
Hume, D. 124
Huxley, T. H. 13

Ingalls, Z. 267
Ingvar, D. H. 272
Irons, W. 264
Isaac, G. 137, 274 ff.

Jammer, M. 266
Jastrow, R. 262
Jelinek, J. 276
Johanson, D. C. 24, 259 f.
John, E. R. 272
Jolly, C. J. 274 f., 278
Jones, N. B. 280

Kahneman, D. 271
Kay, P. 101, 108, 269
Keil, F. C. 160, 279

Kessen, W. 269 f.
Kety, S. S. 223, 282
King, G. E. 282
King, M.-C. 273
Knoll, A. H. 260
Königsson, L.-K. 275
Kooij, M. 276
Kortlandt, A. 276
Kroeze, J. H. A. 270
Krogh, A. 195, 197, 203

Lange, R. Y. 265
Larson, K. L. 273
Lassen, N. A. 272
Lattimore, R. 283
van Lawick-Goodall, J. 63, 138, 275
Leach, E. 74
Leakey, L. 24, 28
Leakey, M. 24, 28
Leakey, R. 24, 28, 259
LeCron Foster, M. 157, 279
Lee, R. B. 261, 268, 273
Lenski, G. 262
Lenski, J. 262
Lewontin, R. 67, 72
Leyhausen, P. 282
Lindsay, P. H. 269, 272
Lindzey, G. 280
Loftus, E. F. 272
Loftus, G. R. 272
Lorenz, K. 8, 59, 63, 65, 85, 267
Lovejoy, C. O. 260, 275
Lumsden, C. J. 10, 39, 76, 261, 263– 266, 281, 283

Maller, O. 270
Markl, H. 264
Marler, P. 13, 174
Marshack, A. 149, 262, 277
Marx, K. 73, 235
Matternes, J. H. 259, 272
McClearn, G. E. 271
McCown, E. R. 276, 279
McKusick, V. A. 271
Mesher, G. M. 281
Meyer Fortes 277
Midgley, M. 74, 266
Milgram, S. 186, 281

Miller, J. A. 272
Miranda, S. B. 270
Montagu, A. 264, 266, 283
Morris, D. 63, 65, 275
Morrison, P. 267
Munsinger, H. 270
Murdock, G. P. 281
Myers, N. 262

Neel, J. V. 281
Niklas, K. 260
Norman, D. A. 269, 272
Nozick, R. 284
Nyhhan, W. L. 271, 284

Orr, D. W. 271
Oster, G. F. 77

Packer, C. 276
Parenti, R. 278
Parker, S. T. 260, 262, 275
Parsons, P. A. 265
Passingham, R. E. 277
Pelagius 88
Peters, C. R. 259
Pfeiffer, J. E. 274, 276, 282
Piaget, J. 98, 275
Pilbeam, D. 13, 259
Poirier, F. E. 275
Polovina, J. J. 271
Polton, E. P. 272
Popper, K. R. 9, 114, 272
Powell, W. 13
Premack, A. J. 277
Premack, D. 277
Pugh, G. E. 284
Pusey, A. E. 276

Quillian, M. R. 122

Rachlin, H. 281
Rakic, P. 271
Reader, J. 260
Reijnders, L. 271
Reynolds, P. C. 126, 272
Reynolds, V. 280
Richerson, P. 80
Rockefeller sr., J. D. 67 f.

Rood, R. T. 267
Rosch, E. H. 102, 269
Rosenberg, A. 74, 266
Rosenthal, R. 277
Ruse, M. 266
Russell, D. A. 218, *221*, 282
Rychlak, J. E. 283

Sagan, C. 267
Sahlins, M. 74, 264, 266, 281
Salapatek, P. 270
Schmandt-Besserath, D. 262
Schmitt, F. O. 271
Schneider, D. 282
Schneirla, T. 63
Sebeok, T. A. 274, 277
Seemanova, E. 281
Seligman, E. P. 80
Semenov, S. A. 274
Singer P. 74, 264, 266, 283 f.
Skinhoj, E. 272
Skinner, B. F. 283
Smets, G. 83, 270
Smith, J. M. 64
Solecki, R. S. 262
Solla Price, D. de 262
Sommers, F. 161, 279
Spencer, H. 238
Steiner, G. A. 281
Steiner, J. E. 270
Stern, C. 269, 281
Straatsma, B. R. 269
Swift, J. 249
Sulloway, F. J. 266
Symons, D. 74, 261, 264, 266

Teleki, G. 139, 274 f.
Tenarza, R. 274
Thompson, M. W. 274
Thompson, R. F. 280
Thompson, W. I. 263

Tiger, L. 63
Trefil, J. S. 267
Trivers, R. T. 64
Tuttle, R. H. 259
Tversky, A. 271

Uttal, W. R. 272

Vandenberg, B. 275
Vandenberg, S. G. 271

de Waal Malefijt, A. 266
Wagley, C. 13, 174, 178, 280
Wald, G. 269
Walker, A. 259
Wallace, J. 274, 278
Walzer, S. 265
Wang, A. 13
Washburn, S. 279
Watson, J. B. 79
Weinberg, S. K. 281
Wexler, K. 279
Whissell-Buechy, D. 271
White, L. A. 89, 268
White, T. D. 259
White, T. J. 273
Wickler, W. 7 ff.
Wiley, E. O. 273
Wilson, A. C. 273
Wilson, E. O. 9 f., 39, 63, 67, 76,
    260 f., 263–266, 273, 280–283
Wilson, M. 264
Wolf, J. 278
Worden, F. G. 271

Yunis, J. J. 13, 273

Zdansky, O. 24
Zippel, H. P. 277
Zurif, E. B. 277 f.

Sachregister

Ackerbau, -bauern 35, 147, 198, 202, 262
Abbildung der Welt 17, (95)
Affenmensch 19, 24, 25, 26, 30 f., 135, 155, 278 f.;
– Gehirnstruktur des 259
Afrika als Wiege der Menschheit 25, 226, 227, 233
Aggression, Aggressivität 57 ff., 112 f., 197, 209 f., 224, 225, 227, 237, 252, 256, 282
– Funktion der 58 f.
– -instinkt 59
Alkoholismus u. erbliche Variation 71
Alternative, kulturelle 180
Altruismus 55 f., 60, 62, 63 f., 237, 256
Ameisen 61 f., 76 f.
Ammoniten 217
Analyse 239 f.
– abwärtsgerichtete 251
– aufwärtsgerichtete 251 f.
Anatomie 129, 131, 149, 155, 259, 267
Angstzustände u. erbliche Variation 71
Anpassung, Adaption, adaptiv 28, 47, 52, 256
Anthropologie 79, 172, 187, 195, 206, 207, 233–257, 336
Arbeitsteilung 28, 30 f., 60, 136, 212, 228, 260
Aufspaltung, adaptive 25
aufrechte(r) Gang, Haltung 26 f., 30 f., 227, 260
Aufzucht der Nachkommen 28 f., 31
– vgl. Fürsorge, Mutter-Kind

Augen u. Kommunikation 106 f., 123, 234, 270
Ausdrucksfähigkeit u. erbliche Variation 71
Auslese: individuelle 57, 60, 167 f.
– künstliche 48
– natürliche 46 ff., 52, 55, 57, 95, 213, 216, 217, 225, 237, 241
– natürliche u. Gen-Kultur-Koevolution 192
– sexuelle 54, 225
Aussterben, Ausrottung von Spezies 37, 262
Australopithecinen 24, 33
Australopithecus 155, 278
– afarensis 18, 24, 26, 30
– boisei 19
– robustus 19
Automat Mensch 87

Baumaffen s. Menschenaffen
Begriff, Begriffsbildung, Begriffsvermögen 71, 119, 151, 155, 220, 235, 277
Behaviorismus 79, 115, 234, 283
Bevölkerungsdichte, -explosion 37, 196
Bewegungskoordination 110
Bewerten 229
Bewußtsein 12, 16 f., 77, 220, 261
– Entwicklung des 21
– u. Gesellschaft 235
– physiologische Grundlagen des 238
Bienen 61, 151
Biochemie 15
Biologie 16, 22, 46, 48, 77, 90, 126, 137, 207, 239, 241, 242, 253, 265, 283

289

- u. Farbvokabular 102
- u. Geschichte 236
- u. Kultur 168, 195, 208
- u. Sozialwissenschaften 65 f.
- u. Verhalten 63, 234
biologischer Forschungsansatz 9 f.
- Mechanismus 39
Biosphäre 36
Bombykol 222
Brocasche Windung 154
Brunstperiode 28 f.
Buckelwaale 151

Chamäleon 157
Chemie 239
Chromosomen 47, 130, 131, 273
Computer 36, 115, 262
- -wissenschaft 15, 236, 241
Corpus geniculatum laterale 101
Corwin (Totenkopfaffe) 138, 275
Cro-Magnon ... 34, *159*

Dani (Neu-Guinea) 103, 269
Darwinismus 46, 55, 237
Daumen 113
Deismus 39
Denken, Evolution des 228
- u. epigentische Regeln 153, 213
- u. Gen 99 ff., 109, 113
- räumliches 71, 111
- -prozeß 16 f., 279
- selbstbezogenes 124
- symbolisches 277
- -vermögen 219
Desoxyribonukleinsäure (DNS) 88, 110, 267
Determinismus 243
- genetischer 65, 68
Dinosaurier 218, 220, 282
Dinosauroiden 218, 221
Drohverhalten 58, 275
Dualismus 114
Duftkommunikation 282

Ego 114
- vgl. Selbst
Ei 51, 52
Eidylons 84, 86 f., 89, 91, 96 f., 162 f., 267

Einstellungen 187, (188), 206, 252
Eiszeit 226
Elan vital 114
Elektroenzephalogramm (EEG) (116), 270, 272
Embryo 53
Emotionen 17, 113, 270
- vgl. Leidenschaft
Endokrinologie 15
Entscheidungsverhalten 187, 220
Entwicklungsbiologie 15
Entwicklung: des menschlichen Gehirns 21
- geistige 97, 99, 252, 253
- -psychologie 98, 129
- psychologische 176
Enzyme bei Mensch und Schimpanse 131
Epigenese 107
epigenetische Regeln 40 f., 122, 123, 155, 167 f., 169 f., 180 f., 207, 208, 209, 213, 214, 216, 217, 237, 238, 242, 245 f., 256 f.
- der geistigen Entwicklung 129, 163, 187 f., 229
- des Farbensehens 107, 110
- u. Gehirn 153 f.
- f. Grammatik 153
- beim Homo sapiens 163 f.
- bei Inzest 192
- u. Kultur 253
- u. Moral 249
- bei Schimpansen 139 f.
- u. Sprache 159, 279
- u. Verhaltenseinengung 252
Erbanlagen, -faktoren, -masse 11
- Ausbreitung der 49 f.
- u. Kultur 79, 167
- molekulare Eigenschaften der 88
- vs. Umwelt 64, 238, 247, 253
- u. Verhalten 70
erbliche Variation 71
Erdgeschichte 38
Erinnern 220
- vgl. Gedächtnis
Erinnerungsvermögen, neurophysiologisches 17
- musikalisches 118

Erkenntnis: -apparat 8
- u. Biologie 16
- -psychologie 15, 233 f., 283
- -theorie, -lehre 254, 266
- -vermögen 235
Erklärung, naturwissenschaftliche 9
Ernährung des Homo habilis 135, 196
Ethik 37, 243, 247 ff., 251, 252, 253
- u. Biologie, Naturwissenschaften 242, 244
- u. Evolutionstheorie 254
- physische Basis der 253
Ethnographie 176, 195, 264
ethnographische Kurve, Verhaltensverteilung 177, 182, 190 f., 191, 192 f., 205 ff.
Ethologie 45 f., 236
Eugenik 48
Eurypteriden 38
Evolution 11, 15–42, 32, 46 ff., 55, 95, 213 f., 216, 217, 237
- der Aggressivität 58
- -biologie 131 f.
- Beschleunigung der 217, 228
- des Geistes 18, *32*, 85, 149
- -geschichte 30, 233
- u. Kultur 41, 78, 230
- kulturelle 257
- des Menschen 15, 24, 38, 78, 81, 125, 150, 154, 163, 170, 215, 217, 132
- des Menschen, Anstöße zur 223–230
- soziale 60
- -theorie 16, 50, 53, 77, 237, 241, 281
- -theorie u. Ethik, Moralphilosophie 254, 283
- -theorie u. Wahrheit 254
Experiment u. Theorie 98 f.
experimentierender Wissenschaftler, Selbstverständnis des 81 f.
Extravertiertheit u. erbliche Variation 70

Familienbindung 227
Farben: -blindheit 50, 102, 269
- -einteilung 269

- Grund- 100 ff., 102, 103, 108
- -sehen, -wahrnehmung 41, 50, 100 ff., 163, 234, 269
- -tüchtigkeit u. erbliche Variation 71
- -vokabular, -namen 41, 100 ff., 102, 103, 108, 269
- -zäpfchen 101
Faschismus 68
Faustkeil 145, 274
- vgl. Stein . . ., Werkzeug
Feuer 34, 141, 230
Fingerspreizen 112
Flachwürmer 22
Flexibilität 88, 137
Fortpflanzung 51 f., 241
- -rate 192
Fossilien 24, 32, 217, 233, 259, 260
Frauen: -austausch 146
- Verhalten der 225
Freiheit 13, 242 f.
- vgl. Willensfreiheit
Fremdenangst, -feindlichkeit, -reaktion 106, 256, 269, 270
Fruchtbarkeitszyklus 54
Frühmensch 15, 25, 30, 32, 95, 226, 227, 233
- u. Angst 107
- Gehirnstruktur des 259
- Lebensräume des 259
- Modell, Portrait des 132 ff., 198
- Verhaltensökologie des 26 f.
Führereigenschaften 252
Fürsorge f. Kinder, Nachkommenschaft 53, 237
funktionalistische Methode 241

Gebiß (Homo) 155
Gedächtnis 62, 215, 229, 272
- episodisches 118 f.
- u. erbliche Variation 71
- kinästhetisches 151
- Lokalisation des 238
- Kapazität des 268
- räumliches 151
- semantisches 119
- visuelles 105
- zeitliches 151
- vgl. Langzeitgedächtnis

291

Gehirn 15, 233 f.
- Entwicklung, Veränderung, Wachstum des 11, 21, 33 f., 90, 125, 213, 226
- Aktivierung des 270
- -anatomie u. Intelligenz sowie Sprachkompetenz 278
- -architektur 237
- -forschung 80, 108, 233, 236, 239
- hominides 277
- menschliches 109, 222 f., 235, 238
- komplexes 219, 223, 227
- Physiologie des 39
- Programmieren des 106, 208 f., 242, 268
- -struktur 177, 219, 223, 259, 278
- tierisches 217 f.
- -verletzung, -defekte 105, 223
- -volumen, Größe des 20, 21 f., 85, 147, 148, (153), 155, 278
- -zellen, Konfiguration der 110
Gehör u. erbliche Variation 71
Geist 7, 16 ff., 62, 216, 226, 261
- u. Biologie 75
- Entstehung des 39
- u. Evolutionstheorie 77
- Freiheit des 90
- u. Gen 78, 171
- materialistische Konzeption des 113–116
- menschlicher 15, 22, 31, 33 ff., 40, 77, 80, 229, 233, 235 ff.
- menschlicher, Anstöße zur Evolution des 282
- menschlicher u. Biologie 74
- menschlicher, Entwicklung, Aufbau des 81, 123, 129
- menschlicher, Evolution des 225 f., 235
- menschlicher, Funktionsweisen des 126
- menschlicher u. Materialismus 39
- menschlicher, als Mechanismus 241
- u. Quantentheorie 78
- Realität des 234
- physikalisches Fundament des 12 f., (242)
- Ursprung des 11, 23, 78, 171, 242

- Geistesgeschichte 114
Geisteswissenschaft 8, 15, 39, 90, 263, 266
- u. Biologie 74, 77
geistige Aktivitäten, Grundstrategien, Regeln der 108 f., 221
- Entwicklung 123
- Entwicklung, Gesetze, Regeln der 85–126, 283
- Entwicklung, Stufen der 152
- u. Kultur 41, 167, 171–208
Gen(e) 47 f., 96, 237
- u. Denken 109
- Diversifikation der 212
- egoistisches 49 ff.
- u. epigenetische Regeln 167
- u. Gehirn 242
- u. Geist 216
- -identifizierung 111 f.
- Informationsanalyse der 268
- -kombination 50
- u. Kultur 78, 80, 86, 94, 109 f., 208, 217
- u. Moral 249
- u. räumliches Denken 111
- rezessives 246
- -Umwelt-Wechselwirkung
- u. Willensfreiheit 253
- Zahl der 88, 271
Genetik 15, 16, 46, 64, 195, 236, 248
- u. Sowjetunion 236
Gen-Kultur-Koevolution 9, 11 f., 40 ff., 48, 95, 97, 99, 100 ff., 124, 166, 167, 170 f., 172, 182 f., 187, 191, 207, 216, 219, 228 f., 238, 240, 243, 253, 263–266
- u. natürliche Auslese 192
- Entwicklung der Theorie der 77 ff., 125, 206, 237
- Homo habilis 168
- u. Wahrnehmung 271
Gen-Kultur-Weitergabe 90 f., 92 f., 105, 107, 125
genetisch(e, er, es) Automaten 86
- Band 91, 94, 100, 169
- Determinismus 124, 243, 248, (255)
- Epistemologie 98

- Schicksal 88
- Sezieren des Gehirns und Verhaltens 111
- Vielfalt 51 f., 209
- Zukunft 230
- Geruchs- und Geschmackssinn, -reaktion 71, 221 f.
- Geschichte 87, 171, 184, 195, 207, 230, 235, 240 f., 265
- -begriff (171), 280
- der Bewaffnung 139
- u. Biologie 75, 125, 283
- -forschung 196, 206
- der geistigen Evolution 129
- Gesetze der 249
- als Wechselwirkung zwischen Biologie und Kultur 236
- Geschlechter, Verhaltensunterschiede der 264
- Geschlechtsunterschiede 52 ff.
- Geschlechtsverkehr 51
- Geschlechtszellen 52
- Geschwisterehe 245 f.
- Gesellschaft 167, 184 f., 187, 193 ff., 207, 212 f., 247, 248, 252, 255, 256 f.
- u. Moral 250
- Organisation der, -ordnung 46, 65, 212
- -theorie 79, 125, 194
- Wandel der 196
- Gesichtsausdruck 105, 113, 123, 134, 163, 173, 269, 270, 272, 274
- Gesten, Gestikulieren 153, 157, 278
- Gewissen 256
- Grammatik 153, 160
- grammatische Tiefenstruktur 208
- Großhirnrinde 15, 154
- Durchblutung der 116, 117
- Großkatzen 25
- Grundlagenforschung 236
- Gruppenstärke des Homo habilis 273
- Gruppendruck (group pressure) 186 f., (188, 189, 204 f.)

- Hände 227 f.
- Handlungsabsicht 115 f.
- Handlungsspektrum und Geist 216
- Hauskatze 222, 282
- Hautflügler 61
- Hominiden 24, 27, 33, 155, 228, 273, 278
- Homo 19, 129–164, 238, 277, 278
- erectus 21, 24, 31, 34, 140 f., 142, 147, 149, 154 f., 163, 169, 219, 229, 261, 276
- erectus, Hirnvolumen des 147, 148
- erectus, Portrait des 141–146
- habilis 19 ff., 24, 26, 31–34, 87, 128, 129, 131 f., 134, 135–143, 152, 153 ff., 163, 168 f., 217, 227 ff.
- habilis, Hirnvolumen des 148, 149
- habilis u. Werkzeuge 136
- sapiens 34, 53, 54, 62, 90, 124, 129, 130 f., 134, 147, 149, 152, 153 ff., 156, 163, 208, 228, 278
- sapiens, Hirnvolumen des 148
- sapiens neandertalensis 34
- vgl. Mensch
- Homosexualität u. erbliche Variation 70
- Hormone 110
- Huftiere 25
- Humangenetik (66), 71 ff., (111 f.)
- Humanwissenschaften 252, 253

- Identität, persönliche 62, (124)
- Identitätstheorie (Leib-Seele-Problem) 114 f.
- Ideologie 73, 236
- Imitation 152
- indo-europäische Sprachfamilie 157
- Information 234
- -auswertung 220
- u. Kulturentstehung 219
- Innenohr 110
- Insekten: Evolution der 215
- staatenbildende 60 f.
- soziale 76 f., 263
- Instinkte 219 f.
- Insulinproduktion 50
- Integration, soziale 60, 62
- Intellekt: Entwicklung des 98, 139, 224
- Wachstum des 11
- intellektuelle Entwicklung u. erbliche Variation 71

Intelligenz 95, 152, 154, 169, 220, 278
- außerirdische 163
Intentionalität 17
Introvertiertheit u. erbliche Variation 70
Intuition 252, 255
Inzest 40, 75, 100, 140, 163, 170, 173, 176 f., 179 f., 188–194, 191, 244–250, 269, 276, 280, 281, 284
Inzucht 170, 192
Isomorphieregel 162 f.
Israel 189, 193
Ituri-Pygmäen 96, 269

Jagd 137, 227, 228, 274
Jäger und Sammler 27 ff., 75, 95, 135 f., 145, 158, 162, 198, 202, 209, 212, 225, 227, 273–276, 282
Jahrtausendregel 213
Java-Mensch 24

Kardinalitätsregel 152 f.
Kastensystem 77, 212 f.
Kiefer (Homo) 155
Kinderehe 189 f.
Kindererziehung 256
Kindersprache 153
Klapperschlange 57 f.
Klassengesellschaft 213
Klassenkampf 235
Klassifizierung von Menschen (108), 271
Kleingruppenexperimente 187
Kleinhirn 110, 271
Kleinkinder, Säuglinge, Wahrnehmung bei 103 f., 104
- vgl. Neugeborene
Klima u. Evolution 228
Knoten-Verknüpfungs-Strukturen, -Punkte 119, 120 f., 122 f., 172, 177, 267 f., 280
Koevolution 279 f.
koevolutionäre Gleichungen 213
kognitive Funktionen, höhere 21
Kolonien, biologische 60
Kommunikation 29, 123, 155, 157 f., 228
- durch Düfte 282

Komplexibilität, geistige 88
Konkurrenzkampf 59
Kooperation, Zusammenarbeit 60, 62, 227 f., 237, 256
Kopffüßer 218
Kormoran 157
Kreativität 16, 123
Krieg u. Evolution 223 f., 228, 248
Krustazeen 20
Kultur 11, 16, 34 f., 39 f., 62, 89, 172, 230, 237, 261
- -analyse 196
- -anthropologie 15, 41, 173, 264
- u. Biologie 75, 208
- Entstehung der 118, 120, 187, 219
- u. epigenetische Regeln 217, 253
- u. Erbfaktoren 79, 167 f.
- Evolution, Entwicklung der 41, 149, 181, 188, 223
- u. Evolution 41, 215
- u. Evolutionstheorie 77
- u. Geist 171–208
- -gen 172, 176 f., 179 ff., 188, 214, 280
- -gene, Wechsel der 185 f.
- u. Gen 78, 80, 86, 94, 109 f., 171, 208–217
- -Gen-Rückkoppelung 214, 216
- u. Gesellschaft 167, 196, 236
- des Homo sapiens 157
- u. Moral 249
- Mutation der 216, 228
kulturelle(r) Alternativen 280
- Determination 144, (255)
- Vielfalt 77, 81, 125, 126, 177, 182 f., 193 ff., 195, 206, 243, 245, 265, 281
- Veränderung 196
- Wandel, Modelle des 184 f.
Kung-Buschmänner 29, 96, 120, 212, 261, 268
Kunst 149, 208
Kurzzeitgedächtnis 118

Laetoli 18
Langzeitgedächtnis 17, 118 f., 120, 122, 123, 150, 155, 160, 172, 177, 180, 181, 219, 228 f., 268, 280

Lautbildung 269
Leben, außerirdisches 85 f., 267
– Entstehung von, Ursprung des 22, 23
– Geschichte des 22
– Sinn des 241
Lebensraum des Menschen 87
Leib-Seele-Problem (114 ff.), 116, 241, 272
Leidenschaft 124
Lernen u. Farberkennen 103
Lernfähigkeit u. Gen 80
Lernprozeß 235
Lesch-Nyhan-Syndrom 112 f., 271
Linke, radikale 66, 72
Logik 22
Lokalisierung geistiger Aktivität (116), 117

Makapansgat 278
manipulatorisches Verhalten bei Schimpansen 138, 139
manisch-depressives Verhalten u. erbliche Variation 71
männliche Individuen u. Auslese 53
Markt 212
Marxismus 72, 125, 235 f.
Materialismus 39, 114, 242
Mathematik, mathematisch 36, 161, 262
– vgl. Zahl.
Medizin 8
Megaevolution 22
Mendelsche Vererbung 52
Mensch 60, 91, 94, 109, 124, 192, 278 f.
– Chromosomen des 130, 273
– evolutive Entwicklung des 208
– u. kulturelle Evolution 217–230
– u. Kultur-Gen-Rückkoppelung 214
– Merkmale des 123, 150
– Natur, Wesen des 124 f.
– Vorfahr des 26
– vgl. Homo.
Menschenaffen 20, 22, (51), 60, 137–140, 152, 153, 259, 275, 277
– Vorfahren des 26
Mesozoikum 218, 220

Mikroorganismen 260
Milchstraße 85
Miozän 26
Missing link 15
Mitose 50 f.
M-Hemmung, -Sperre 161, 279
Molekularbiologie 239
Monou-teri 210 ff.
Moral: Änderung der 250
– u. Evolution 254
– -gesetz, willkürliche Änderung des 248 f.
– u. Neurobiologie 284
– als physiologisches Produkt 244
– -philosophie 250, 251, 253, 264, 283
– u. Wirtschaft 256
moralische Gefühle als neurobiologischer Prozeß 254 f.
Mord 248
Moschus 71, 112, 271
multidimensional scaling 172
Musikalität 50
Mutation 47 f., 111, 215, 267, 271
– der Kultur 216
– -rate des menschlichen Verhaltens 217
– spontane 215
Mutter-Kind-Bindung, -Beziehung 123, 163, 252, 269
Mythen 170, 172, 209

Nahrungsaustausch, -verteilung 29 f., 31, 135, 261, 275
Nationale Front in England 71
Natur-Erziehungs-Dilemma 109
– vgl. Umwelt vs. Erbanlagen.
Naturwissenschaft 9, 15, 39, 40, 72, 239, 255
– u. Ethik 244
– Grundlagen der 77
– Methoden der 184
– Wachstum der 35 ff.
Nazis, Nazideutschland 68 f., 265
Neandertaler 34, 261
Neokortex 21, 153
Nervenzellen, Vermehrung der 222
Neue Rechte in Frankreich 71

Neugeborene, Präferenzen bei 106, 123
Neugier 124
Neurobiologie 15, 239
– u. Wahrheit 254
Neurophysiologie 236
Neurose u. erbliche Variation 71
Nische, ökologische 25, 227
Noosphäre 36
Nukleotide (DNS), Zahl der 267
Ocker s. Pigmentgebrauch
Ödipus 244
Ökologie 46
Ökosystem als Einheit 171
Oktopus 217
Olduwai 28
Ontologie 160
Orang-Utan 151
Organismen, mehrzellige 260
Orthogenese 38 f.
Orthographie u. erbliche Variation 71

Paläolithikum 147
– vgl. Steinzeit.
Patanowä-teri 200 f., 203
patrilinealer Haushalt 150
Pavian 28, 64
Pawlowsche Lerntheorie 236
Peking-Mensch 24
Phenylketonurie (PKU) 246 ff., 284
Philosophie 22, 160 f., 235 f., 243 f., 254, 255
Phobien (106), 107, 123, 269
– bei Schimpansen 140, 276
Phoneme 234
Phylogenese 259
Phylogenie 24, 32
Physik 39 f., 181, 235, 239
Physiologie 267
– des Gedächtnisses 122
– des Menschen 66
– bei Mensch und Schimpanse 131
– des Nervensystems 195
Pigmentgebrauch 34, 261
Planung, öffentliche 256
politische: Reform u. Wissenschaft 69
– Wissenschaften 243
Polyandrie, Polygamie, Polygynie 54, 197, 202, 225

Populationsbiologie 46, 65
Population: als Einheit 171
– -genetik 48, 75
– u. Genetik 49 f.
Portugiesische Galeere 60 f.
Positronemissionstomographie (PET) 116, 272
Präadaption 33
Präferenz: kognitive 124
– bei Säuglingen 269, 270
Präkambrium 260
Primaten 18, 25, 135, 227 ff.
– weibliche 264
Prinzip des fehlenden Stimulus 96
Proletariat 230
Prosopagnosie 105 f.
Proto-Indoeuropäische, das 157
Pseudogenetik 69, 265
Psychoanalyse: u. Biologie 79, 125
– u. Sowjetunion 236
Psychologie 8, 16, 37, 64, 80, 99, 108 f., 118 f., 137, 139, 172, 173, 186 f., 216, 234–239, 248
– u. Anthropologie 195
– des Gedächtnisses 272
– kognitive 41
psychomotorische Gewandtheit u. erbliche Variation 71
Psychose u. erbliche Variation 71
Pulsfrequenz u. erbliche Variation 50

Quantentheorie 77 f., 266
Quantität 161 ff., 279
– vgl. Zahl

Rangfolge 62
Rassenpolitik 68
Rassismus 68 f.
Realität 160, 163
– -verständnis 161
Rechte, politische 70, 71 f.
Reduktionismus 75, 239, 283
Regel von der Irrelevanz der Ordnung 162 f.
Regel der stabilen Reihenfolge 162
Regierungsformen 256
Rekonstruktion: einer Spezies 131 f.
– steinzeitlicher Lebensräume 137

Religion 22 f., 34, 208
Rigweda 230
Risikobeurteilung 109, 271
Ritual 29, 58
ritualisierter Kampf 58
Ritualisierung 157 f.
Rollenvielfalt 212
Rückschritt, kultureller 147, 219, 276

Sapientisierung, Sapientisation 154, 278
Satzkonstruktion u. erbliche Variation 71
Säugetiere 38, 218
– sozial lebende 60 ff.
Säuglinge 269, 270
– vgl. Kleinkind.
Schamane 175 f.
Schimpanse 27, 63, 96, 131 f., 134, 135, 136–140, 151, 152, 153, 168, 274–278
– Chromosomen des 130, 273
– u. Werkzeuge 136 f.
Schöpfungsgeschichte, griechische 230
Schrift 35, 149, 262
– -zeichen, paläolithische 277
Schlangen(phobie) 234
Schizophrenie u. erbliche Variation 71
Seele, materielle Basis der 114, 118
Selbst 75, 112, 242
Selbstbewußtsein 17
Selektion, vom Gehirn geleitete 278
Selektionsdruck 47, 54, 227
Seidenspinner 221 f., 282
semantisches Differential 280
Sexualität 29, 31, 51 ff., 260, 261, 264
Sexualverhalten 28 f., 280
sexuelle: Aktivität u. erbliche Variation 70
– Bindungen 237
– Bräuche 252
– Rivalität, Wettbewerb u. Evolution 225, (228)
Sexus u. Evolution 228
Signale 157 f.
Sinne vgl. Wahrnehmung
Sinne u. Wortschatz 269
Slametan-Feste 30

Sowjets, Sowjetunion 69, 265
sowjetische Psychologie 235
Sozialdarwinismus 67, 79, 238
soziale(s): Beziehungen 147
– Gerechtigkeit u. Erbmasse 70
– Konditionierung 181
– Manipulation 253
– Organisation 60 ff.
– Organisation von Tieren 263
– Welt des Menschen 129–164, 150
– Zusammenleben 106
Sozialisierung (94 ff.), 206
Sozialpsychologie 186 f.
Sozialstruktur 11, 277
– Eingriff in die 246, 249
– u. geistige Evolution 227 f.
Sozialverhalten 45 f., 48, 60 ff., 164, 168 f., 197, 228, 263
– u. Biologie 67, 90, 125, 194 f., 237
– genetisch determiniertes 68
– bei Kindern 29
– des Menschen 64, 75
– Manipulation des 255
Sozialismus u. Biologie 235
Sozialwissenschaften 16, 40, 49, 172, 237, 239, 265, 266
– u. Biologie 65 f., 74, 77, 90, 126, 283
– wertfreie 243
Soziobiologie 8, 42, 45–83, 236, 237, 239, 243, 245, 283, 284
– des Menschen 45, 75, 207, 263
– u. Sozial- und Geisteswissenschaften 74
Soziologie 8 f., 41, 79, 125
– der Wissenschaft 236
Spermabildung 50 f.
Spermien 52 f.
Spezialisierung 25 f., 212
Spezies: als Einheit 171
– Zahl der 38
Spiel(verhalten) 138, 273, 275
spiritueller Bereich 123
spirituelle Natur des Menschen 114
Sprache, Sprechen 7, 16, 20, 21 f., 62, 150 f., 155–161, 159, 163, 168 f., 208, 223, 228, 260, 277, 279
Sprachentwicklung 238

Spracherwerb, Sprechenlernen 96, 109, 153
- u. erbliche Variation 71
Sprache: u. Informationskapazität der Gene 268
- -kompetenz 50, 278
- -wissenschaft 15, 236
- -zentrum 154, 223
Sprechentwurf 234
Stammbaumanalyse 70
Stammesvorherrschaft 224
statistische Mechanik 181, 184 f.
Status(symbol) 53, 149
Steinwerkzeuge 261
- vgl. Faustkeil, Werkzeug
Steinzeit 158
- jüngere 149 f.
- -mensch 147
Stenorhynchosaurus 220 f.
Sterkfontein 278
Streuung, statistische 194
Strukturalismus 125
Stubenfliege 215
Symbole, Symbolik 17, 155, 157, 161
Symboldenken 150 f., 154, 238
Symbolschrift 262
Symbolsprache 62, 276
Synthese 239 f.
System, organisiertes 65

Tabu 100, (244), 245
- vgl. Inzest.
Tabula rasa, unbeschriebenes Blatt 89, 91, 94 f., 124
Taiwan, Kinderehe in 189
Tallensi (Ghana) 150, 277
Tapirape-Indianer 174–179, 182 f., 280
Tauglichkeit, genetische 47
Teil-Ganzes-Problem 181
Termiten 64
Territorialität, Territorialverhalten, Territorium 53, 59, 75, (157), 282
Thalamus 101
Theologie u. Wahrheit 254
Theorie: u. Experiment 98 f.
- der fortschreitenden Aktivierung 122

Theoretiker, Selbsteinschätzung des 81
Thetys-Meer 25
Tiere mit großen Gehirnen 217 f.
Tikopia (Neu-Guinea) 193
Tintenfisch 38, 195, 217
Transformationsgrammatik 160
Transport von Nahrung, Gegenständen 27 f., 135, 137, 228
Transzendenz 272
Traum 123
Turner-Syndrom (111), 271

Überleben 55, 67, 241, 254
- des Tüchtigsten 55, 67
Umgangssprache 119
Umwelt: u. Erbanlagen 64, 238, 247, 253
- -Gen-Wechselwirkung 108
- natürliche 195
Unterbewußtes 17
Urhorden-Theorie des Inzesttabus (Freud) 284
Ursprung des Menschen 31
Utopie, soziale 235

Vaterschaft 28 f.
vergleichende Methode 8, 98
Verhalten 263, 264, 267
- -abweichungen, genetisch bedingte 71
- -änderung 188
- -einengung 252
- u. epigenetische Regeln 213
- u. Erbanlagen 70, 265
- -forschung, vergleichende 8, 151
- -genetik 113
- genetisch determiniertes 99 f.
- menschliches 11, 63, 203, 205, 234
- des Menschen, Mutationsrate 217
- -ökologie 26 f., 30, (32)
- -repertoire 215
- -steuerung 234
- -verteilung 183
- -vielfalt 125
- vgl. Sozialverhalten
Verstand 124 f.
Verwandtschaftsauslese 55 f., 60, 75, 264

vielzellige Organismen 22, 23
Vogelgesang 267

(Waffen) 139
– vgl. Faustkeil, Krieg, Werkzeug
Wahrheit 235, 254
Wahrnehmung 15, 160, 163, 169, 253, 265
– u. Gen 271
– bei Jägern und Sammlern 275
Wanderameisen 63
Wärmestreß u. Evolution 226, (228)
weibliche Individuen 53 f.
Weisheit 230
Weißschopfsperlinge 87
Weitergabe von Kultur 91, 92 f., 105, 125
Welt: Erkennen der u. Gene 96
– reale soziale 97
Werkzeug(gebrauch) 7, 27, 34, 136 f., 144 f., 147, 228
Wernickesches Zentrum 154
Werte 254, 256, 257, 284
Wespen 61
Wettbewerb 212
Willensfreiheit 65, 75, 77, 88, 171, 237, 242 f., 246, 249, 253, 255, 283
Willenskraft u. Gene 112
Wirtschaftspolitik 256
Wirtschaftstheorie 212
Wirtschaftswissenschaft 243, 256
Wissenschaft: -historiker 35
– u. politische Konsequenzen 69

– Wachstum der 262
Wortschatz 149, 269

X-Chromosom 102
Xenidrine 84, 89, 91, 96 f., 267
Xenon-133-Technik 116, 117, 272
XY-Chromosomen-Anomalien 111
XYY-Chromosomenausstattung 265 f.
Yanomamö-Indianer 197–207, 210 ff., 210, 281
Y-Technik (273), 274

Zahlen 208
Zählen 162
Zahlenkompetenz u. erbliche Variation 71
Zärtlichkeit gegenüber Kindern 50
Zauneidechsen 64
Zeitsinn 17
Zeitzusammenhang im Gedächtnis 121
Zelle: eukaryotische 22, 260
– Speicherkapazität der 267
Zeugungsakte, Zahl der 53
Ziele, universale 257
Zielorientiertes Verhalten 257
zielorientiertes Verhalten 241
Zivilisation 35, 86, 87, 267
Zoologie 45, 75
Zuckerpräferenz 106, 123, 234
Zunge, Zusammenrollen der 50, 112
Zusammenarbeit s. Kooperation.
Zwillingsforschung 70

Naturwissenschaftliche Bücher (Auswahl)

Francis Crick
Das Leben selbst
Sein Ursprung, seine Natur. Aus dem Engl. von Friedrich Griese. 1983.
225 Seiten mit 7 Abbildungen. Geb.

John C. Eccles
Das Gehirn des Menschen
Sechs Vorlesungen für Hörer aller Fakultäten. Aus dem Amerik. von Angela Hartung. 5. Aufl., 24. Tsd. 1984. 304 Seiten mit 105 Abbildungen. Kt.

Manfred Eigen/Ruthild Winkler
Das Spiel
Naturgesetze steuern den Zufall. 5. Aufl., 49. Tsd. 1983.
404 Seiten mit 68 z. T. farb. Abb. Kt.

Heinrich Erben
Intelligenzen im Kosmos
Die Antwort der Evolutionsbiologie. 1984. 287 Seiten mit
15 schwarzweißen Abbildungen und 8 Farbfotos. Geb.

Harald Fritzsch
Quarks
Urstoff unserer Welt. Vorwort von Herwig Schopper. 6., überarb. Aufl.,
30. Tsd. 1984. 320 Seiten mit 91 Abb. Geb.
(Auch in der Serie Piper 332 lieferbar)

Harald Fritzsch
Vom Urknall zum Zerfall
Die Welt zwischen Anfang und Ende. 3., überarb. Aufl., 35. Tsd. 1983.
351 Seiten. Geb.

Werner Heisenberg
Der Teil und das Ganze
Gespräche im Umkreis der Atomphysik. 5. Aufl., 56. Tsd. 1981.
334 Seiten. Geb.

Morton Hunt
Das Universum in uns
Neues Wissen vom menschlichen Denken. Aus dem Amerik. von
Juliane Gräbener. 1984. 478 Seiten mit 78 Abbildungen. Geb.

Piper

Naturwissenschaftliche Bücher (Auswahl)

Rudolf Kippenhahn
Hundert Milliarden Sonnen
Geburt, Leben und Tod der Sterne. 3. Aufl., 17. Tsd. 1981.
276 Seiten mit 95 schwarzweißen und 6 farbigen Abbildungen. Geb.
Auch in der Serie Piper 343 lieferbar)

Herbert Meschkowski
Was wir wirklich wissen
Die exakten Wissenschaften und ihr Beitrag zur Erkenntnis. 1984.
305 Seiten mit 20 Abbildungen. Geb.

Karl R. Popper
Auf der Suche nach einer besseren Welt
Vorträge und Aufsätze aus dreißig Jahren. 1984. 281 Seiten. Geb.

Karl R. Popper/John C. Eccles
Das Ich und sein Gehirn
Aus dem Engl. von Angela Hartung und Willy Hochkeppel, unter wissenschaftl.
Mitarbeit von Otto Creutzfeldt. 3. Aufl., 32. Tsd. 1983.
699 Seiten mit 66 Abbildungen. Geb.

Ilya Prigogine/Isabelle Stengers
Dialog mit der Natur
Neue Wege naturwissenschaftlichen Denkens. Aus dem Engl. von Friedrich
Griese. 4. Aufl., 24. Tsd. 1983. 314 Seiten, 26 Zeichnungen. Geb.

Robert F. Schmidt
Medizinische Biologie des Menschen
Eine Einführung für Gesunde und Kranke. 2., überarb. Aufl., 14. Tsd. 1983.
481 Seiten mit 81 Tafeln. Geb.

Paul Watzlawick
Wie wirklich ist die Wirklichkeit?
Wahn – Täuschung – Verstehen. 12. Aufl., 69. Tsd. 1984.
252 Seiten mit 17 Abbildungen. Serie Piper 174

Wolfgang Wickler/Uta Seibt
männlich weiblich
Der große Unterschied und seine Folgen. 1983. 182 Seiten. Serie Piper 285

Die erfundene Wirklichkeit
Wie wissen wir, was wir zu wissen glauben? Beiträge zum Konstruktivismus.
Herausgegeben und kommentiert von Paul Watzlawick. 2. Aufl., 15. Tsd. 1985.
326 Seiten mit 31 Abbildungen. Serie Piper 373

Piper

Irenäus Eibl-Eibesfeldt

Die Biologie des menschlichen Verhaltens
Grundriß der Humanethologie
1984. Ca. 800 Seiten mit rund 1000 Abbildungen. Leinen in Schuber.
Der Begründer der Humanethologie legt die erste umfassende Darstellung der Biologie menschlichen Verhaltens vor.
Aus dem Inhalt: Die ethologischen Grundkonzepte – Sozialverhalten – Das innerartliche Feindverhalten: Aggression und Krieg – Kommunikation – Die Entwicklung der zwischenmenschlichen Beziehungen – Der Mensch und sein Lebensraum: Ökologische Betrachtungen – Das Schöne und das Wahre – Das Gute: Der Beitrag der Biologie zur Wertlehre

Galápagos
Die Arche Noah im Pazifik
7., überarbeitete Neuauflage, 42. Tsd. 1984. 413 Seiten mit 239 farbigen und schwarzweißen Abbildungen. Geb.

Grundriß der vergleichenden Verhaltensforschung – Ethologie
6., durchgesehene und erweiterte Aufl., 30. Tsd. 1980. 780 Seiten mit 374 Abbildungen und 8 farbigen Tafeln. Geb.

Krieg und Frieden
aus der Sicht der Verhaltensforschung
2., überarbeitete Aufl., 25. Tsd. 1984. 329 Seiten mit Abbildungen.
Serie Piper 329

Liebe und Haß
Zur Naturgeschichte elementarer Verhaltensweisen
11. Aufl., 81. Tsd. 1983. 293 Seiten. Serie Piper 113

Die Malediven
Paradies im Indischen Ozean
1982. 324 Seiten mit 190 meist farbigen Abbildungen. Geb.

Piper

Konrad Lorenz

Der Abbau des Menschlichen
2. Aufl., 102. Tsd. 1983. 294 Seiten. Geb.

Die acht Todsünden der zivilisierten Menschheit
17. Aufl., 414. Tsd. 1984. 112 Seiten. Serie Piper 50

Die Rückseite des Spiegels
Versuch einer Naturgeschichte menschlichen Erkennens. 4. Aufl., 105. Tsd. 1983. 353 Seiten. Geb.

Über tierisches und menschliches Verhalten
Aus dem Werdegang der Verhaltenslehre. Gesammelte Abhandlungen.
Bd. I: 18. Aufl., 153. Tsd. 1984. 412 Seiten mit 5 Abb. Serie Piper 360
Bd. II: 13. Aufl., 113. Tsd. 1984. 398 Seiten mit 63 Abb. Serie Piper 361

Das sogenannte Böse
Zur Naturgeschichte der Aggression. 1984. 317 Seiten. Geb.

Das Wirkungsgefüge der Natur und das Schicksal des Menschen
Gesammelte Arbeiten. Herausgegeben und eingeleitet von Irenäus Eibl-Eibesfeldt. 368 Seiten mit 23 schwarzweißen Abb. Serie Piper 309

Die Evolution des Denkens
Herausgegeben von Konrad Lorenz und Franz M. Wuketits. 2. Aufl., 6. Tsd. 1984. 393 Seiten. Kt.

Konrad Lorenz/Franz Kreuzer
Leben ist Lernen
Von Immanuel Kant zu Konrad Lorenz. Ein Gespräch über das Lebenswerk des Nobelpreisträgers. 2. Aufl., 10. Tsd. 1983. 103 Seiten mit 1 Abb. Serie Piper 223

Antal Festetics/Konrad Lorenz
Aus der Welt des großen Naturforschers. 1983. 160 Seiten mit 255 farbigen und schwarzweißen Abb. Geb.

Nichts ist schon dagewesen
Konrad Lorenz, seine Lehre und ihre Folgen. Die Texte des Wiener Symposiums, herausgegeben von Franz Kreuzer. Mit Beiträgen von I. Eibl-Eibesfeldt, A. Festetics, B. Hassenstein, B. Lötsch, K. Lorenz, E. Oeser, R. Riedl, W. Schleidt, S. Sjölander, W. Wickler, F. Wuketits. 1984. 251 Seiten. Kt.

Piper